L'Orange Mécanique

Anthony Burgess

Né en 1917 à Manchester, Anthony Burgess a étudié la linguistique et la littérature avant de servir dans l'armée de 1940 à 1946. Enseignant en Angleterre et en Malaisie, Burgess a d'abord été compositeur. Auteur de deux symphonies, de sonates et de concertos, il ne se tourne que tardivement vers l'écriture : en 1956, sa vie en Malaisie lui inspire une trilogie satirique sur le colonialisme. Quand, en 1959, les médecins croient lui découvrir une tumeur au cerveau, la carrière littéraire de Burgess s'accélère : en une année, il publie cinq romans et gardera toujours un rythme d'écriture très soutenu. On lui doit plusieurs volumes de critique littéraire, divers essais sur Joyce et Shakespeare, des articles de journaux et une vingtaine de romans souvent cruels et caustiques comme *L'Orange mécanique*, son chef-d'œuvre magistralement adapté au cinéma en 1971 par Stanley Kubrick, ainsi que *Le Testament de l'orange* et *L'Homme de Nazareth*.
Burgess meurt en 1983, laissant une œuvre originale où contestation violente et conservatisme s'entremêlent avec brio.

Anthony Burgess

L'Orange Mécanique

Édition enrichie

Traduit de l'Anglais
par Georges Belmont et Hortense Chabrier

PAVILLONS POCHE

Robert Laffont

Titre original : A CLOCKWORK ORANGE

ISBN : 978-2-221-19836-0
(édition originale : Heinemann, Londres)

Note des traducteurs

Cette traduction surprendra peut-être d'abord le lecteur par certaines curiosités du vocabulaire. Il faut y voir le souci de respecter la volonté originale de l'auteur.

Le langage de l'Humble Narrateur et Martyr, héros de ce roman, est surprenant à la fois par sa simplicité et par les « infiltrations » qui ont fini par le conditionner. La simplicité appartient à la jeunesse du personnage ; les « infiltrations » relèvent d'une pénétration de la brutalité et d'un viol de la conscience dont nous voyons et pouvons mesurer presque chaque jour la croissance et les effets. L'argot (un « méta-argot », souvent, si l'on peut dire), le manouche (le parler romani), le russe (« la propagande », déclare Burgess lui-même) marquent l'intrusion et cet aspect d'une révolution, subie sinon passive, du langage.

Cela dit, l'art d'Anthony Burgess est tel, l'emploi des mots « nouveaux » si admirablement calculé et dosé que, la première surprise passée, le lecteur se laissera porter et emporter, nous en sommes certains, sans la moindre difficulté.

Mais enfin, pour amuser plutôt que pour éclairer, l'on trouvera à la fin du livre un Glossaire des principaux termes clés.

Georges Belmont et Hortense Chabrier, 1972

Première partie

1.

— Bon, alors ça sera quoi, hein ?

Il y avait moi, autrement dit Alex, et mes trois drougs, autrement dit Pierrot, Jo et Momo, vraiment momo le Momo, et on était assis au Korova Milkbar à se creuser le rassoudok pour savoir ce qu'on ferait de la soirée, – une putain de soirée d'hiver, branque, noire et glaciale, mais sans eau. Le Korova Milkbar, c'était un de ces messtots où on servait du lait gonflé, et peut-être avez-vous oublié, Ô mes frères, à quoi ressemblait ce genre de messtot, tellement les choses changent zoum par les temps qui courent et tellement on a vite fait d'oublier, vu aussi qu'on ne lit plus guère les journaux. Bref ce qu'on y vendait c'était du lait gonflé à autre chose. Le Korova n'avait pas de licence pour la vente de l'alcool, mais il n'existait pas encore de loi interdisant d'injecter de ces nouvelles vesches qu'on mettait à l'époque dans le moloko des familles, ce qui faisait qu'on pouvait le drinker avec de la vélocette, du synthémesc ou du methcath, ou une ou deux autres vesches, et s'offrir quinze gentilles minutes pépère tzarrible à mirer Gogre et Tous Ses Anges et

Ses Saints dans son soulier gauche, le mozg plein à péter de lumières. Ou alors drinker du lait aux couteaux, comme on appelait ça, façon de s'affûter et de se mettre en forme pour une petite partie salingue de vingt contre un, et c'était justement ce qu'on drinkait le soir par où je commence cette histoire.

On avait les poches pleines de mouizka, si bien qu'on n'avait vraiment pas besoin, histoire de craster encore un peu de joli lollypop, de toltchocker un vieux veck au fond d'une impasse et de le relucher baigner dans son sang tout en comptant la recette et la divisant par quatre, ni de faire des ultra-violents à une viokcha ptitsa, toute grisaille et tremblante dans sa boutique, pour vider le tiroir-caisse jusqu'aux tripes et filer en se bidonskant. Mais, comme on dit, l'argent n'est pas tout.

Tous les quatre on était sapés à la super plus énième mode, c'est-à-dire à l'époque collant noir supercollant, avec le moule à gelée des familles, comme on disait, plaqué sur la fourche, pour la protection et aussi pour le style, vu qu'on reluchait assez clair le motif sous le collant à la bonne lumière, autrement dit le mien était en forme d'araignée, et Pierrot, lui, c'était une rouke (une main, autrement dit), Jo, une fleur tout ce qu'il y avait de fantaisie, tandis que ce pauvre vieux Momo en avait un qui était genre litso de clown (autrement dit face de clown), canaille et bandant, Momo n'ayant pas grande idée des choses ni de l'être et étant le plus momo de nous quatre, ce qui aurait crevé les yeux même à saint Thomas. Et par-dessus on portait des vestes cintrées sans revers, mais avec de ces épaules maxi-rembourrées (des « pletchos », on les appelait), façon de singer pour rire qu'on les avait comme ça. Ensuite, mes frères, on avait de ces foulards blanc cassé qu'on aurait dit de la purée de kartoffel ou de patate fouettée en crème où on aurait fait un dessin à la fourchette. On portait les cheveux pas trop long et on avait des bottes branques tzarribles pour shooter.

— Bon, alors ça sera quoi, hein ?

Il y avait trois dévotchkas assises au bar, en tout et pour tout, et nous autres maltchicks on était quatre, genre un pour tous et tous pour un le plus souvent. Elles étaient aussi sapées à la super plus énième mode, ces girondes, avec des perruques, l'une pourpre, l'autre verte et l'autre orange, sur le gulliver, qui avaient bien dû leur coûter trois ou quatre semaines de salaire chaque, minimum je dirais, sans compter le maquillage assorti (arc-en-ciel autour des glazes c'est-à-dire, et rote peinte très grande). Et puis elles avaient de longues robes noires très droites, et à l'endroit des groudnés elles portaient des petits macarons en simili-argent avec des noms de maltchicks – Jojo, Michou et autres – qui étaient censément ceux des différents maltchicks avec qui elles avaient spaté avant leurs quatorze ans. Elles ne cessaient pas de regarder de notre côté et j'avais presque envie de dire (du coin de la rote, naturellement) qu'on allait s'offrir un coup de pol à trois en laissant ce pauvre vieux Momo à la traîne, vu qu'il aurait suffi de lui koupter un demi-litre de moloko, seulement cette fois avec une motte de synthémesc dedans ; mais ça n'aurait vraiment pas été le jeu. Momo était très très laid et ressemblait à son nom, mais c'était un battant vicieux tzarrible, très adroit de la botte.

— Bon, alors ça sera quoi, hein ?

Le tchelloveck qui était assis à côté de moi, vu qu'il y avait cette énorme et longue banquette en peluche courant tout autour de trois murs, avait bel et bien décollé ; les glazes vitreux, il bafouillait des slovos genre « Aristote usine à blabla fugue cyclamen va te faire forniculer petit malin ». Pas de doute, il avait pris le large très loin, sur orbite, et je savais comment ça faisait, ayant essayé comme tout le monde, mais à l'époque j'avais fini par penser que ce genre de vesche était plutôt de la lâcheté, Ô mes frères. On restait étendu là après s'être tapé un moloko des familles et ensuite on avait le messel que tout ce qui était autour était comme qui dirait du passé. On reluchait parfaitement tout, absolument tout, très clair – les tables, la stéréo, les lumières, les girondes et les maltchicks – sauf qu'on aurait dit des vesches qui étaient là tout à l'heure mais qui n'y étaient plus du tout du tout. Et on était comme hypnotisé par sa botte, ou son soulier, ou un ongle, selon, et en même temps on était comme soulevé par la peau de son foutu cou et secoué comme si on avait été un chat. Secoué qu'on était, secoué jusqu'à ce qu'il n'y ait plus personne. On perdait tout, son nom, son corps, tout soi, et on s'en foutait, on attendait que sa botte ou son ongle devienne jaune, toujours plus jaune, sans arrêt. Et puis les lumières se mettaient à pétarader comme des trucs atomiques et la botte ou l'ongle ou, selon, un peu de crotte sur le bas de son pantalon devenait un immense immense immense messtot, plus grand que le monde entier, et juste au moment où on allait être présenté au vieux Gogre, Dieu autrement dit, fini, c'était le retour et on était là, pleurnichant presque, la rote ouverte régul au carré pour faire beuh-heu-heu-heu. Enfin bref, tout ça c'est très joli mais c'est de la lâcheté. On ne nous a pas mis sur cette terre uniquement pour entrer en rapport avec Dieu. Ce genre de truc, ça vous saperait le courage et le valable de n'importe quel tchelloveck.

— Bon, alors, ça sera quoi, hein ?

La stéréo était branchée et on avait l'impression que la golosse du chanteur se baladait d'un bout à l'autre du bar, s'envolait au plafond et redescendait en piqué pour filer en sifflant d'un mur à l'autre. C'était Berti Laski qui se râpait la voix sur une très vieille rengaine des familles titre : « Tu me cloques ma peinture. » Une des trois ptitsas du bar, celle à la perruque verte, n'arrêtait pas de sortir et de rentrer le bide au rythme de la musique, comme elles appelaient ça. Moi, je commençais à m'affûter aux couteaux du vieux moloko et je me sentais fin prêt pour un petit coup de vingt contre un. Alors j'ai gueulé : « Allez, dehors, out, out, out ! » comme un chien-chien, et puis j'en ai mis un à ce veck qui était assis à côté de moi, complètement décollé et bafouillant, je lui ai mis une bogne tzarrible sur l'ouko, autrement dit le trou de l'oreille, mais il n'a rien senti et il a continué son déconnage : « Quincaille téléphonique et quand le loinloinculululé devient rabadabdab ». Il le sentirait au retour, le choc, quand il atterrirait.

— Où ça, dehors ? a demandé Jo.

— Oh, juste histoire de rester en jambes, j'ai dit, et de relucher ce qui peut arriver, Ô mes petits frères.

Bref, on a filé dehors dans la grande notché d'hiver en descendant par le boulevard Marghanita, et puis on a tourné avenue Boothby, et là on a trouvé assez bien ce qu'on cherchait, juste le malenky zeste qu'il fallait pour commencer la soirée. Il y avait un veck genre viokcho prof branlant, avec des lunettes et la rote ouverte à l'air froid de la notché. Il avait des livres sous le bras et un parapluie crado et il se pointait au coin de la rue de la Biblio municipale, où bien peu de lioudis vont encore, au jour d'aujourd'hui. On ne voyait plus guère de bourgeois des familles dehors, la nuit tombée, en ce temps-là, entre le manque de flics et nous autres délicieux jeunes maltchickicaïds dans le secteur, et ce tchelloveck genre prof était le seul à se balader dans toute la rue. Alors on a goulatié très poli vers lui, et j'ai dit :

— Excusez-moi, frère.

Il a eu l'air un malenky peu pouglé en nous reluchant nous approcher tous quatre, tout tranquilles, tout polis, tout souriants, mais il a dit :

— Oui ? Qu'est-ce que c'est ?

Et ça genre grosse golosse à la prof, comme s'il avait voulu nous prouver qu'il n'était pas pouglé. J'ai repris :

— Vous avez des livres sous le bras, à ce que je vois, frère. C'est vraiment un plaisir rare, par les temps qui courent, de tomber sur quelqu'un qui lit encore, frère.

— Ah, a-t-il dit, tout tremblant. Vraiment ? Ah, je vois.

Et il ne cessait pas de nous regarder tour à tour tous les quatre, se trouvant maintenant comme au centre d'un carré extrêmement souriant et poli.

— Oui, j'ai dit. Cela m'intéresserait grandement, frère, si c'était un effet de votre bonté, que vous me permettiez de voir le genre de livres que vous avez sous le bras. Il n'y a rien que j'aime tant au monde qu'un bon livre bien honnête, frère.

— Honnête, il a dit. Honnête, vous dites ?

Là-dessus Pierrot lui a skvatté trois bouquins et s'est mis à les passer zoum alentour. On était trois à relucher chacun le nôtre, mis à part Momo. Celui que j'avais était intitulé *Éléments de Cristallographie* ; je l'ai donc ouvert et j'ai dit tout en continuant à tourner les pages :

— Excellent, vraiment de première.

Puis j'ai dit, genre golosse très scandalisée :

— Mais qu'est-ce que je vois là ? Qu'est-ce que c'est que ce slovo dégoûtant ? Je rougis rien que de voir un mot pareil. Vous me décevez, frère, vraiment.

— Mais, a-t-il voulu dire, mais, mais.

— Et ça donc, a dit Jo. Ça, c'est ce que j'appellerais un truc vraiment dégoûtant. Y a là un slovo qui commence avec un « b », et un autre avec un « c ».

Son livre à lui s'intitulait *Le Miracle du flocon de neige*.

— Oooh, a dit ce pauvre vieux Momo en smottant par-dessus l'épaule de Pierrot et en en remettant comme toujours. Là, ça dit ce qu'il a fait à la fille, avec des images et tout. Veux-tu que je te dise, t'es qu'un vieux cochon de voyeur.

— Un homme de votre âge, frère, j'ai dit.

Et j'ai commencé à déchirer le livre que je tenais, et les autres en ont fait autant des leurs, Momo et Pierrot tirant chacun de leur côté sur le *Système Rhomboédrique*. L'espèce de viokcho prof s'est mis à critcher :

— Mais ce n'est pas à moi, c'est la propriété de la municipalité, c'est de la folie pure et du vandalisme.

Ou autres slovos de ce genre. Et il a plus ou moins essayé de nous reprendre les livres, ce qui avait quelque chose de pathétique.

— Vous méritez qu'on vous donne une leçon, frère, j'ai dit. Pas d'erreur.

Le livre sur les cristaux que je tenais avait une reliure duraille et difficile à razrézer en morceaux, vu qu'il était vraiment viokcho et fabriqué à une époque où les choses étaient genre faites pour durer, mais j'ai réussi à déchirer les pages et à les lancer en l'air à poignées, genre flocons de neige quoique un peu gros, et ce vieux veck qui critchait en était tout recouvert. Ensuite, les autres ont fait la même chose avec les leurs, tandis que Momo dansait autour de lui comme l'espèce de clown qu'il était.

— Attrape, disait Pierrot. Tiens, bouffe, v'là un plein ciel de cornflakes, ça t'apprendra à lire de vilains bouquins porno, vieux salaud.

— Espèce de vilain vieux veck, j'ai dit.

Et puis on a commencé à totonner avec lui. Pierrot lui tenait les roukeurs et Jo s'est arrangé pour lui crocheter la rote régul au carré pendant que Momo lui faisait sauter ses fausses zoubies, du haut et du bas. Il les a jetées sur le trottoir et je leur ai fait le vieux coup de l'écrase-merde, non sans mal car c'étaient des dures, les vaches, étant dans une de ces nouvelles matières plastiques tzarribles. Le vieux veck s'est mis à faire des sortes de choums garfouilleux – « bhouf bhaf bhof » –, alors Jo lui a lâché les goubeuses et s'est contenté de lui en mettre un sur la rote vide de dents, de son poing plein de bagouses, et cette fois, le vieux veck a commencé à geindre plein tube, et là-dessus le sang a coulé, une vraie beauté, mes frères. Ensuite tout ce qu'on a fait, ça a été de lui retirer ses platrusques en ne lui laissant que son maillot de corps et son caleçon long (très viokcho, que Momo s'en bidonskait à se péter la gueule ou presque), après quoi Pierrot lui a filé un ravissant coup de pied dans le pot, et on l'a laissé aller. Il est parti en titubant un peu, vu qu'on ne l'avait vraiment pas toltchocké trop dur, et en faisant « Ah, ah, ah » sans trop savoir réellement ni ou ni quoi, et on s'est payé sa tête et puis on lui a fait les poches pendant que Momo dansait en rond avec le parapluie crado, mais il n'y avait pas grand-chose à rafler. Juste quelques viokchas lettres, dont certaines datant d'aussi loin que 1960 et où c'était écrit : « Mon Gros Loulou Chéri » et autre blabla à la conskov et un trousseau de clés et un viokcho stylo qui fuyait. Ce vieux Momo a arrêté sa danse du pébroc et naturellement il a fallu qu'il se mette à lire tout haut une des lettres, histoire de prouver aux murs qu'il savait lire, vu que la rue était vide. Bref il a déclamé, de cette espèce de golosse très pointue qu'il avait :

— « Mon Chéri, je penserai à toi tout le temps que tu seras loin et j'espère que tu n'oublieras pas de t'envelopper bien chaudement les soirs où tu sortiras. »

Puis il y est allé de sa bidonske – « Ho ho ho », raide choum – en faisant semblant de se torcher le yahma avec la lettre.

— C'est bon, j'ai dit, laissez tomber, Ô mes frères.

Dans le pantalon du viokcho veck, il n'y avait qu'un malenky peu de tilt (d'argent, autrement dit) – deux ou trois douilles, maxi – si bien qu'on a fait le coup de l'éparpille à sa saleté de petite monnaie, vu que c'était de la roupie de colibri à côté du tas de joli lollypop qu'on avait déjà sur nous. Et puis on a bouzillé le parapluie et on lui a razrézé ses platrusques en les abandonnant à la fureur des vents, mes frères. Après ça on en a eu fini avec ce viokcho veck genre prof. Pas qu'on en avait tellement fait, je le sais bien, mais ça n'était jamais comme qui dirait que le coup d'envoi de la soirée et je ne vais pas m'amuser à faire des exqui cucuses usées pour si peu, pas plus à vous qu'à personne. Les couteaux du lait gonflé commençaient à nous affûter très chouette et tzarrible.

Il ne restait plus qu'à faire notre sammybéa, autrement dit façon de nous soulager d'une partie de notre tilt, histoire de se stimuler un peu pour craster une boutique et en même temps de s'offrir d'avance un petit alibi. On est donc allés au Duc de New York, avenue Amis, et ça n'a pas raté : dans l'arrière-salle il y avait trois ou quatre vieilles babouchkas en train de drinker leur brune à faux col aux frais de l'A V, l'Aide aux Vieux. On était devenus de très gentils maltchiks, souriant très bonne nuit les petits à tout un chacun, ce qui n'a pas empêché les vieilles copines de se mettre à trembloter, leurs vieilles roukes veineuses grelottant autour des verres et renversant la mousse sur la table.

— Laissez-nous tranquilles, les gars, a dit l'une d'elles, la figure toute cartographiée à force d'être centenaire. On n'est que de pauvres vieilles.

On s'est contentés d'élastifier les zoubies, clic clac codac, on s'est assis, on a sonné et on a attendu que le gars se montre. Quand il s'est amené, tout nerveux et se frottant les roukes à son tablier grassou, on lui a commandé quatre anciens combattants – un ancien combattant, c'était un mélange de rhum et de cherry-brandy, très à la mode à l'époque, certain l'aimant avec une pointe de citron vert, ce qui était la version canadienne. Et puis j'ai dit au gars :

— Donne quelque chose de nourrissant à ces pauvres vieilles babouchkas, là-bas. Une tournée de grands écossais et des trucs à emporter.

J'ai vidé mes pleines poches de mouizka sur la table, et les trois autres ont fait de même, Ô mes frères. On a donc servi des doubles spoutniks aux viokchas copines terrifiées, qui ne savaient que faire ni dire. L'une d'elles a fini sortir un « Merci, les gars », mais on voyait bien qu'elles pensaient toutes que quelque chose genre salingue se préparait. N'importe, on leur a donné à chacune une bouteille de Branle Caporal, autrement dit de cognac, à emporter, et j'ai payé d'avance pour qu'on leur livre à chacune une douzaine de fioles de brune à faux col le matin venu, charge à ces vieilles salopes de tchinas de laisser leur adresse à la caisse. Puis avec ce qui nous restait de tilt on a acheté, mes frères, tous les friands, les bretzels, les biscuits au fromage, les chips et les barres de chocolat qu'il y avait dans le messtot, le tout également pour ces vieilles girondes. Puis on a dit : « On revient dans une minouta », et les vieilles ptitsas n'avaient pas fini leurs « Merci, les gars » et « Dieu vous bénisse, fistons » qu'on était déjà dehors sans un sou de tilt dans les carmanes.

— Pas d'erreur, on se sent rudement dobby, après ça, a dit Pierrot.

On reluchait bien que ce pauvre vieux momo de Momo n'y pommait que dalle, mais il se taisait, crainte de se faire traiter de gloupp et de roi des invalides du cigare. Donc, on est partis et on a tourné à l'angle de l'avenue Attlee, et là on a vu une boutique de bonbons et de cancerettes qui était encore ouverte. Ça faisait près de trois mois qu'on n'avait pas chassé dans le secteur et qu'il était très tranquille dans l'ensemble, tant et si bien que les milichiens armés ou les patrouilles de la rosse ne rôdaient guère par là et se tenaient surtout au nord de la rivière pour le moment. On a mis nos masquards – des dernières nouveautés, vraiment tzarribles, des vraies merveilles à la ressemblance de personnalités historiques (on vous donnait le nom quand on les achetait) ; moi j'avais Disraeli ; Pierrot, Elvis Presley ; Jo, Henri VIII, et ce pauvre vieux Momo un veck poète du nom de Percebiche Shelley. C'étaient des trucs genre vrai déguisement, cheveux et tout, et faits dans une vesche en plastique très spécial, genre que ça pouvait se rouler quand on avait fini et se cacher dans la botte. Puis on est entrés à trois, Pierrot faisant le chasso dehors, bien qu'il n'y eût pas grand-chose à craindre dans le coin. À peine débarqués dans la boutique on a foncé sur Slouse, le patron, un gros veck genre gelée au porto. Tout de suite il a reluché ce qui se préparait et il a filé droit dans l'arrière-boutique, où il y avait le téléphone et sans doute son poushka bien huilé avec six pellos salingues dans le chargeur. Momo est passé derrière le comptoir zoum comme une flèche, en envoyant valser des paquets de gueuluche et en renversant d'un coup de poing une grande silhouette en carton d'une gironde souriant de toutes ses zoubies, clic clac codac, à la clientèle et montrant presque ses groudnés au balcon pour la réclame d'une nouvelle marque de cancerettes. Ensuite, ce qu'on a pu relucher, c'était une sorte de gros ballon roulant dans le fond de la boutique derrière le rideau, autrement dit ce vieux Momo et Slouse comme crochetés ensemble dans un corps à corps à mort. Et puis on a slouché que ça soufflait, que ça renâflait et que ça ruait derrière le rideau, avec des vesches qui dégringolaient et des jurons et finalement des tas de verre qui descendaient. Maman Slouse, la bonne femme, était comme gelée derrière le comptoir. On voyait bien qu'elle était prête à critcher à l'assassin à la première occasion, alors j'ai fait le tour du comptoir grand zoum et je l'ai empoignée, et vous parlez d'un morceau, tzarrible, gnioukant fort le parfum et avec d'énormes groudnés flapis et ballottants. Je lui avais mis la rouke sur la rote pour l'empêcher de gueuler mort et destruction aux quatre vents du ciel, mais cette salope de dame chien-chien m'a planté une grosse morsure vicieuse et c'est moi qui ai critché ; après quoi elle l'a ouverte en beauté en hurlant comme une branque pour faire venir les milichiens. Bref, il a fallu la toltchocker proprement avec un des poids de la balance, suivi d'un honnête petit coup de pied-de-biche à ouvrir les caisses, ce qui a fait pisser notre bon vieux copain rouge. Ensuite on l'a collée par terre en lui arrachant ses platrusques histoire de rigoler et en y ajoutant une petite dose de botte pour l'empêcher de geindre. Et la reluchant étalée là, les groudnés en vitrine, je me suis demandé si oui, mais non ça serait pour plus tard dans la soirée. Après, on a lessivé la caisse, et ça avait banqué branque et tzarrible cette notché-là, et on s'est offert quelques paquets de cancerettes super-luxe par tête, et nous voilà partis, mes frères.

— Tu parles d'une grosse tonne de fumier, ce Slouse, répétait sans arrêt Momo.

Je n'aimais pas la dégaine de Momo ; il avait l'air sale et débraillé, comme un veck qui sort d'une bagarre, ce qui était le cas évidemment, mais on ne devrait jamais en avoir *l'air*. On aurait dit qu'on lui avait piétiné son foulard ; son masquot avait été arraché et il avait essuyé la poussière du plancher avec son litso. On l'a donc emmené au fond d'une impasse et on l'a arrangé un malenky peu, imbibant nos tiremorves de salive pour tchister la crasse. Qu'est-ce qu'il ne fallait pas faire pour ce vieux Momo. On est revenus grand zoum au Duc de New York et j'ai calculé à ma montre qu'on n'était pas restés absents plus de dix minutes. Les viokchas babouchkas en étaient toujours aux brunes à faux col et aux écossais qu'on leur avait payés, et on a dit :

— Salut, les poupées, bon alors ce sera quoi, hein ?

Elles ont remis ça avec leurs « C'est gentil, les gars, Dieu vous bénisse, fistons » ; alors on a sonné la collocolle, ce qui a amené un autre garçon cette fois, et on a commandé des bières au rhum pour nous, vu qu'on était secs de soif, mes frères, et pour les vieilles ptitsas tout ce qu'elles voulaient. Ensuite j'ai dit aux babouchkas :

— On n'est jamais sortis d'ici, pas vrai ? On a été là tout le temps, vrai ou pas ?

Elles ont pigé grand zoum et répondu :

— C'est vrai, les gars. On vous a pas quittés des yeux, vrai de vrai. Dieu vous bénisse, fistons.

Et de boire. Pas que ça eût beaucoup d'importance au fond. Près d'une demi-heure a passé avant que les milichiens donnent le moindre signe de vie ; et alors ce furent seulement deux très jeunes rosses qui entrèrent, tout roses sous leur grand chlem de flic. L'un d'eux a dit :

— Hé, vous, là, vous n'auriez pas une petite idée sur ce qui s'est passé à la boutique de Slouse, cette nuit ?

— Nous ? j'ai dit, tout ce qu'il y a d'innocent. Pourquoi, qu'est-ce qui est arrivé ?

— Vol et voies de fait. Double hospitalisation. Où étiez-vous, vous autres, dans la soirée ?

— Je n'aime pas beaucoup ce ton déplaisant, j'ai dit. Ce genre d'insinuation déplaisante ne me plaît guère. C'est l'indice d'une nature soupçonneuse à l'extrême, mes petits frères.

— Ils ont pas bougé d'ici de la soirée, les gars, se sont mises à critcher les vieilles girondes Dieu les bénisse. Pour ce qui est d'être bons et généreux, y a pas meilleurs petits gars au monde. N'ont pas bougé d'ici, juré. Vrai de vrai, on les a pas vus bouger.

— On demandait, c'est tout, a dit l'autre jeune milichien. On doit faire notre boulot comme tout le monde.

Mais avant de sortir ils nous ont lancé un méchant regard d'avertissement. Et nous, comme ils sortaient, on leur a fait une petite musique de lèvres : Bzzzzbzzzzbzzzz. Mais pour ma part je ne pouvais m'empêcher d'éprouver un brin de déception, vu le train où allaient les choses à l'époque. Rien contre quoi se battre vraiment. Tous à baisser le froc, genre embrasse-moi les charrières ; aussi simple que ça. N'empêche, la nuit était encore jeune.

2.

En sortant du Duc de New York, on a reluché, tout à côté de la longue fenêtre éclairée du grand bar, un vieux bafouilleux de pianitza, ou saoulot, gueulant à tout va les chansons dégueulasses de ses aïeux et faisant hhoc hhoc entre, comme s'il avait eu un vieil orchestre obscène dans ses puanteurs de tripes pourries. S'il y a une vesche que je n'ai jamais pu encaisser c'est bien ça. Je n'ai jamais pu supporter de voir un moudj saoul roter et se rouler dans sa dégueulasserie, et l'âge n'y fait rien, mais un veck raide viokcho comme celui-ci c'était la fin de tout. Il était comme aplati contre le mur et ses platrusques étaient une honte, des vraies fripes débraillées et couvertes de gouspin, de boue, d'ordure et tout. On l'a donc empoigné et on l'a sonné avec quelques bonnes toltchockes tzarribles, mais ça ne l'a pas empêché de continuer à chanter. Les paroles disaient :

Et j'te reviendrai mon amour, mon amour,
Le jour où tu m'auras quitté pour toujours.

N'importe, quand Momo l'a eu châtaigné deux ou trois coups sur sa sale rote d'ivrogne, il l'a bouclée pour se mettre à critcher :

— Allez-y, faites-moi la peau, bande de fumiers et de lâches. Je m'en fous, j'ai pas envie de vivre, surtout dans un monde aussi dégueulasse que celui-ci.

Alors j'ai dit à Momo d'arrêter un peu, vu qu'en ce temps-là ça m'intéressait parfois de sloucher ce que certains de ces viokchos déchets avaient à dire sur la vie et le monde. Et j'ai dit :

— Ah oui ? Et qu'est-ce qu'il a de si dégueulasse, le monde ?

Il a braillé :

— Il a qu'il laisse les jeunes s'en prendre comme vous aux vieux, et qu'y a plus de lois ni d'ordre public qui tiennent.

Il critchait très fort en moulinant des roukeurs et en gargouillant les slovos quelque chose de tzarrible, sauf le drôle de hhoc hhoc qui lui remontait des kishkas comme s'il avait eu quelque chose qui lui orbitait dedans, genre moudj très grossier et qui interrompt tout le temps en faisant du choum, tant et si bien que ce vieux veck continuait comme qui dirait à menacer des poings le vide et l'humanité entière en criant :

— Il est plus pour les vieux, ce monde, et ça fait que j'ai pas du tout peur de vous, mes petits gars, vu que vous pouvez cogner je suis bien trop saoul pour sentir que ça fait mal, et vous pouvez me tuer je serai bien content d'être mort.

On s'est bidonskés et puis on a ricanoché, mais sans répondre, et alors il a dit :

— À quoi ça ressemble, ce monde, je vous demande un peu ! Y a des gars sur la lune et d'autres qui tournent autour de la terre comme qui dirait des toupies ou des moucherons autour d'une lampe, mais ici qui est-ce qui fait encore attention aux lois et à l'ordre public ? Alors allez-y, vous gênez pas, bande de truands et de lâches.

Et ensuite il nous a fait une petite musique de lèvres – « Bzzzzzbzzzzz » – comme nous un peu plus tôt avec les jeunes milichiens, et puis il a recommencé à chanter :

Moi, ton enfant, j'ai combattu, chère Patrie,
Pour toi j'ai moissonné la victoire et la paix.

Là-dessus on y est allés de la castagne en beauté, ricanochant tant et plus du litso, mais sans que ça l'empêche de chanter. Alors on l'a croché aux pattes, si bien qu'il s'est étalé à plat, raide lourd, et qu'un plein baquet de vomi biéreux lui est sorti swoouuush d'un coup. C'était si dégoûtant qu'on lui a shooté dedans, un coup chacun, et alors, à la place de chanson et de vomi, c'est du sang qui est sorti de sa vieille rote dégueulasse. Et puis on a continué notre chemin.

C'est aux alentours de la Centrale électrique municipale qu'on est tombés sur le Gars Willie avec ses cinq drougs. Il faut dire qu'en ce temps-là, mes frères, les bandes marchaient surtout par quatre ou par cinq, de quoi faire le plein d'une bagnole en somme, quatre étant un nombre confortable pour rouler, et six marquant la limite où commençait le gang. Parfois les gangs s'associaient jusqu'à former de malenkyscules armées pour la grande guerre de nuit, mais la plupart du temps mieux valait rôder en s'en tenant à ce genre de petit nombre. Le Gars Willie était une espèce de machin qui me donnait envie de vomir rien qu'à relucher son litso de grosse lune ricanante, et il traînait toujours avec lui un vonn d'huile extra-rance, de celle qui a servi et resservi à faire la friture, même quand il mettait ses plus belles platrusques comme ce jour-là. Eux et nous, on s'était reluchés en même temps, et maintenant on en était comme qui dirait à s'observer en douce. Ça serait du vrai, du sérieux, au nodz, à l'oudzy, au britva, pas seulement à la châtaigne ni à la botte. Le Gars Willie et ses drougs s'arrêtèrent dans leurs occupations, autrement dit dans leurs préparatifs d'exécution d'une jeune dévotchka en larmes qu'ils avaient agrafée, dans les dix ans maxi, et qui critchait tout ce qu'elle savait, même ayant encore sur elle toutes ses platrusques. Le Gars Willie la tenait par un roukeur tandis que Léo, son Numéro Un, la tenait par l'autre. Ils s'étaient déjà probablement acquittés de toute la partie slovos salingues de la performance avant d'en venir à un malenky peu d'ultra-violents. Quand ils ont reluché qu'on radinait, ils ont lâché la mini-ptitsa qui uhu-uhuait, sachant qu'il y en avait plein d'autres là où ils l'avaient ramassée, et elle s'est sauvée en tricotant de ses jambes blanches et maigres qui jetaient comme des éclairs dans le noir, tout en continuant à gueuler : « Uhu, uhu, uhu. » J'ai dit, avec un grand sourire drougui :

— Ma parole, mais c'est ce gros bouc puant de Willaid en personne. Comment vas-tu, Ô toi, espèce de fiole puante d'huile de glaviot au rabais ? Amène-toi que je t'en colle un dans les yarbilles, pour peu que t'en aies, Ô toi, espèce de gelée d'eunuque.

Là-dessus, on y est allés. On était quatre, et eux, six, comme je l'ai déjà dit, mais ce pauvre vieux Momo, tout momo qu'il était, en valait trois des autres pour ce qui était de la dinguerie pure et de la bagarre salingue. Il avait une vraie longueur tzarrible d'oudzy, ou chaîne, autour de la taille, enroulée deux fois, et il l'a déroulée et s'est mis à la leur balancer en beauté dans les yeux, autrement dit les glazes. Pierrot et Jo avaient de bons nodz bien affûtés, et pour ma part j'avais un superbe coupe-chou de britva, viokcho mais tzarrible, que je savais manier en artiste à l'époque, comme la foudre et l'éclair. Nous voilà donc dratsant à tout va dans le noir, pendant que la vieille Luna, avec les mecs qui se baladaient dessus, se levait tout juste et que les étoiles dardaient tant et plus comme des couteaux brûlant de se joindre à la dratsarre. Avec mon britva j'ai réussi à fendre tout le devant des platrusques d'un des drougs du Gars Willie, et ça tout ce qu'il y a de net, sans même toucher le plott sous l'étoffe. Du coup, dans la dratsarre, ce droug du Gars Willie s'est retrouvé soudain ouvert du haut en bas comme une cosse de petit pois, le ventre à nu et ses pauvres vieilles yarbilles à l'air, et ça l'a rendu si raide razedraze, moulinant des bras et braillant qu'il a baissé la garde et que ce vieux Momo a profité de l'ouverture, avec sa chaîne qui serpentait en swouissshant, et l'a cinglé en plein dans les glazes. Sur quoi, le droug du Gars Willie s'est sauvé en trébuchant et en gueulant plein cœur. On y allait tzarrible et on n'a pas tardé à tomber aussi le Numéro Un du Gars Willie, aveuglé par la chaîne de Momo et rampant et barrissant comme une bête ; mais d'un joli shoot dans le gulliver, on l'a étendu raide kâo, out, out, out.

De nous quatre, Momo comme d'habitude, s'en sortait le plus mal en point d'allure, autrement dit le litso couvert de sang et les platrusques dans un drôle de gâchis ; mais nous autres on était encore frais et entiers. C'était ce gros lard puant de Willie que je voulais me payer maintenant, et j'étais là à danser avec mon britva, qu'on aurait dit le barbier sur un bateau par très grosse mer, m'efforçant de trouver l'entrée pour lui filer deux ou trois belles estafilades sur son sale litso graisseux. Il avait un nodz, le Gars Willie, modèle long, cran d'arrêt, mais il était un malenky peu trop lent et lourd dans ses mouvements pour faire vraiment vred à quelqu'un. Et, Ô mes frères, ce fut un vrai plaisir pour moi de valser – gauche deux trois, droite deux trois – et de lui tailler la jouette gauche puis la droite, de sorte que deux rideaux de sang semblaient ruisseler en même temps de chaque côté de son gros groin huileux et salingue, à la lueur hivernale des étoiles. Et rouge coulait ce sang comme deux rouges rideaux, mais on reluchait bien que le Gars Willie ne sentait rien du tout, et il a continué à bûcheronner comme un gros ours dégueulasse, en essayant de me larder de son nodz.

Puis on a slouché les sirènes et on a su que les milichiens arrivaient avec leurs poushkas braqués tout armés aux portières du car de police. C'était la petite dévotchka chialeuse qui les avait prévenus, pas de doute, vu qu'il y avait un avertisseur pour appeler les rosses, tout près derrière la Centrale électrique municipale.

— N'aie crainte, j'ai crié, je t'aurai bientôt, sale bouc puant. Je me paierai tes yarbilles en beauté.

Tous, à l'exception de Léo le Numéro Un qui ronflait sur le trottoir, ils se sont taillés en peinant et soufflant, direction nord vers la rivière, et nous on a pris de l'autre côté. Juste à l'angle suivant, il y avait une petite rue sombre, déserte et ouverte aux deux bouts, et on s'est reposés là, respirant fort puis plus lentement, et normalement pour finir. C'était comme si on s'était reposés dans le creux entre deux montagnes très énormes et formid, deux blocs de HLM en la circonstance, et dans les fenêtres de tous les appartements on reluchait comme une lumière bleue qui dansait. Sans doute la télé. Il y avait ce soir-là ce qu'on appelait une mondovision, c'est-à-dire que le même programme était reluché par tous les gens qui en avaient envie dans le monde, dans le cas présent surtout les lioudis d'âge et de classe moyens. Il devait y avoir une de leurs grandes vedettes comiques, un de ces tchellovecks à la con ou de chanteur noir, le tout rebondissant dans la stratosphère sur leurs satellites télé spéciaux, mes frères. On a attendu, haletants, en slouchant les milichiens qui sirénaient en s'éloignant vers l'est, de sorte qu'on a su qu'on était peinards maintenant. Mais ce pauvre vieux Momo continuait à lever le nez vers les étoiles et les planètes et la Luna, la rote grande ouverte, comme un môme qui n'aurait encore jamais rien vu de pareil, et il a dit :

— Qu'est-ce qu'y a dessus, là-haut, vous croyez ? Qu'est-ce qu'y peut bien y avoir sur des trucs comme ça ?

Je lui ai donné un grand coup de coude en disant :

— Arrête, Ô gloupp et connard que tu es. Loin de toi ces pensées. Y a la même vie qu'ici, plus que probable, avec des mecs qui reçoivent des coups de couteau et d'autres qui en donnent. Et maintenant, puisque la notché est encore molodoï, allons, en route, mes frères.

Les autres se sont bidonskés à ces paroles, tandis que ce pauvre vieux Momo me regardait sans rire, puis levait de nouveau le nez vers les étoiles et la Luna. Mais enfin, on a descendu la petite rue, entre les rangées de vitres bleutées par leur mondoprogramme. Ce qui nous manquait à présent, c'était une bagnole, donc on a pris à gauche au sortir de la petite rue, et on a deviné tout de suite qu'on était place Priestly, rien qu'à relucher la grande statue en bronze d'un vague viokcho poète avec la lèvre du haut genre gorille et une pipe plantée dans sa vieille rote ramollo. Direction nord, on est arrivés à cette vieille saloperie de cinédrome, tout pelé et tombant en miettes vu que personne n'y allait plus beaucoup sauf les maltchiks comme moi et mes drougs – et encore, rien que pour le coup de gueule ou le razrez, ou pour une petite partie de dedans-dehors dans le noir. À l'affiche, sur la façade du cinédrome braquée par deux projos pleins de chiures de mouches, on n'avait pas de mal à relucher que c'était la routine, genre bagarre entre cowboys, avec les archanges du côté du shérif U S qui tire ses six coups sur les voleurs de bestiaux sortis tout droit des légions infernales – juste le genre de vesche à la con comme en fabriquait alors le Cinéma d'État. Les bagnoles parquées devant le cinoche étaient loin d'être toutes tzarribles ; c'étaient même surtout des viokchas vesches plutôt merdeuses, sauf une Durango 95 assez neuve qui pouvait faire l'affaire, je me suis dit. Jo avait à son porte-clés une polyclé, comme on appelait ça, ce qui fait qu'on a été vite à bord – Momo et Pierrot à l'arrière, tirant comme des seigneurs sur leur cancerette. Moi, j'ai mis le contact et j'ai lancé le moulin et ça s'est mis à ronfler vraiment tzarrible, que ça faisait chouette et chaud vibrato jusque dans la tripouille. Puis j'ai joué du noga et on est sortis marche arrière en beauté, sans que personne nous ait reluchés démarrer.

On a totonné un bout à travers l'arrière-ville, comme on appelait ça, en paniquant les vieux vecks et les vieilles tchinas qui traversaient et en zigzaguant après des chats et autres. Puis on a pris vers l'ouest. Comme il n'y avait pas beaucoup de circulation, j'ai continué à appuyer de mon vieux noga des familles, à défoncer le plancher ou presque, et la Durango 95 bouffait la route comme qui dirait des spaghetti. Bientôt ça a été les arbres de l'hiver et la vraie nuit, mes frères, avec un paysage tout noir, et à un endroit j'ai passé sur quelque chose de gros avec une rote féroce pleine de dents à la lumière des phares, et puis ça a crié et fait de la bouillie par en dessous et ce vieux Momo s'est presque pété le gulliver de rire à l'arrière – « Ho ho ho ». Ensuite on a vu un jeune maltchick avec sa gironde niqueuniqueuniquant sous un arbre ;

alors on s'est arrêtés pour leur faire un petit bravo, et après ça on leur a mis deux ou trois toltchockes pas très méchantes, ce qui les a fait tout de même pleurer, et on est repartis. Ce qu'on avait en tête maintenant, c'était le coup de la visite surprise des familles. Ça, c'était vraiment juteux, bon pour la bidonske et pour un grand coup de fouet d'ultra-violents. On a fini par arriver à une sorte de village, et, juste à l'entrée il y avait comme un petit pavillon isolé, avec un bout de jardin. La Luna était très haute à présent, et on reluchait la bâtisse net et impec à mesure que je ralentissais et que je mettais le frein, tandis que les trois autres rigolaient comme des bézoumnis ; même qu'on pouvait relucher le nom sur le portail de cette vesche genre pavillon ; ça disait MON REFUGE – plutôt gloupp comme nom. Je suis sorti de la bagnole, j'ai ordonné à mes drougs de ne plus rigoler, fallait du sérieux, et j'ai poussé le malenky portail puis je me suis avancé jusqu'à la porte d'entrée. J'ai frappé tout gentil et tout doux ; personne n'est venu ; j'ai frappé encore un peu, et cette fois j'ai slouché qu'on venait, puis qu'on tirait un verrou, et la porte s'étant entrebâillée d'un centimètre ou deux, j'ai reluché un seul glaze qui me lorgnait ; la chaîne était mise.

— Oui ? Qu'est-ce que c'est ?

C'était une golosse de gironde, une dévotchka jeunette, à l'entendre ; alors j'ai dit, en parlant tout ce qu'il y a de plus raffiné, vraie golosse de gentleman :

— Pardonnez-moi, madame. Absolument désolé de vous déranger, mais mon ami et moi on faisait un petit tour quand il s'est senti très mal tout à coup ; la chose a pris une tournure très ennuyeuse et il est là-bas sur la route, complètement dans les pommes, à gémir. Seriez-vous assez aimable pour me permettre de me servir de votre téléphone pour appeler une ambulance ?

— Nous n'avons pas le téléphone, a répondu la dévotchka. Je regrette mais nous n'avons pas cela. Vous devrez vous adresser ailleurs.

Venant de l'intérieur de ce malenky pavillon, je slouchais le click click cliclac clik clik clickclackclic clackclack comme d'un veck tapant à la machine raide dingue ; puis la machine s'est arrêtée et à la place il y a eu la golosse du tchelloveck qui criait :

— Qu'est-ce que c'est, chérie ?

— Dans ce cas, j'ai poursuivi, serait-ce un effet de votre bonté, s'il vous plaît, de me donner un verre d'eau pour lui ? Il s'agit d'une sorte d'évanouissement, voyez-vous. Comme s'il avait eu une faiblesse et qu'il ait tourné de l'œil.

La dévotchka a hésité un peu, puis elle a dit :

— Attendez.

Elle s'est éloignée. Mes trois drougs étaient sortis sans bruit de la bagnole et ils se sont faufilés tzarrible ; ils ont mis leurs masquards et moi le mien ; ensuite il ne me restait plus qu'à passer ma bonne vieille rouke par la fente et à défaire la chaîne, vu que j'avais tranquillisé la dévotchka avec ma golosse de gentleman et qu'elle n'avait pas refermé la porte comme elle aurait dû dans le cas de visiteurs du soir de notre espèce. Alors on a déboulé tous les quatre en gueulant, ce vieux Momo faisant le popov comme d'habitude à sauter de droite et de gauche et à vocaliser des slovos dégueulasses, et il faut reconnaître que c'était un joli malenky pavillon. On est tous entrés en se bidonskant dans la pièce, qui était éclairée. La dévotchka était là, cherchant à se faire toute petite ; c'était un ravissant petit morceau de gironde avec des groudnés vraiment tzarribles en devanture, et il y avait avec elle l'espèce de tchelloveck, son moudj, assez jeune lui aussi et avec des otchquises à monture d'écaille sur le nez, et sur une table il y avait une machine à écrire et plein de papiers répandus partout, à part une petite pile, comme qui dirait ce qu'il avait déjà tapé. Bref c'était encore le genre intelligent genre savant, ce veck, comme celui avec lequel on avait totonné quelques heures plus tôt, seulement lui il écrivait des livres au lieu d'en lire.

N'importe, il a dit :

— Qu'est-ce que ça signifie ? Qui êtes-vous ? Comment osez-vous entrer chez moi sans permission ?

Et tout ce temps il avait la golosse et les roukes qui tremblaient. Alors j'ai dit :

— N'aie crainte. Si la peur habite ton cœur, Ô frère, je t'en prie, bannis-la sur-le-champ.

Puis Jo et Pierrot sont partis à la recherche de la cuisine, pendant que ce vieux Momo attendait les ordres, debout à côté de moi et la rote grande ouverte.

— Et ça donc, qu'est-ce que ça signifie ? j'ai dit en prenant sur la table l'espèce de pile de feuilles tapées à la machine.

Et le moudj à monture d'écaille a répondu, tout tremblotant :

— C'est exactement ce que j'aimerais bien savoir. Qu'est-ce que ça signifie ? Que voulez-vous ? Sortez immédiatement avant que je vous flanque dehors.

Tant et si bien que ce pauvre vieux Momo, avec son masque à la Percebiche Shelley, s'est mis à se bidonsker aux éclats en rugissant comme une espèce d'animal.

— C'est un livre, j'ai dit. C'est un livre, ce que vous écrivez.

J'ai pris une de ces golosses tout ce qu'il y a de grossier :

— J'ai toujours eu la plus grande admiration pour les ceusses qui sont capables d'écrire des livres, j'ai dit.

Puis j'ai jeté un coup d'œil sur le feuillet du dessus, et il y avait écrit le titre – L'ORANGE MÉCANIQUE – alors j'ai dit :

— En fait de titre, c'est plutôt gloupp. Qui est-ce qui a jamais entendu parler d'une orange mécanique ?

Et j'ai lu un malenky peu du truc à voix haute, golosse genre tout ce qu'il y a de plus prêchi-prêcheur :

« Cette volonté d'imposer à l'homme, créature d'évolution et susceptible d'exquise douceur, susceptible, au dernier round, de téter la succulence aux lèvres barbues de Dieu, la volonté d'imposer, dis-je, les lois et conditions propres à une création mécanique, c'est là chose contre quoi je lève le glaive de ma plume… » Momo a fait sa petite musique de lèvres, et moi je n'ai pas pu m'empêcher de me bidonsker. Puis je me suis mis à déchirer les feuillets et à éparpiller les morceaux sur le plancher, et j'ai cru que le moudj écrivain allait devenir bézoumni. Il s'est jeté sur moi, les lèvres retroussées sur ses zoubies jaunes, et tous ongles dehors pour me griffer. Et ça, c'était le signal pour ce vieux Momo, et avec un grand ricanement et des tas de « heu heu » et de « ha ha » il y est allé sur la rote tremblotante du veck, crack crack, d'abord du gauche puis du droit, si bien que notre bon vieux droug le rouge – vino rouge au robinet, le même en tous lieux, comme s'il venait tout du même grand cru – a commencé à dégouliner et à tacher le joli tapis tout propre et les morceaux du livre que je continuais à déchiqueter, razrez razrez. Pendant tout ce temps l'espèce de dévotchka, aimante et fidèle épouse du moudj, était restée piquée comme pétrifiée à côté de la cheminée ; puis elle s'est mise à pousser de malenky petits critches ; comme qui dirait en similimesure avec la similimusique du travail au poing de Momo. Puis Jo et Pierrot sont revenus de la cuisine, mastiquant tant et plus tous les deux, toujours avec le masquard sur le gulliver, mais ça ne faisait rien, pas de problème – Jo avec une cuisse d'un truc froid dans une rouke, et dans l'autre une demi-miche de kleb tartinée d'une motte de maslo, et Pierrot avec une bouteille de bière bavant la mousse par le goulot et une pleine rouke tzarrible d'une vesche genre cake. Ils ont fait « Hah hah hah », en reluchant ce vieux Momo qui continuait sa danse de la châtaigne autour du veck écrivain, tant et si bien que le veck moudj s'est mis à platcher comme si on lui avait démoli l'œuvre de sa vie, « beuh heu heu », avec sa gueule en sang dans les règles ; mais eux, ce qu'ils poussaient c'étaient des « hah hah hah » de mecs qui s'étouffent avec la bouffe, même qu'on voyait des bouts de ce qu'ils mangeaient. Ça me déplaisait, vu que c'était sale et bavocheux ; j'ai donc dit :

— Laissez tomber cette bouffetaille. Je n'ai pas donné la permission. Et empoignez-moi ce veck, qu'il puisse tout relucher sans se sauver.

Ils ont posé leur pischa graisseuse sur la table au milieu de tous les papiers volants, et ils ont clopé à travers la pièce jusqu'au veck écrivain dont les otchquises à monture d'écaille étaient cassées mais pendaient encore, tandis que Momo dansait toujours autour en faisant trembler les ornements sur la cheminée (mais je les ai tous balayés d'un revers ; comme ça ils ne pouvaient plus trembler, petits frères) et qu'il continuait à totonner avec l'auteur de *L'Orange mécanique*, lui arrangeant un litso bien pourpre et bien dégoulinant comme une espèce de fruit très spécial et juteux.

— Ça va, Momo, j'ai dit. Maintenant, l'autre vesche. Gogre nous ait en aide.

Alors il a joué les gros bras sur la dévotchka, qui n'arrêtait pas de critch critch critch critcher à quatre temps, tzarrible ; il lui a fait une clé aux roukeurs par-derrière, pendant que j'arrachais ci et ça et tout et que les autres continuaient à pousser leurs « hah hah hah », et c'étaient des groudnés drôlement chouettes tzarrible qui ont montré alors leur glaze rose, Ô mes frères, tandis que je me dénouais les aiguillettes et me préparais au plongeon. Tout en plongeant je slouchais des cris de douleur, et le veck écrivain qui saignait et que Jo et Pierrot retenaient a failli leur échapper en gueulant comme un bézoumni les slovos les plus dégoûtants que j'avais jamais entendus et d'autres de son invention. Après moi c'était justice que ce vieux Momo prenne son tour, ce qu'il a fait en jappant et grognant comme une bête, avec son masquard à la Percebiche Shelley qui avait l'air de ne rien voir ; moi pendant ce temps je tenais la dévotchka. Puis changement d'équipe, Momo et moi on a empoigné le veck écrivain qui n'avait vraiment plus la force de se débattre et se contentait de pleurnicher et de bavocher des slovos sans suite, comme un gars défoncé dans un milkbar à lait gonflé, et Pierrot et Jo ont pris la relève.

Après, il y a eu comme une accalmie et on était plein d'une espèce de haine ; alors on a cassé tout ce qui restait – machine à écrire, lampe, sièges – et Momo, c'était bien de lui, a éteint le feu en pissant dessus, et il allait même crotter sur le tapis vu l'abondance de papier, mais j'ai dit non.

— Allez, dehors, out, out, out, j'ai gueulé.

Le veck écrivain et sa zhina n'étaient vraiment plus dans le coup ; ils étaient en pièces et en sang et ils faisaient des bruits. Mais ils n'en mourraient pas.

On est remontés dans la bagnole qui attendait et j'ai laissé le volant à Jo tellement je me sentais un malenky peu ébouriffé, et on est repartis pour la ville en écrasant en chemin des drôles de trucs qui couinaient.

3.

On yékatait donc sur le chemin du retour, quand juste à l'entrée de la ville, mes frères, pas loin de ce qu'on appelait le Grand Canal Industriel, on a reluché que l'aiguille de la jauge à essence était quasi dans les pommes, tout comme l'aiguille de nos « hah hah hah », et la bagnole toussait kapfft kapfft kapfft. Pas de quoi se faire un vrai mouron, cela dit, vu qu'une gare de chemin de fer clignotait bleu – oui non oui non – tout près. La question était de savoir si on laisserait la bagnole pour qu'elle soit sobiratée par les rosses ou bien, vu qu'on se sentait d'humeur genre pleins de haine et de meurtre, si on lui flanquerait une bonne toltchocke pour la balancer dans la viokcha flotte histoire de se payer un grand plesk bien fort avant qu'on tue la soirée. C'est ce qu'on a décidé ; on est donc sortis et on a desserré les freins et à tous les quatre on l'a toltchockée jusqu'au bord de cette dégueulasserie d'eau qu'on aurait dit de la mélasse mélangée avec des produits de trou de balle humain ; et après ça une dernière vraie toltchocke tzarrible, et la voilà dedans. On a dû se reculer à toute vitesse, crainte de voir la saloperie nous éclabousser les platrusques, mais ça a fait splassshhhh et glouipppp elle s'est enfoncée en beauté.

— Adieu, vieille droug, a crié Jo.

Et Momo a aimablement salué d'une grande esclaffe à la clown – « Heuh heuh heuh heuh ». Ensuite on s'est dirigés vers la gare, pour prendre le train jusqu'au prochain arrêt, qui était Centre, comme on appelait le milieu de la ville. On a pris nos billets gentiment, poliment, et on a attendu sur le quai, pépère tranquille comme des gentlemen, ce vieux Momo totonnant avec les machines automatiques, vu qu'il avait les carmanes pleines de malenky petite monnaie, et se tenant prêt au besoin à distribuer des barres de chocolat aux pauvres et aux affamés, sauf qu'il n'y en avait pas dans le coin. Et puis ce vieux lourdingue d'expresso rapido s'est amené et on a grimpé dedans, vu que tout le train avait l'air presque vide. Pour passer les trois minutes de trajet on a totonné un peu avec le capitonnage, comme on appelle ça, crevant les tripes tzarrible en beauté aux banquettes pendant que ce vieux Momo chaînait l'okno jusqu'à faire voler le verre comme des étoiles dans l'air de l'hiver, mais tous on se sentait vachement vidés, lessivés et rincés, vu que ç'avait été une soirée où on n'avait pas peu dépensé d'énergie, mes frères, à part cette brute de clown de Momo qui était plein de la joie de ça, sauf qu'il avait l'air salopé de partout et qu'il reniflait trop le vonn de sueur – et ça c'était une chose que je ne lui pardonnais pas.

On est descendus à Centre et on a marché sans se presser jusqu'au Korova Milkbar ; on faisait tous un malenky peu « hoaaaaaah » en exhibant à la lune et aux étoiles et aux réverbères nos plombages du fond, vu qu'on n'était encore que des maltchicks en pleine croissance et qu'on allait en classe dans la journée. Quand on est entrés au Korova, on l'a trouvé plus plein que lorsqu'on l'avait quitté. Mais le tchelloveck qu'on avait laissé à bafouiller à tout va dans les vapes, bourré à la neige et au synthémesc ou autre, y allait toujours pleins gaz, bavochant des trucs genre : « Moufflets de la mort-née qu'aux âges platoniques ho-jouisse-et-ho enfanta le climat. » Il devait en être à sa troisième ou quatrième dose ce soir-là, vu qu'il avait un de ces airs pâle et inhumain qu'on aurait dit qu'il était devenu une *chose*, avec le litso genre vraiment taillé dans de la craie. Réellement, s'il avait tellement envie de se payer un voyage de cette durée, il aurait dû se mettre dans un des cucubicules privés du fond au lieu de rester dans la grande salle du messtot, vu qu'il y avait là des maltchickicaïds capables de se le totonner un malenky peu, mais mollo, rapport aux gros videurs balèzes planqués dans les coins du vieux Korova et qui étaient capables d'arrêter n'importe quelle bagarre. Toujours est-il que Momo s'est faufilé en force à côté de lui et, sa grande bouchebâille de clown toute fouraille sur sa baveuse qui pendait, il a flanqué un coup de son gros sabog dégueulasse en plein dans le pied du veck. Mais le veck, mes frères, est resté sourd, vu qu'il planait pour l'heure bien au-dessus des choses de la chair.

C'était tout nadsats et compagnie, le Korova, en train de moloker et de coker et de totonner (nadsats, c'était comme ça qu'on appelait entre nous les moins de vingt ans), mais avec aussi quelques vecks et quelques ptitsas genre plus viokcho (pas beaucoup, et pas genre bourgeois, ça jamais) en train de rigoler et de govoriter au bar. Rien qu'à voir leur tiffure et leurs platrusques à la débraille (gros chandails à côtes surtout) on n'avait pas de mal à deviner qu'ils sortaient d'une répétition dans les studios de la Télé à côté. Les dévotchkas de la bande avaient toutes le même genre de litso animé et de grande rote très rouge montrant des tas de dents, et elles se bidonskaient en se fichant comme d'une pomme de la méchanceté de ce monde. Et puis le disque de la stéréo a fini de nasiller (c'était Jonny Jivago, un koshka russkof qui chantait « Jamais plus d'un Jour sur Deux »), et dans l'espèce d'entracte, dans le bref silence avant le disque suivant, une de ces dévotchkas – très blonde et avec une grosse rote rouge et souriante, la fin de la trentaine, j'aurais dit – s'est mise tout à coup à en pousser une, pas plus d'une mesure ou deux, comme pour donner un exemple d'un truc dont toute la bande venait de govoriter, et l'espace d'un instant ce fut, Ô mes frères, comme si un grand oiseau était entré à tire d'ailes dans le milk-bar et j'ai senti chaque malenky petit poil de mon plott se hérisser tout debout et des frissons me courir dans le dos comme qui dirait des malenkys lézards et me redescendre dans les reins. Parce que je savais ce qu'elle chantait. Ça venait d'un opéra de Friedrich Gitterfenster intitulé *Das Bettzeug*, et c'est le morceau où la tchina est en train de lâcher la rampe, la gorge tranchée, et les slovos disent « Peut-être est-ce mieux ainsi ». N'importe, j'avais le frisson.

Mais ce vieux Momo, sitôt qu'il a eu slouché ce bout de chanson pareil à un lomtick de viande saisie bleu qu'on vous colle sur l'assiette – ce vieux Momo, donc, a lâché une de ces vulgarités qui lui étaient chères, dans le cas présent un bruit de trompette suivi d'un aboiement, lui-même suivi de deux fois les cornes deux doigts en l'air, suivi encore d'une esclaffe de clown. Une vraie fièvre m'a pris et je me suis senti comme noyé dans du sang brûlant rouge, de sloucher et de relucher comme ça la vulgarité de Momo, et j'ai dit :

— Fumier. Espèce de grossier et de sale fumier bavocheur.

Puis je me suis penché par-devant Jo, qui était entre moi et l'affreux, et j'ai châtaigné Momo zoum sur la rote. Il a eu l'air tout surpris et il est resté la rote ouverte, en essuyant de la rouke le krovvi sur sa goubeuse, son regard étonné allant du krovvi coulant rouge à moi.

— Pourquoi ça t'a fait ça ? m'a-t-il dit à sa façon d'ignare.

Peu de gens avaient reluché ce que je venais de faire, et ceux-là s'en fichaient. La stéréo était repartie et jouait une vesche de guitare électronique tout ce qu'il y a de dégueulando. J'ai dit :

— Parce que tu n'es qu'un fumier sans manières, sans une louffe d'idée sur la façon de te comporter en société, Ô mon frère.

Momo m'a jeté un regard mauvais à la con, et a dit :

— Eh ben moi, ça me plaît pas que tu m'aies fait ce que t'as fait. Et je suis plus ton frère et je veux plus l'être.

Il avait sorti de sa poche un grand tiremorve merdeux et épongeait la dégoulinade rouge sans comprendre, tout en continuant à regarder ça les sourcils froncés, comme s'il avait pensé que le sang c'était bon pour les autres vecks et pas pour lui. Il avait l'air de chanter du sang, comme pour racheter sa vulgarité quand l'autre dévotchka avait chanté de la musique. Mais la dévotchka elle, se bidonskait « ha ha ha » comme ses drougs au bar, avec sa rote rouge qui travaillait et ses zoubies toutes brillantes, sans avoir rien remarqué de la vulgarité dégueulasse de Momo.

C'était vraiment à moi que Momo avait fait tort. J'ai dit :

— Si t'aimes pas ci et si tu veux pas ça, alors tu sais ce qui te reste à faire, petit frère.

Jo a dit, d'un ton sec qui m'a fait tourner la tête vers lui :

— Ça va. On va pas commencer.

— C'est Momo qu'est concerné, j'ai dit. Momo peut pas rester bébé tout sa jiznée.

Et j'ai regardé dur Jo. Momo a dit, et le krovvi rouge coulait moins vite maintenant :

— Où c'est qu'il a pris dans la nature qu'il a le droit de donner des ordres et de me toltchocker quand ça lui plaît ? Tout ça c'est de la yarbille, si vous voulez que je vous dise, et si ça continue et je lui pète les glazes à coups de chaîne, aussi sec.

— Fais gaffe, j'ai dit, aussi calme que possible avec la stéréo qui jouait à la balle sur les murs et le plafond et l'espèce de veck en orbite, de l'autre côté de Momo, qui débloquait maintenant plein tube : « Scintille plus proche, ultoptimax. » Fais bien gaffe, Ô Momo, j'ai repris, si tu ne souhaites point interrompre le fil de tes jours.

— Tout ça c'est de la yarbille, a répété Momo en ricanant. De la bolchoï yarblokoss gros comme toi. Ce que t'as fait tout à l'heure, t'avais pas le droit. Je t'attends à la chaîne, au nodz ou au britva, quand tu veux. Vu qu'y a pas de sens que tu me balances comme ça des toltchockes, y tombe sous le sens que je l'admets pas.

— On se bagarre au nodz quand tu veux, j'ai répondu en montrant les dents.

Pierrot a dit :

— Oh, écoutez, pas de ça, les deux maltchicks, hein ? On est drougs, ou quoi ? C'est pas une façon de se conduire entre drougs. Sans compter qu'y a une bande de maltchicks trop bavards qu'est en train de se bidonsker de nous en douce là-bas. C'est pas le moment de se relâcher.

— Momo a besoin d'apprendre à garder ses distances, j'ai dit. D'accord ?

— Minute, a dit Jo. C'est quoi, cette histoire de distances ? C'est bien la première fois que j'entends dire que des lioudis doivent apprendre leurs distances.

Pierrot a dit :

— S'y a une vérité, Alex, c'est que t'aurais jamais dû flanquer à ce vieux Momo une toltchocke sans motif. Je le dis une fois pour toutes. Tout respect, tout honneur, si c'était à moi que tu l'avais donnée t'aurais eu à en répondre. J'en dirai pas plus.

Et il s'enfouit le litso dans son verre de lait. Je me sentais devenir tout razedraze au fond de moi, mais j'essayais de n'en rien laisser voir et j'ai dit tranquillement :

— Faut bien qu'y ait un chef. La discipline, c'est indispensable. D'accord ?

Aucun d'eux n'a skazité un mot, pas même hoché la tête. Plus je devenais razedraze en dedans, plus j'étais calme au-dehors.

— Ça fait longtemps que je suis en charge, j'ai dit. On est tous drougs, mais faut bien qu'il y ait un chef. D'accord ? D'accord ?

Ils ont tous opiné de la tête, genre prudent. Momo finissait d'ozoucher le krovvi sur sa lèvre. À la fin c'est lui qui a dit :

— D'acc, d'acc. Doubidoub. C'est la fatigue, peut-être, on en a tous un coup. Fermons le dossier, ça vaut mieux.

J'étais surpris et juste un malenky rien pouglé de sloucher ce genre de govoritt dans la bouche de Momo. Il a dit :

— Le mieux c'est encore d'aller tourner la page au page, y a qu'à rentrer à la maison. D'acc ?

J'étais très surpris. Les deux autres ont fait oui de la tête, d'acc d'acc d'acc. J'ai dit :

— Pour ce qui est de cette toltchocke sur la rote, faut que tu comprennes, Momo. C'était la musique, tu sais. S'y a une ptitsa qui chante, disons, et qu'un veck, n'importe lequel, la dérange, ça me rend complètement bézoumni. Comme tout à l'heure.

— On ferait mieux de rentrer et d'aller se payer une petite spatchka, a dit Momo. Vache de soirée pour des maltchicks qu'on pas fini de grandir. D'acc ?

D'acc d'acc ont fait de la tête les deux autres. J'ai dit :

— Je crois que la maison c'est encore ce qu'y a de mieux pour l'heure. Vraiment tzarrible elle est, l'idée de Momo. Si on ne se revoit pas comme qui dirait de la journée, Ô mes frères, alors même heure même endroit demain, d'accord ?

— Oh oui, a dit Jo. Je pense que ça devrait pouvoir s'arranger.

— Moi, a dit Momo, y se pourrait que je sois juste un malenky peu retardé. Mais c'est égal, demain même endroit et même heure ou presque, d'acc.

Le krovvi avait beau ne plus couler maintenant, il continuait à se torcher la goubeuse.

— Et, a-t-il dit, faut espérer qu'y aura pas une autre vache de ptitsa qui s'amuse à faire meuh.

Là-dessus il y est allé d'une de ses vieilles esclaffes à la Momo des familles, un « hohohoho » de clown, gros comme lui, à croire qu'il était trop momo pour se vexer vraiment de rien.

Donc, on est partis chacun de son côté, moi rotant beurk à cause du coke glacé que j'avais drinké. J'avais mon britva coupe-chou à portée, au cas où un des drougs du Gars Willie aurait rôdé en m'attendant autour du HLM, ou bien peut-être un gars des autres bandas ou grouppas ou shaïkas qui étaient parfois en guerre avec les autres. Je vivais avec mon pôpa et ma môman dans un appartement du HLM municipal 18-A, entre l'avenue Kingsley et Wilsonsway. Je suis arrivé à la grande porte d'entrée sans ennuis, sauf que j'ai passé près d'un jeune maltchick qui critchait et geignait étalé dans le ruisseau et tailladé de partout que c'était une beauté, et que j'ai vu aussi à la lumière des réverbères des traînées de sang çà et là, comme si, Ô mes frères, les totonnages de la nuit avaient été signés. Et aussi j'ai vu, tout à côté du 18-A, une nidzni de dévotchka, plus que probable arrachée par un grossier dans le feu de l'instant, Ô mes frères. Et sur ce, bercail. Sur les murs de la grande entrée il y avait la bonne vieille peinture municipale des familles – des vecks et des ptitsas vachement bien musclés, vachement sérieux dans leur dignité de travailleurs à leur établi ou à leur machine, sans même ça de platrusques sur leur plott bien développé. Sauf que, naturellement, des maltchicks, de ceux qui vivaient au 18-A, avaient comme on pouvait s'y attendre embelli et décoré adroitement au crayon ou au styllo-bille ladite grande peinture, en ajoutant du poil et des paupauls raide gros et aussi des slovos salingues dans des bulles sortant des rotes raide dignes de tous ces vecks et tchinas nagoïs (nus, autrement dit). Je me suis dirigé vers l'ascenseur, mais ce n'était pas la peine d'appuyer sur le knopka électrique pour voir si ça marchait, vu que tout le truc avait été toltchocké vraiment tzarrible ce soir-là et que les portes métalliques étaient toutes gondolées, ce qui était vraiment un tour de force. J'ai donc dû grimper dix étages à pied. Je jurais et soufflais en grimpant, étant fatigué de plott sinon tellement d'esprit. J'avais drôlement envie de musique ce soir-là, l'autre dévotchka m'ayant probablement mis en train avec sa chanson au Korova. J'avais envie de m'en payer comme qui dirait une grande fête avant de faire tamponner mon passeport, mes frères, à la frontière du sommeil et de voir la shest à rayures se lever pour me laisser passer.

J'ai ouvert la porte du 10-8 avec ma petite kloutche personnelle. À l'intérieur de notre malenky logis, tout était tranquille, le pé et la ème étaient tous les deux au pays du sommeil et môman avait laissé sur la table un malenky bout de dîner – un ou deux lomticks de viandéponge en boîte, avec une coutelée ou deux de kleb beurré et un verre de moloko froid des familles. Ohohoho, du bon vieux moloko, sans couteaux ni synthémesc ni methcath dedans ! Ah, mes frères, comment ne pas trouver toujours comme un défaut dans le lait innocent, après ça ? N'importe, j'ai bu et mangé en grognant, plus affamé que je ne l'avais cru d'abord, et j'ai pris la tarte qui était dans le garde-manger et j'en ai arraché des bouts pour me les enfourner gloutonnement dans la rote. Puis je me suis payé un nettoyage de dents en clappant de la yachzick, ou langue, histoire de me décrasser la vieille rote des familles. Ensuite je suis entré dans ma chambrette personnelle, mon antre, tout en ôtant mes platrusques. Là, il y avait mon lit et ma stéréo, orgueil de ma jiznée, et mes disques dans leur placard, avec des fanions et des drapeaux au mur, comme qui dirait en souvenir de mes passages au centre de redressement depuis l'âge de onze ans, Ô mes frères, tous reluisants et portant un nom ou un chiffre en blason : SUD 4 ; DIVISION BLEUE MÉTRO-CENTRE DE REDRESSE ; LES ALPHA GARS.

Les petits baffles de ma stéréo étaient disposés tout autour de la pièce, au plafond, aux murs, au plancher, ce qui faisait que, couché sur le lit à sloucher la musique, j'étais comme pris dans le filet et les mailles de l'orchestre. Et ce soir-là ce qui m'a fait envie en premier c'était le nouveau concerto pour violon de cet Américain, Geoffrey Plautus, joué par Odysseus Choerilos avec le Philarmonic de Macon (Géorgie) ; je l'ai donc fait glisser de l'endroit où il était classé impec, j'ai allumé et j'ai attendu.

Alors, frères, c'est venu. Ô félicité, félicité céleste. Couché tout nagoï les yeux au plafond, les roukes derrière le gulliver sur l'oreiller, les glazes clos, la rote ouverte de béatitude, j'ai slouché la cataracte ravissante. Oh, c'étaient la splendeur et la splenditude faites chair. Les trombones broyaient de l'or rouge sous le lit et derrière mon gulliver les trompettes triplaient leur flamme argentée, et là-bas, près de la porte, les timbales me roulaient à travers les tripes et ressortaient pulvérisées comme un tonnerre de sucre.

Ô merveille des merveilles. Puis pareil à un oiseau comme tissé dans le métal céleste le plus rare, ou à un vin argenté coulant dans un vaisseau spatial, la pesanteur devenant une absurdité, est venu le solo de violon dominant toutes les autres cordes, lesquelles faisaient genre cage de soie autour de mon lit. Puis la flûte et le hautbois ont vrillé, qu'on aurait dit des vers comme en platine perçant le gros caramel dur d'or et d'argent. Ma félicité était sans pareille, mes frères. Dans la chambre à coucher voisine pé et ème avaient appris à ne pas cogner au mur pour se plaindre du bruit, comme ils appelaient ça. C'est moi qui leur avais appris. Ils devaient être en train d'avaler des pilules pour dormir. Ou peut-être, sachant la joie que je prenais à ma musique de nuit, les avaient-ils déjà avalées. Pendant que je slouchais, les glazes hermétiquement clos pour enclore la félicité qui valait mieux que n'importe quel Gogre ou Dieu synthémétique, j'ai connu de bien belles images. Je voyais des vecks et des ptitsas, jeunes et viokchos, étalés par terre et gueulant pitié pitié, et moi je me fendais la rote en me bidonskant, et je leur écrasais ma botte sur le litso. Et aussi des dévotchkas à poil qui critchaient contre les murs, et moi je leur plongeais dedans comme une schlaga ; et de fait quand la musique, qui se composait d'un seul mouvement, a monté au sommet de sa plus haute et de sa plus grosse tour, alors couché là sur mon lit, les glazes hermétiquement clos et les roukes derrière le gulliver, j'ai explosé et giclé et crié « aaaaaah » de félicité. Et la musique ravissante a glissé vers son glorieux achèvement.

Après ça je me suis payé du ravissant Mozart, la Jupiter, et ça a encore donné des images d'autres litsos à piétiner et à écrabouiller, et c'est là-dessus que je me suis dit que je m'offrirais juste un dernier disque, pas plus, avant de passer la frontière, mais je voulais quelque chose de viokcho et de costaud, du très solide quoi, alors ça a été du J S Bach, Concerto brandebourgeois, rapport aux cordes uniquement, les moyennes et les grosses. Et slouchant ça, que c'était un bonheur mais pas comme celui d'avant, il m'est revenu à la reluche ces mots écrits sur le papier que j'avais razrézé ce soir-là, il y avait un siècle on aurait dit, dans ce petit pavillon appelé MON REFUGE. Ça parlait d'une orange mécanique. Et à écouter le J S Bach j'ai commencé à mieux pommer le sens, et je me suis dit, tout en slouchant toutes ouïes les splendeurs brunes du viokcho maître allemand, que je regrettais de ne pas avoir toltchocké plus fort ces deux-là et de ne pas en avoir fait de la charpie sur leur foutu plancher.

4.

Le lendemain matin je me suis réveillé à ooh huit ooooh heures, frères, et comme je me sentais encore vidé, lessivé, rincé et ratatiné et que j'avais les glazes collés vraiment tzarrible à la glu de sommeil, je me suis dit que je n'irais pas en classe. J'ai pensé que ce serait chouette de traîner un malenky peu plus au lit, une heure ou deux disons, et puis de m'habiller pépère tranquille et en douceur, peut-être même de me payer un plouf dans la baignoire, de me griller du pain et de sloucher la radio ou de lire la gazetta, tout soli solo. Et ensuite, dans l'après-bouffe, peut-être que, si ça me chantait encore, j'itterais à la vieille escoliose des familles, histoire de voir ce qui se varitait dans ce fameux foyer de science gloupide et inutile, Ô mes frères. J'ai entendu mon papapa grognasser et piétiner en rond et puis s'en itter à la teinturerie où il rabitait, et ensuite ma môman a appelé derrière la porte, golosse tout ce qu'il y a de respectueuse, que c'était régul, depuis que je devenais grand et fort :

— Il est passé huit heures, fils. Faudrait pas que tu sois encore en retard.

Ça fait que j'ai répondu :

— J'ai un peu mal au gulliver. Laisse-nous en paix, je vais tâcher de dormir pour que ça passe et après je serai frais comme l'œil pour c't aprem.

Je l'ai slouchée pousser une espèce de soupir, et elle a dit :

— Je vais mettre ton petit déjeuner au four, dans ce cas, fils. Je dois y aller moi aussi, à présent.

Ce qui était vrai, vu qu'il y avait cette loi qui forçait tous ceux qui n'étaient pas des enfants ou qui n'en avaient pas ou qui n'étaient pas malades, d'aller rabiter. Ma môman travaillait dans un des Supers d'État, comme on appelait ça, à remplir les rayons de soupes en boîte, de haricots et autre gouspin. Je l'ai donc slouchée flanquer plus ou moins une assiette dans le four à gaz, et ensuite elle a mis ses souliers et décroché son manteau de derrière la porte, et puis elle a encore soupiré et elle a dit :

— Voilà, j' m'en vais, fils.

Mais j'ai fait semblant d'être retourné au pays du sommeil, et puis j'ai pioncé pour de bon vraiment tzarrible et j'ai eu un drôle de snity genre réel, où j'ai rêvé sans savoir pourquoi de mon droug Jo. Dans ce snity il était devenu beaucoup plus vieux et très cassant et dur et il govoritait de discipline et d'obéissance et de la façon dont tous les maltchicks sous ses ordres devaient barder et que ça saute et faire le vieux salut des familles comme dans l'armée, et moi j'étais dans le rang comme les autres à dire oui mon capitaine non mon capitaine, et puis je reluchais net que Jo avait des étoiles sur les pletchos, comme qui dirait un général. Et là-dessus il se ramenait avec ce vieux Momo qui tenait un fouet, et Momo était encore beaucoup plus viokcho et grisaille que lui et il avait des zoubies qui lui manquaient, ça s'est vu quand il a poussé une de ses esclaffes en me reluchant, et après ça mon droug Jo disait en me montrant plus ou moins du doigt :

— Cet homme a plein de crasse et de gouspin sur toutes ses platrusques.

Ce qui était la vérité. Alors moi je critchais :

— Ne cognez pas, je vous en prie, frères.

Et je me mettais à courir. Je courais comme qui dirait en rond et Momo me filait le train, se bidonskant à se péter le gulliver et me cinglant avec le vieux fouet des familles, et chaque fois que je recevais une toltchocke raide tzarrible de ce fouet il y avait comme une sonnerie électrique qui dring-dring-dringuait très fort, et cette sonnerie faisait comme qui dirait mal aussi.

Là-dessus je me suis réveillé vraiment zoum, le cœur battant poum poum poum, et naturellement il y avait pour de vrai une sonnette qui faisait drrrrr, et c'était la nôtre, celle de l'entrée. J'ai fait semblant qu'il n'y avait personne, mais ça a continué à faire drrrrr, et puis j'ai entendu une golosse crier à travers la porte :

— Allons allons, sors de là, je sais que tu es au lit.

Tout de suite j'ai reconnu la golosse. C'était celle de P R Deltoïde (un vrai kroum gloupp, celui-là) mon Conseiller Post-Correctionnel comme on appelait ça, un veck surmené avec des centaines de gars dans ses carnets. J'ai crié d'acc d'acc d'acc, golosse genre douloureuse, et je suis sorti du lit et j'ai revêtu, Ô mes frères, une très ravissante robe de chambre genre soie, avec tout plein de dessins dessus représentant plus ou moins des grandes villes, puis j'ai fourré mes nogas dans des touflasques tout-laine tout ce qu'il y a de confortables, j'ai peigné ma luxuriante splendeur et voilà, j'étais paré pour P R Deltoïde. Quand j'ai ouvert il est entré en traînant les pieds, l'air rincé, un vieux shlapa cabossé sur le gulliver, dans son imperméable dégueulasse.

— Ah, mon petit Alex, m'a-t-il dit. J'ai rencontré ta mère, oui. Elle m'a vaguement dit que tu avais mal quelque part. D'où pas d'école, oui.

— J'ai un mal de tête assez intolérable, frère, m'sieu, j'ai dit en prenant ma golosse de gentleman. Je crois que ça devrait passer d'ici cet après-midi.

— Ou d'ici ce soir en tout cas, oui, a dit P R Deltoïde. Le soir c'est toujours la grande forme, hein, mon petit Alex ? Sieds-toi, a-t-il dit, sieds-toi, sieds-toi.

Comme si ç'avait été sa domie et moi son invité. Et lui-même s'est assis dans le viokcho rocking-chair de mon p'pa où il s'est mis à se balancer comme s'il était venu uniquement pour ça. J'ai dit :

— Une tasse de bon vieux tché des familles, m'sieu ? De thé, je veux dire.

— Pas le temps, a-t-il dit.

Et il s'est balancé, en me faisant le coup du vieux regard perçant par-dessous les gros sourcils, comme s'il avait l'éternité devant lui.

— Pas le temps, oui, a-t-il dit, de son air gloupide.

Sur quoi j'ai mis la bouilloire à chauffer. Puis j'ai dit :

— Qu'est-ce qui me vaut l'extrême plaisir ? Il y a quelque chose qui ne va pas, m'sieu ?

— Qui ne va pas ? a-t-il dit, très zoum et faux-jeton, comme se tassant sur lui-même pour me guetter, mais sans arrêter de se balancer.

Puis il a aperçu une réclame dans la gazetta qui était sur la table – une jeune et ravissante ptitsa qui se bidonskait, les groudnés en vitrine pour vanter, mes frères, la Splendeur des Plages Yougoslaves. Et après l'avoir comme qui dirait gobée toute crue en deux goulées il a dit :

— Qu'est-ce qui te fait croire que quelque chose n'irait pas ? Tu as fait quelque chose que tu n'aurais pas dû, oui ?

— C'était seulement façon de parler, j'ai dit, m'sieu.

— Eh bien, a dit P R Deltoïde, de toi à moi, c'est aussi seulement façon de parler si je te dis de faire attention, mon petit Alex, parce que la prochaine fois, tu le sais très bien, ça ne sera plus du tout l'école de redressement. La prochaine fois ça sera les barreaux et tout mon travail fichu par terre. À défaut de considération pour ton horrible petite personne, tu pourrais au moins en avoir un peu pour moi, qui ai transpiré sur ton cas. Confidentiellement, je vais te dire, chaque fois que nous ne réussissons pas à récupérer l'un d'entre vous, c'est un gros mauvais point pour nous, l'aveu d'un échec, oui, chaque fois que l'un de vous finit au trou et en droguet.

— J'ai rien fait que j'aurais pas dû, m'sieu, j'ai dit. Les milichiens n'ont rien contre moi, frère, m'sieu je veux dire.

— Laisse tomber tes astuces et fiche la paix aux milichiens, a dit P R Deltoïde d'un ton las mais en continuant à se balancer. Parce que la police ne t'a pas ramassé récemment, cela ne signifie pas, tu le sais très bien, que tu n'aies rien de mal à te reprocher. Il y a eu un peu de bagarre, la nuit dernière, oui ? Il y a eu un peu de jeux de main au nodz et à la chaîne de vélo et autre. Un ami d'un certain bon gros a été emmené en ambulance, tard dans la nuit, des parages de la Centrale électrique, et hospitalisé avec de méchantes balafres, oui. Ton nom a été prononcé. La chose est venue jusqu'à moi par les voies habituelles. On a également prononcé le nom de certains de tes amis. Apparemment, la nuit dernière a vu un assez joli assortiment de méfaits. Oh, nul ne peut rien prouver contre personne, comme d'habitude. Mais je t'avertis, mon petit Alex, en bon ami que je suis pour toi depuis toujours, et comme le seul homme qui veuille te sauver de toi-même, dans cette collectivité souffrante et malade.

— Je suis très reconnaissant de tout ça, m'sieu, j'ai dit, très sincèrement.

— Oui, bien sûr, et comment donc, a-t-il comme qui dirait ricané. Fais seulement bien attention, c'est tout, oui. Nous en savons plus long que tu ne penses, mon petit Alex.

Puis il a repris, golosse tout ce qu'il y a de douloureuse, mais en se balançant toujours à tout va :

— Qu'est-ce qui vous prend, à tous ? On a beau se pencher sur le problème, et bon Dieu voilà près d'un siècle qu'on s'y emploie, oui, pas moyen de progresser d'un iota. Voyons, tu as un bon foyer, ici, de bons parents aimants, tu n'es pas trop bête. C'est quoi, c'est un démon qui te démange en dedans de toi ?

— Personne n'a rien à me reprocher, m'sieu, j'ai dit. Ça fait un bout de temps maintenant que je suis sorti des roukes des milichiens.

— C'est bien ça qui me tracasse, a soupiré P R Deltoïde. Ça dure depuis trop longtemps pour ne pas être malsain. Tu es presque à terme au point où tu en es, mon petit Alex, si mes calculs sont bons. C'est pour ça que je t'avertis de ne pas fourrer ta jolie petite trompe dans le tas d'ordures, oui. Est-ce assez clair ?

— Comme une onde pure, m'sieu, j'ai dit. Clair comme un ciel d'azur au cœur de l'été. Vous pouvez me faire confiance, m'sieu.

Et je lui ai fait un ravissant sourire de toutes mes zoubies. Mais après qu'il a eu oukadité, et tout en me préparant un fameux pot de tché très fort, j'ai souri tout seul en pensant à ces vesches qui tracassaient tant ce P R Deltoïde et ses drougs. D'accord, j'ai pensé, je fais le pire, entre la craste et les toltchockes et les découpes au britva et le vieux dedans-dehors des familles, et si je me fais lovretter, eh bien tant pis pour moi, Ô mes petits frères ; et c'est bien vrai qu'on ne pourrait pas gouverner un pays si tous les tchellovecks avaient mon genre de comportement nocturne. Bref, si je me fais lovretter et que ça veuille dire trois mois dans un messtot et six dans un autre, et puis que, la fois suivante, comme P R Deltoïde m'en a si gentiment prévenu, ça signifie, en dépit de mes très tendres printemps, frères, le grand zoo inhumain, ma foi, je dis : « C'est justice, mais l'ennui, mes seigneurs, c'est que je ne peux tout bonnement pas supporter d'être enfermé. Et je mettrai toute mon énergie, dans le genre d'avenir qui me tend ses bras de neige et de lys avant que la raison du nodz soit la plus forte ou que le sang éclabousse de son grand chœur final le métal tordu et le verre pilé sur une de vos autoroutes, oui je mettrai toute mon énergie à ne pas me faire lovretter une fois de plus. » Voilà qui est parlé, et bien. Seulement, frères, quand je vois leur façon de se ronger les ongles de pied pour chercher la *cause* du mal, moi je dis qu'il y a là de quoi me transformer en bon petit maltchick rigolard. Est-ce qu'ils vont chercher la cause du *bien* ? Alors pourquoi l'autre bord ? S'il y a des lioudis qui sont bons, c'est qu'ils aiment ça, et c'est pas moi qui les gênerai dans leurs plaisirs, mais vice versa. Et moi je suis un pilier de l'autre bord. Sans compter que le mal est dans le soi, l'un, le toi et le moi soli solo, et le soi c'est ce vieux Gogre ou Dieu des familles qui l'a fabriqué, à sa grande fierté et à sa grande radostie. Mais le non-soi ne peut admettre le mal, autrement dit les mecs du gouvernement et de la justice et de l'école ne peuvent permettre le mal vu qu'ils ne permettent pas le soi. Et toute l'histoire de notre temps, mes frères, n'est-elle pas le récit des vaillantes luttes de malenkys petits soi contre ces énormes machines ? Ce que je vous en dis, frères, c'est très sérieux. Mais moi ce que je fais je le fais parce que ça me plaît.

Bref donc, ce souriant matin d'hiver, me voilà buvant ce tché très fort avec du moloko et cuillerée après cuillerée après cuillerée de sucre, vu que j'ai une dent sladky. J'avais retiré du four le petit déjeuner que ma pauvre vieille môman m'avait préparé, un œuf frit en tout et pour tout, mais je m'étais fait griller du pain, et j'ai mangé l'œuf et la grillette plus de la confiture en me pourléchant les babines et en lisant la gazetta. La gazetta était pleine comme d'habitude d'ultra-violents, d'attaques de banques, de grèves et de joueurs de football paralysant tout le monde de peur en menaçant de ne pas jouer le samedi suivant s'ils n'obtenaient pas une augmentation de salaire, les vilains maltchickicaïds. Ça parlait aussi de nouveaux voyages dans l'espace et d'écrans de télé en stéréo encore plus géants, ainsi que d'offres de paquets de lessive gratuits en échange de bons-primes sur des soupes en boîte, offre exceptionnelle valable une semaine seulement, ce qui m'a fait bidonsker. Et il y avait un grand article bolchoï sur la Jeunesse d'Aujourd'hui (autrement dit moi, et j'ai donc fait un vieux salut des familles en ricanant comme un bézoumni). L'article était d'un tchelloveck chauve et très astucieux. Je l'ai lu attentivement, mes frères, tout en gobelotant mon bon vieux tché des familles, tasse après tatasse après chascha, et en croquemeulant mes lomticks de pain charbonneux trempé dans la conficonfiotte et le neuneuf. Ce veck instruit répétait les vesches habituelles sur le manque de discipline parentale, comme il appelait ça, et la pénurie d'enseignants du genre vraiment tzarrible, capables de dérouiller d'innocents chiards jusqu'au sang histoire de leur faire bramer misère et bouhouhou pitié. Tout ça c'était de la gloupitude et ça m'a fait bidonsker, mais c'était genre chouette de continuer à savoir qu'on était ceux qui faisaient tout le temps les gros titres de l'actualité, Ô mes frères. Tous les jours il y avait quelque chose sur la Jeunesse d'Aujourd'hui, mais la meilleure vesche qu'ils avaient jamais eue dans la gazetta des familles c'était un truc d'un viokcho popski, avec un col genre chien-chien, qui racontait qu'à son avis mûrement réfléchi, et il govoritait en homme de Gogre, c'était LE DIABLE LÂCHÉ EN LIBERTÉ et qui d'un sens furetait son chemin comme qui dirait dans la jeune chair innocente, et le monde des adultes pouvait se vanter d'en être responsable, avec ses guerres et ses bombes et autres absurdités. Bref, pas de problème. Le gars savait de quoi il parlait, vu que c'était un homme de Dieu. Donc, nous autres jeunes maltchicks innocents, on ne pouvait rien nous reprocher. D'acco d'acc d'acc.

Après avoir fait beurk beurk deux ou trois radzes dans l'innocence de mon estomac plein, je me suis mis à sortir de ma garde-robe des platrusques de jour et j'ai allumé la radio. Il y avait de la musique, un très joli malenky quatuor à cordes, mes frères, de Claudius Birdman, un veck que je connaissais bien. Pourtant je n'ai pas pu m'empêcher de me bidonsker en pensant à ce que j'avais reluché un jour, dans un de leurs espèces d'articles sur la Jeunesse d'Aujourd'hui, où ça disait que la Jeunesse d'Aujourd'hui elle se trouverait beaucoup mieux si on pouvait encourager comme qui dirait La Connaissance Vivante des Arts. La Grande Musique, ça disait, et la Grande Poésie calmeraient plus ou moins la Jeunesse d'Aujourd'hui et la rendraient plus civilisée. Civilisées mes yarbilles syphilisées, oui. La musique m'a toujours comme qui dirait affûté, Ô mes frères, et donné le sentiment de ressembler à ce vieux

Gogre soi-même, prêt à y aller comme lui de son vieux Donner teutonnant et de ses vieux blitzen des familles et à tenir en mon hâ-hâ pouvoir des vecks et des ptitsas critchant à tout va. Et quand j'ai eu fini de me tchister un peu le litso et les roukes et de m'habiller (mes platrusques de jour étaient genre tenue d'étudiant : vieux pantaléon bleu des familles et sweater marqué « A » pour Alex), j'ai pensé que c'était du moins le moment d'itter jusqu'à la discotic (et j'avais du tilt, vu que mes poches étaient pleines de joli lollypop) pour voir où en était cette fameuse Neuvième en stéréo de Beethoven (la Symphonie avec Chœurs, autrement dit) commandée et promise depuis longtemps, dans l'enregistrement de l'Ex-Schoum Symphonia dirigé par L. Muhaiwir chez Coup de maître. Je suis donc sorti, frères.

Le jour ne ressemblait pas du tout à la nuit. La nuit était à nous, moi et mes drougs et le reste des nadsats, pendant que les viokchos bourgeois restaient planqués chez eux à gobeloter leur Mondovision gloupide, mais le jour appartenait aux viokchos, et il semblait toujours y avoir aussi plus de rosses ou de milichiens qui rôdaient pendant le jour. J'ai attrapé le bus au coin de la rue et je suis descendu à Centre, puis je suis revenu à pied jusqu'à la place Taylor, et là se trouvait la discotic que j'honorais de mon inestimable clientèle, Ô mes frères. Elle s'appelait d'un nom gloupp, MELODIA, mais c'était un messtot vraiment tzarrible et qui faisait zoum, le plus souvent, pour procurer les nouveaux enregistrements. Je suis entré et pour toute autre clientèle il n'y avait que deux jeunes ptitsas léchant à tout va des glaces (notez bien qu'on était en plein cœur de l'hiver) tout en tripotant plus ou moins les nouveaux disques pop – Johnny Burnaway, Stash Kroh, The Mixers, Lay Quiet Awhile With Ed And Id Molotov, et tout le toutime gouspineux. Ces deux ptitsas ne pouvaient avoir plus de dix ans, et elles aussi comme moi, c'était l'apparente évidence, avaient décidé de se payer une matinée d'escoliose buissonnière. Visiblement elles se prenaient pour des vraies dévotchkas déjà adultes, entre le tortillement de hanches des familles à la vue de Votre Fidèle Narrateur, frères, et les groudnés rembourrés et tout le rouge cloqué sur leurs goubeuses. Je me suis dirigé vers le comptoir, me fendant d'un sourire poli toutes zoubies dehors pour le vieil Andy qui se tenait derrière (toujours poli lui-même, toujours serviable, un mec de veck vraiment tzarrible, quoique chauve et très très maigre). Il a dit :

— Aha, je crois savoir ce que vous voulez. Bonne nouvelle, bonne nouvelle. Il est arrivé.

Et les roukes battant la mesure genre grand chef d'orchestre il est allé le chercher. Les deux jeunes ptitsas ont commencé à glousser comme c'est l'habitude à cet âge et je leur ai lancé un glazard genre froid. Andy a été de retour vraiment zoum, en brandissant la superbe poche glacée blanc et luisante de la Neuvième, sur laquelle il y avait, frères, le litso tout froncé et cabossé genre foudroyé de Ludwig van soi-même.

— Voilà, a dit Andy. On lui fait faire le tour d'essai ?

Mais j'avais envie de l'avoir chez moi sur ma stéréo, pour le sloucher soli solo avec une gloutonnerie d'enfer. J'ai farfouillé pour sortir de la mouizka et une des ptitsas a dit :

— Qui c'est que t'as pris, bratty ? Quel hit, quelle idole ?

Ces jeunes dévotchkas avaient leur façon de govoriter genre à elles.

— Les Heaven Seventeen ? Luke Sterne ? Goggly Gogol ?

Et elles gloussaient toutes les deux en rockhanchant et hyppypopant. Alors une idée m'est venue et m'a fait presque chavirer d'angoisse et d'extase, Ô mes frères, si bien que j'en ai eu le souffle coupé dix secondes ou presque. Je me suis remis et j'y suis allé de toutes mes zoubies fraîchement brossées et j'ai dit :

— Qu'est-ce que vous avez à la maison, petites sœurs, pour écouter vos gazouillis merdskoï ?

Vu que je reluchais bien que les disques qu'elles achetaient étaient du genre vesche pop pour minnies.

— Je parie que vous n'avez rien qu'un petit portable genre phono à pique-nique, j'ai dit.

Et elles ont plus ou moins fait la lippe en entendant ça.

— Venez avec tonton, j'ai dit, vous auditionnerez comme il faut. Venez écouter les trompettes des anges et les trombones du diable. J'invite.

Et je me suis genre incliné. Elles ont gloussé une fois de plus et l'une d'elles a dit :

— Oh, mais c'est qu'on a une de ces faims. Oh, mais on a une de ces envies de manger, c'est pas croyable.

Et l'autre a dit :

— Oh dites, elle peut parler, et moi donc.

Alors j'ai dit :

— Venez manger avec tonton. Dites où.

Alors elles se sont tout de suite reluchées comme de vraies sophistoques, que c'en était genre pathétique, et elles se sont mises à prendre une golosse très grande-dame en parlant du Ritz, du Bristol, du Hilton et du Il Ristorante Granturco. Mais j'ai arrêté ça net d'un « Suivez tonton » et je les ai emmenées au Pasta Chouta juste au coin de la rue où je les ai laissées se remplir leur jeune litso innocent de spaghetti et de saucisses et de choux à la crème et de banana-splits et de crème au chocolat chaude, jusqu'à en être écœuré moi-même ou presque rien que de les regarder, moi qui ne déjeunais que frugalement, frères, d'une tranche de jambon froid et d'une furieuse motte de chili. Ces deux jeunes ptitsas se ressemblaient beaucoup, même si elles n'étaient pas sœurs. Elles avaient les mêmes idées, ou le même manque d'idées, et les cheveux teints de la même couleur – genre paille technicolor. En tout cas, ce jour-là elles allaient adulter pour de bon. Oui, ça serait leur jour J. Pas d'école c't après-bouffe, mais pour de l'éducation elles en auraient, pas d'erreur, et avec quel prof : Tonton Alex. Elles s'appelaient, qu'elles disaient, Martine et Sonietta – plutôt bézoumni et super plus énième mode biberon. J'ai donc dit :

— D'acc, d'acc, Martine et Sonietta. C'est l'heure du hifi. Venez.

Une fois dehors dans le froid de la rue, elles ont imaginé qu'elles ne prendraient pas le bus, oh non, un taxi, alors j'ai fait le gentil mais en rigolant tzarrible au fond de moi, et j'ai fait signe à un taxi en station près de Centre. Le chauffeur, un viokcho veck moustachu, les platrusques pleines de taches, a dit :

— Jouez pas aux accros, surtout, hein ? Pas de conneries avec la banquette. Elle vient tout juste d'être refaite.

J'ai calmé ses craintes gloupides et nous voilà filant vers le HLM municipal 18-A, avec les deux ptitsas qui gloussaient et se disaient des messes basses, mais pas effarouchées du tout. Bref pour couper court on est arrivés, Ô mes frères, et j'ai montré le chemin jusqu'au 10-8 et elles ont grimpé en soufflant et se bidonskant, et ensuite elles ont eu soif, qu'elles ont dit, alors j'ai ouvert la serrure du coffre à trésors dans ma chambrette et je leur ai versé, à ces jeunes dévotchkas de dix ans, un écossais chaque, raide tzarrible, même rempli d'eau qui pique et fait éternuer. Elles se sont assises sur mon lit (pas fait) en balançant les jambes et se bidonskant et drinkant leurs grands écossais, tandis que je mettais leurs pitoyables malenkys disques sur ma stéréo. À croire qu'on drinkait un verre de boisson douce pour mômes, sans blague, comme qui dirait dans un gobelet en or tout ce qu'il y a de beau et de précieux. Mais elles faisaient oh oh oh et disaient « succul » et « djet » et autres slovos bizarres qui étaient la super plus énième mode dans ce groupe de miniminettes. Pendant que je leur passais leurs gouspinades sur ma stéréo je les encourageais à boire et à remettre ça, et elles ne crachaient pas dessus, Ô mes frères. Bref, le temps que leurs disques pop minables aient passé deux fois chaque (il y en avait deux : « Honey Nose », chanté par Ike Yard, et « Night After Day After Night », gémi par deux affreux, genre eunuques désyarbillés, dont j'ai oublié le nom) elles étaient presque au bord comme qui dirait de l'hystérie calibre miniptitsas, entre leurs sauteries dingues sur mon lit et ma présence dans la chambre.

Ce qui s'est réellement fait cet après-midi-là, inutile de le décrire, frères, vu que vous n'aurez pas de mal à le deviner. En rien de temps elles étaient déplatrusquées et se bidonskaient à point pour la craque, et elles ont trouvé tout ce qu'il y a de plus bolchoïment drôle de relucher le vieux Tonton Alex des familles planté là tout nagoï avec une queue de casserole grosse comme ça et se préparant une seringuée, genre toubib à poil, puis se faisant dans le roukeur une bonne vieille piquouse d'extrait de puma en furie. Ensuite j'ai sorti de sa jaquette la ravissante Neuvième, pour que Ludwig van soit tout nagoï lui aussi, et l'aiguille a chuinté quand je l'ai posée pile sur le dernier mouvement, qui était une vraie félicité. Et c'est parti, les contrebasses genre govoritant à tout va de dessous mon lit avec le reste de l'orchestre, et puis la golosse humaine mâle qui entrait et disait à tous d'être joyeux, et ensuite la béatitude du ravissant air sur la joie qui est une Divine Étincelle genre Descendue du Ciel, et alors j'ai senti les vieux tigres des familles me sauter dans le moteur et moi-même j'ai sauté sur les deux mini-ptitsas. Cette fois elles n'ont pas trouvé ça drôle et elles ont arrêté de critcher de joie suraiguë, et elles ont dû se soumettre aux étranges et bizarres désirs d'Alexandre le Gors, lequel, entre la Neuvième et la piquouse, était devenu tout tchoudessny et zammitchat et tout ce qu'il y a d'exigeant, Ô mes frères. Mais elles étaient très très ivres et ne pouvaient pas sentir grand-chose.

Quand le dernier mouvement a eu fini son deuxième tour de piste, avec tout le boum boum et la critche sur la Joie Joie Joie Joie, alors, je vous le dis, les deux mini-ptitsas ne jouaient plus les sophistoques grandes dames. Elles commençaient à se rendre plus ou moins compte de ce qu'on faisait à leur malenky personne et à répéter qu'elles voulaient rentrer à la maison et que je n'étais comme qui dirait qu'une bête sauvage. Elles avaient l'air de sortir d'une drôle de bitva, ce qui était le cas, et elles étaient pleines de bleus et chcuinaient. Enfin quoi, si elles ne voulaient pas aller à l'école, il fallait tout de même bien qu'on fasse leur éducation. Et pour de l'éducation elles en avaient reçu. Elles critchaient et faisaient euheu euheu euheu en remettant leurs platrusques, et elles me boxiboxiboxaient plus ou moins avec leurs minipoings, tandis que je restais allongé là sur le lit, sale et nagoï et plutôt lessivé et rincé. La jeune Sonietta critchait :

— Brute, sale bête, je te déteste. Cochon dégoûtant.

Bref je les ai laissées rassembler leurs affaires et s'en aller, ce qu'elles ont fait en disant qu'on devrait me mettre les rosses aux fesses et autre gouspin. Et puis elles ont descendu l'escalier et moi je me suis laissé tomber dans le sommeil, avec le vieux Joie Joie Joie Joie des familles qui continuait à tonitruer et à gueuler à tout va.

5.

Ce qui s'est passé, n'empêche, c'est que je me suis réveillé tard (pas loin de sept heures et demie à ma montre) et, comme l'a prouvé la suite, ce n'était pas très malin. Ça crève les glazes que tout compte dans ce monde vicieux. N'importe qui peut pommer qu'une chose en entraîne toujours une autre. D'acc d'acc d'acc. Ma stéréo n'était plus branchée sur la Joie et sur Tous Les Hommes Deviennent Frères, fallait donc qu'un veck se soit occupé de l'arrêter, sans doute pé ou ème, tous les deux étant, c'était clair à sloucher, dans le living-room et, d'après le clink clank des assiettes et le glopp glopp du thé drinké dans les tasses, à se taper leur repas plein de fatigue après le rabitt du jour à l'usine pour l'un, au magasin pour l'autre. Les pauvres vieux. Les pitoyables viokchos. J'ai mis ma robe de chambre et passé la tête par la porte, genre tendre fils unique, pour dire :

— Salut salut, vous autres. Je me sens beaucoup mieux après cette journée de repos. Me voilà fin prêt pour ce petit boulot de nuit qui me permet de gagner un petit quelque chose.

Car c'est ça qu'ils croyaient que je faisais en ce temps-là, à ce qu'ils disaient.

— Miam miam, m'man. Y en a un peu pour moi ?

Ça ressemblait à un pâté congelé qu'elle avait dégelé et puis réchauffé et ça n'avait pas l'air tellement appétitiche, mais ce que j'en avais dit c'était par devoir. P'pa m'a regardé d'un air genre soupçonneux et pas tellement content que ça, mais il n'a rien dit, sachant très bien qu'il n'oserait pas, et môman a eu pour moi une petite bidonske genre lasse un peu comme, qui dirait Ô toi mon fils et fruit unique de mes entrailles. Je suis allé en dansant jusqu'à la salle de bains et je me suis tchisté vraiment zoum partout, vu que je me sentais sale et gluant ; puis retour à ma chambrette pour passer mes platrusques du soir. Et après, reluisant, peigné, brossé et magnifique, je me suis assis devant mon lomtick de pâté. Papapa a dit :

— C'est pas pour être indiscret, fils, mais où c'est exactement, là où tu vas travailler le soir ?

— Oh, j'ai mâchonné, c'est surtout de la bricole, genre coup de main. Par-ci par-là comme ça se trouve.

Et je lui ai balancé raide un coup de glazes vachard, comme pour lui dire de s'occuper de ses oignons, je me chargeais des miens.

— Je demande jamais d'argent, j'ai dit, pas vrai ? Ni pour mes vêtements, ni pour mes plaisirs, hein ? D'accord, alors pourquoi poser des questions ?

Mon p'pa a dit, genre malheureux marmonnant mâchouillant :

— Pardon, fils. Mais y a des fois où je m'inquiète. Des fois où j'ai des rêves. Tu peux toujours rire, mais c'est plein de sens, les rêves. La nuit dernière j'en ai eu un où tu étais et je l'ai pas aimé du tout.

— Ah ?

Il m'intéressovatait maintenant, à rêver de moi comme ça. J'avais comme le sentiment que moi aussi j'avais eu un rêve, sans pouvoir me rappeler exactement lequel.

— Oui ? j'ai dit, arrêtant de mastiquer mon pâté gluant.

— C'était tout ce qu'y a de réel, a dit mon p'pa. Je te voyais étendu par terre dans la rue, et d'autres gars t'avaient flanqué une raclée. C'étaient des gars qui ressemblaient à ceux avec qui t'avais l'habitude de traîner avant qu'on t'envoie à ta dernière École de Redressement.

— Ah ?

En entendant ça, j'ai rigolé par en dedans – cette idée : papapa croyant que je m'étais vraiment amendé, ou s'imaginant le croire. Et puis je me suis rappelé mon propre rêve, qui était un rêve de ce matin même, où Jo donnait ses ordres de général pendant que le vieux Momo se bidonskait tout autour, avec ses dents qui manquaient et le fouet qu'il maniait. Mais les rêves, c'est à l'inverse que ça doit se prendre, à ce qu'on m'avait expliqué un jour.

— Ne vous en faites surtout pas pour votre fils unique et unique héritier, Ô mon père, j'ai dit. N'ayez crainte. Il est capable de se suffire à soi-même, en vérité.

— Et, a dit mon p'pa, tu nageais comme sans force dans ton sang et tu ne pouvais pas rendre les coups.

Ça, pour un inverse c'en était un ; j'ai donc ricané une fois de plus pépère tranquille par en dedans, puis j'ai sorti de mes carmanes toute ma mouizka et je l'ai fait tinter sur la nappe où les sauces avaient fait des polissonneries. J'ai dit :

— Tiens, p'pa, c'est pas grand-chose. C'est ce que j'ai gagné la nuit dernière. Mais peut-être que ça irait pour un petit rab d'écossais dans un coin de bar à votre choix, à môman et à toi.

— Merci, fils, a-t-il dit. Mais on ne sort plus beaucoup tous les deux. Non, on n'ose plus tellement sortir, les rues étant ce qu'elles sont. Avec ces jeunes voyous et tout. Merci, n'empêche. Demain je ramènerai à m'man une bouteille de quelque chose.

Et il a enfourné la jolie oseille mal acquise dans les carmanes de son pantalon, vu que môman était à tchister la vaisselle dans la cuisine. Sur quoi je suis sorti avec plein de sourires tendres pour tout le monde.

Parvenu en bas de l'escalier du HLM, j'ai eu une petite surprise. C'est le moins qu'on puisse dire. J'ai ouvert la rote toute grande, comme qui dirait une statue camée. Ils étaient venus m'attendre. Ils attendaient près de la grande fresque municipale toute graffitouillée, celle qui représente la dignité nagoï du prolétariat, des vecks et des tchinas nus cramponnés sans rire aux rouages de l'industrie avec, comme j'ai dit, des tas de saloperies crayonnées par de méchants maltchicks dans des bulles leur sortant de la rote. Avec un gros bâton de fard gras et noir Momo était occupé à tracer des slovos salingues gros comme lui sur notre fresque municipale, tout en poussant de vraies esclaffes à la Momo – « wheu heu heu ». Mais il s'est retourné quand Jo et Pierrot m'ont donné le bon bonjour en souriant à toutes zoubies en vrais drougs, et il a corné :

— Que le v'là, que l'est arrivé, hourra.

Et il a fait un tour de viretoupie balourd sur les pointes.

— On se faisait du mouron, a dit Jo. On était là à attendre et drinker comme des pompes du moloko aux couteaux, et on s'est dit qu'une vesche ou une autre t'avait peut-être vexé, alors on est venu jusqu'à ton refuge. Pas vrai, Pierrot, dis ?

— Tout ce qu'y a de vrai, a dit Pierrot.

— Toutes mes exqui cucuses usées, j'ai dit prudemment. J'avais vaguement mal au gulliver, alors j'ai dormi parce qu'il fallait. Et on ne m'a pas réveillé à l'heure que j'avais dite. N'importe, on est tous là, prêts à tout ce que la vieille notché des familles aura à nous offrir, oui ?

Apparemment, j'avais pris ce « oui » à P R Deltoïde mon Conseiller Post-Correctionnel. Très curieux.

— Désolé que t'aies eu mal, a dit Jo, genre plein de sollicitude. Ça serait pas que tu travailles trop du gulliver, des fois ? À commander et faire la discipline et tout, non ? T'es bien sûr qu' t'as plus mal ? Sûr qu'tu serais pas plus heureux si tu retournais au lit ?

Et ils ricanaient tous un malenky peu.

— Minute, j'ai dit. Faut que les choses soient nettes et étincelantes de clarté. Ce genre de sarcasme, si je puis dire, ne vous sied pas, Ô mes petits amis. Peut-être que vous avez govorité dans votre coin derrière mon dos en vous payant vos petites plaisanteries privées et le reste. Mais vu que je suis votre droug et votre leader, sûrement j'ai le droit de savoir ce qui se passe, oui ? Voyons un peu, Momo, ça présage quoi, cette façon de ricaner en ouvrant un four comme un cheval ?

Car Momo, la rote ouverte, avait tout l'air d'un bézoumni qui se bidonske en silence. Mais Jo s'est hâté d'intervenir grand zoum :

— Ça va, frère, arrête de chercher Momo. Ça fait partie des nouvelles règles.

— Des nouvelles règles ? j'ai dit. Qu'est-ce que c'est que cette histoire de nouvelles règles ? Pas d'erreur, ça a dû discuter ferme dans mon dos de ronfleur. Allez-y, je slouche.

Et me croisant plus ou moins les roukeurs je me suis adossé à la rampe en fer cassée pour écouter à l'aise, vu que j'étais sur la troisième marche et que j'avais encore l'avantage de l'altitude sur eux, mes drougs qu'ils se disaient.

— Sans vouloir te vexer, Alex, a dit Pierrot. On voudrait seulement que ça soit genre plus démocratique. Pas genre faites ci faites pas ça, comme t'aimes tout le temps dire. Sans vouloir te vexer, je te jure.

Jo a dit :

— C'est pas question de vexation. C'est question de savoir qui c'est qui a les idées. Quelles idées il a eues, lui ?

Et il gardait les glazes braqués raide provocants sur les miens.

— C'est jamais que des amuse-gueule, ses trucs, des malenkys vesches comme la nuit dernière. On est des gars en pleine croissance, frères.

— Allez-y, j'ai dit sans bouger. Allez-y, je slouche.

— Bon, a dit Jo. Puisque tu veux y avoir droit, t'y auras droit. On itte ici ou là, à craster une boutique et autre et à s'en sortir avec une minable roukée de tilt par tête de pipe. Bill l'Anglais, le mec de ce messtot qui s'appelle la Cafétéria Muscleman, il dit, lui, qu'il se fait fort de fourguer tout ce qu'un maltchick peut être fichu de craster. La joncaille, les diams, a continué Jo ses espèces de glazes froids toujours sur moi. Le gros gros fric il est à qui veut, qu'il dit Bill l'Anglais.

— Tiens donc, j'ai dit, très à l'aise de l'extérieur, mais complètement razedraze au fond de moi. Depuis quand tu frayes et tu fricotes avec Bill l'Anglais ?

— Oh, comme ci comme ça, a dit Jo. Il m'arrive de me balader de mon côté, soli solo. Comme l'autre sabbat par exemple. J'ai le droit de vivre ma jiznée, pas vrai, petit droug ?

Tout cela ne me plaisait guère mes frères.

— Et qu'est-ce que tu en feras, j'ai demandé, de cette grosse grosse mouizka, de ce gros fric, comme tu dis en te gargarisant ? Est-ce que vous n'avez pas toutes les vesches que vous voulez ? Quand vous avez envie d'une bagnole vous la cueillez sur l'arbre. Si c'est de lollypop que vous avez besoin vous le prenez. Oui ou non ? Qu'est-ce que c'est que ce vava qui vous prend de devenir des gros bouffis de capitalistes ?

— Écoute, a dit Jo, il y a des moments où tu penses et où tu govorites comme un môme.

Sur quoi Momo y est allé d'un de ses « Hou hou hou ».

— Cette nuit a dit Jo, on fait un craste quelque chose de grossium.

C'était donc ça : Jo le général disant quoi faire ou ne pas faire, et Momo dans le rôle de bouledogue rigolard et connard à tous crocs. Mais j'ai joué avec prudence, extrême prudence, très très extrême. J'ai dit avec le sourire :

— Parfait. Tzarrible. Vraiment tzarrible. L'initiative vient à qui sait attendre. Je t'ai beaucoup appris, petit droug. Et maintenant, fils, raconte ce que tu as dans le crâne.

— Oh, a dit Jo, de l'astuce et de la ruse plein le sourire, qu'est-ce que tu penserais d'un bon vieux moloko gonflé pour commencer ? Histoire de s'affûter un peu, surtout toi, vu que nous on a de l'avance.

— Tu govorites mes pensées pour moi, j'ai dit tout sourire. J'allais justement proposer un tour à ce bon Korova des familles. Parfait parfait parfait. À toi l'honneur, mon petit Jo.

Et j'ai fait comme qui dirait une profonde révérence, en souriant genre super-bézoumni, mais sans que ça m'empêche de réfléchir. Seulement, à peine dans la rue j'ai tout de suite reluché que réfléchir c'est bon pour les gloupps et que, si on a tant soit peu d'oum dans le gulliver, on se fie plutôt au genre inspiration, et à la bonne grâce de Gogre. Car voilà soudain que de la jolie musique volait à mon secours. Une bagnole qui se trouvait itter dans le coin et dont la radio marchait. Et à peine le temps de sloucher une ou deux mesures de Ludwig van (c'était le concerto pour violon, dernier mouvement) dans la seconde j'ai reluché ce que je devais faire. J'ai dit, genre grosse golosse profonde :

— D'accord, Jo, allons-y.

Et aussi sec, j'ai défourlamé mon britva coupe-chou. Jo a poussé un « Heu ? » mais il a fait assez zoum avec son nodz, la lame giclant sloush hors du manche, et on s'est mis tous les deux au boulot. Ce vieux Momo a dit :

— Ah non, c'est pas régul, ça va pas.

Et il a fait mine de dérouler la chaîne qu'il portait autour de l'encoche ; mais Pierrot a dit en posant fermement la rouke sur lui :

— Laisse-les ; si, ça va.

Tant et si bien que Jo et Votre Très Humble ont commencé la danse, se guettant comme deux vieux matous des familles et cherchant l'ouverture, chacun connaissant vraiment un peu trop tzarrible la manière de l'autre. Jo zigzigzaguait de temps à autre avec l'éclair de son nodz, mais sans jamais trouver le contact. Et tout ce temps-là les lioudis passaient et reluchaient la scène, mais ils s'occupaient de leur bizeness, vu que c'était sans doute spectacle courant dans les rues. Toujours est-il qu'à la fin j'ai compté adin dvié trié, et j'y suis allé ak ak ak du britva, sans cependant viser le litso ou les glazes, rien que la rouke de Jo qui tenait le nodz et, mes petits frères, il a droppé. Sans blague. Il a droppé son nodz, et ça a fait tink-tank sur le dur du trottoir d'hiver. Je lui avais seulement fait un guiliguilivice aux doigts avec mon britva, et il restait là à regarder le krovvi qui pissotait un malenky peu et rougissait à la lumière du réverbère.

— Tiens donc, j'ai dit.

Mais cette fois c'était mon tour d'être surpris, vu que Pierrot avait peut-être donné à ce vieux Momo le soviet de ne pas dérouler l'oudzy d'autour de son encoche, mais Momo, lui, était en train de faire le contraire.

— Tiens donc, Momo, que te semblerait d'une explication, hein ?

Momo a poussé un « Aaaaaarh » genre gros animal bolchoï et bézoumni en faisant serpenter la chaîne d'autour de sa taille, vraiment zoum tzarrible, chapeau pour lui. Ce qui a fait que le bon style pour moi c'était de me tasser comme pour danser la grenouillette afin de protéger le litso et les glazes ; ce que j'ai fait, mes frères, si bien que ce pauvre vieux Momo a été un malenky peu étonné, vu qu'il avait l'habitude d'y aller vlan vlan vlan franco dans la gueule. N'empêche, je dois dire qu'il m'a swouishé raide dans le dos, tellement atroce que ça brûlait à en devenir bézoumni, sauf que la douleur m'a soviété de bourrer zoum une fois pour toutes pour en finir avec ce vieux Momo. Alors j'ai swouishé du britva, visant la noga gauche dans le gras du collant collant et j'ai enlevé cinq bons centimètres d'étoffe en tirant une malenky goutte de krovvi, de quoi rendre Momo raide bézoumni lui aussi. Ensuite, pendant qu'il faisait « haouaouaou » comme un clebs, j'ai essayé le même style qu'avec Jo, mettant tout le paquet sur un seul coup – hop, passe, taille – et j'ai senti le britva mordre juste assez profond dans la viande du poignet de ce vieux Momo, qui a droppé son serpent d'oudzy en glapissant comme un môme. Sur quoi il a essayé de boire le sang à son poignet et de brailler en même temps. Comme il y avait trop de krovvi à boire, il glougloutait tant et plus, le rouge pissant comme une fontaine que c'était une beauté, bien que ça n'ait pas duré. J'ai dit :

— D'acc, les drougs ; à présent on devrait savoir à quoi s'en tenir. Tu dis, Pierrot ?

— Moi j'ai rien dit, a répondu Pierrot. J'ai pas govorité un seul slovo. Tu vois pas que ce vieux Momo saigne à mort ?

— Jamais de la vie, j'ai dit. On ne meurt qu'une fois. Momo était mort avant d'être né. Ce rouge de rouge de krovvi ne va pas tarder à s'arrêter.

Car je n'avais pas taillé dans les canalisations principales, si on peut dire. Et j'ai moi-même sorti de ma carmane un tiremorve propre pour envelopper la rouke de ce pauvre vieil agonisant de Momo qui braillait et geignait, et le krovvi s'est arrêté comme j'avais dit, Ô mes frères. Au moins vous savez maintenant qui est le maître et le leader, bande de moutons, j'ai pensé.

Il n'a pas fallu longtemps pour calmer les deux soldats blessés, dans l'arrière-salle du Duc de New York – quelques cognacs grand modèle (payés de leur poche et de leur tilt, vu que j'avais tout donné à mon p'pa) et un bon essuyage au tiremorve trempé dans la carafe d'eau. Les vieilles ptitsas qu'on avait soignées tzarrible la veille étaient là de nouveau, avec leurs « Merci, les gars », « Dieu vous bénisse, les p'tits », l'air de ne plus pouvoir s'arrêter bien qu'on ne leur ait pas refait le coup de la sammybéa. Sauf que Pierrot a dit :

— Alors, les filles, ça sera quoi ?

Et il leur a payé des brunes à faux col, vu qu'il semblait avoir pas mal de joli lollypop dans les carmanes. Elles y sont donc allées plus fort que jamais de leurs « Dieu vous bénisse et vous préserve, les gars ». « Pour rien au monde on vous donnerait, fistons », « Ça alors, c'est pas demain qu'on trouvera meilleurs gars que vous ». À la fin j'ai dit à Jo :

— Bon, nous voilà revenus comme avant, oui ? Exactement comme avant et on passe l'éponge, d'acc ?

— D'acc d'acc d'acc, a dit Jo.

Mais ce vieux Momo continuait à avoir l'air un peu dans les vapes, et même il a dit :

— J'aurais pu me le payer, ce gros fumier, je vous jure, avec mon oudzy, s'y avait pas eu un veck pour se mettre en travers.

Comme s'il avait dratsé avec un autre maltchick au lieu d'avec moi ! J'ai dit :

— Alors, Jo, tu vas le dire ce que tu avais en tête, fils ?

— Ah non, a répondu Jo, pas ce soir. Pas cette notché, je te prie.

— Tu es un gros balèze de tchelloveck comme nous tous, j'ai dit. On n'est plus des petits enfants, pas vrai, fils ? Qu'est-ce donc que tu avais en tête, Ô mon frère ?

— J'aurais vraiment pu lui chaîner les glazes tzarrible, a dit Momo, tandis que les vieilles babouchkas continuaient avec leurs « Merci, les gars ».

— C'est à cette maison que je pensais, tu sais, a dit Jo, celle avec les deux lanternes dehors. Celle avec ce nom genre gloupp.

— Quel nom gloupp ?

— Le Manoir ou la Résidence, ou un autre truc aussi gloupp. Là où habite cette ptitsa très viokcha, avec ses chats et tout un tas de viokchas vesches de valeur.

— Comme ?

— De l'or et de l'argent et des trucs genre bijoux. À en croire plus ou moins Bill l'Anglais.

— Je reluche, j'ai dit. Je reluche tzarrible.

Je savais l'endroit qu'il voulait dire – dans la vieille ville, juste passé les HLM Victoria. Bon, un chef vraiment tzarrible sait toujours quand il faut comme qui dirait donner du mou et faire le généreux avec ses sous-fifres, comme on appelle ça.

— Parfait, Jo, j'ai dit. Bonne idée, et à suivre. Ittons-y tout de suite.

Comme nous sortions, les vieilles babouchkas ont dit :

— On se taira, les gars. Vous avez été là tout le temps, fistons.

Alors j'ai dit :

— Z'êtes de bonnes p'tites vieilles des familles. Dans dix minutes on revient vous payer une tournée.

Et c'est ainsi que j'ai conduit mes trois drougs à ma catastrophe.

6.

Juste passé le Duc de New York en allant vers l'est, ce n'était que bureaux et compagnie, puis venait la viokcho biblio délabrée et puis le bolchoï HLM qu'on appelait le Victoria à cause d'une victoire ou d'une autre, et après on arrivait au genre viokcho quartier de ce qu'on appelait la Vieille Ville. Et là on avait des domies genre ancien vraiment tzarribles, mes frères, où vivaient de viokchos lioudis, genre vieux colonels maigres à grande gueule et à badine et vieilles ptitsas veuves ou viokchas damas sourdingues à chats et qui, mes frères, n'avaient jamais été touchées par un seul tchelloveck de toute leur jiznée comme qui dirait immaculée. Et là aussi, c'est vrai qu'on trouvait des viokchas vesches qui valaient leur pesant de tilt sur le marché aux touristes – genre tableaux et bijoux et autres viokchos gouspins d'avant le plastique. On s'y est donc pointés, à cette domie qui s'appelait la Résidence. Il y avait des globes lumineux dehors, plantés sur des tiges de fer et pareils à des sentinelles de chaque côté de la porte d'entrée, et aussi une lumière genre tamisée dans une des pièces du rez-de-chaussée ;

alors on s'est choisi un gentil petit bout de rue bien noir pour regarder à travers la fenêtre comment ça ittait là-dedans. Elle avait des barreaux en fer par-devant, la fenêtre, que la maison avait l'air d'une prison, mais on a pu relucher très chouette et clair ce qui s'ittait.

Ce qui s'ittait c'était que la viokcha ptitsa, très grise de voloss et avec un litso genre tout ridé, tenait une bouteille de lait à la main et s'occupait à verser du moloko des familles dans des soucoupes qu'elle posait ensuite par terre, si bien qu'on n'avait pas de mal à deviner que tout un tas de kots et de koshkas devaient miauler et grouiller là en bas. Même qu'on pouvait en relucher un ou deux, gros et gras comme des scotinas, qui sautaient sur la table en miolokant, la rote ouverte, de même qu'on pouvait relucher que la vieille babouchka leur répondait, govoritant genre grondeur à ses mitons. Quant à la pièce on pouvait relucher aussi tout un tas de vieux tableaux aux murs ainsi que des viokchas pendules très ouvragées et également des trucs genre vases et ornements, l'air très viokcho et dorogoï. Jo a chuchoté :

— Y a vraiment un tilt tzarrible à se faire avec ça, frérots. Bill l'Anglais en sèche.

Pierrot a dit :

— Comment qu'on entre ?

C'était à moi de jouer, et zoum, avant que Jo se mette à dire comment.

— La première vesche, j'ai chuchoté, c'est d'essayer le coup régul : la porte de devant. Je vais y aller très poli et je raconterai qu'un de mes drougs s'est senti genre drôlement mal dans la rue. Jo n'a qu'à être prêt à se montrer dans les pommes quand elle ouvrira. Après, il n'y a qu'à demander de l'eau ou la permission de téléphoner au toubib. Ensuite, on rentre comme dans du beurre.

Jo a dit :

— Et si elle ouvre pas ?

J'ai dit :

— On essaie, oui ?

Et il a comme haussé les pletchos en faisant une rote de grenouille. J'ai donc dit à Pierrot et à ce vieux Momo :

— Vous deux, les drougs, chacun d'un côté de la porte. D'accord ?

Ils ont bougé la tête dans le noir, d'acco d'acc d'acc.

— C'est parti, j'ai dit à Jo.

Et j'ai foncé franco sur la porte d'entrée. Il y avait un bouton de sonnette, j'ai appuyé, ça a fait drrrrre drrrrre en résonnant dans le vestibule. Ensuite, il y a eu comme une impression qu'on slouchait, dedans, comme si la ptitsa et ses koshkas avaient tous dressé l'oreille au drrrre drrrre en se demandant quoi. J'ai donc appuyé sur la zvonock des familles, genre un malenky peu plus pressant. Puis je me suis penché contre la fente de la boîte aux lettres et j'ai appelé à travers, golosse genre très distinguée :

— Au secours, madame, s'il vous plaît. Il vient d'arriver une drôle d'histoire à mon ami dans la rue. Pourrais-je téléphoner au docteur, s'il vous plaît ?

J'ai reluché qu'on allumait dans le vestibule, et ensuite j'ai entendu les nogas de la vieille babouchka qui faisaient flip flap dans leurs pantoufles flop-flop en s'approchant de la porte, et l'idée m'est venue, sans savoir pourquoi, qu'elle tenait un gros miton gras sous chaque bras. Puis elle a crié, golosse genre basse profonde très surprenante :

— Allez-vous-en. Allez-vous-en ou je tire.

En entendant ça Jo a bien failli glousser de rire. J'ai repris, avec comme une souffrance et une urgence dans ma golosse de gentleman :

— Oh, s'il vous plaît, aidez-moi, madame. Mon ami est très malade.

— Allez-vous-en, a-t-elle crié. Je les connais, vos sales tours ; si on se laisse faire on ouvre, et après on est forcé d'acheter des choses dont on ne veut pas. Allez-vous-en, je vous dis.

Ça, comme innocence, on ne faisait pas mieux, une vraie beauté.

— Allez-vous-en, a-t-elle répété, ou je vous lâche mes chats dessus.

Elle était sûrement un malenky peu bézoumnie à force de passer toute sa jiznée soli solo. Levant la tête, j'ai reluché qu'il y avait un vasistas au-dessus de la porte d'entrée et que ça irait infiniment plus zoum de passer par là en se faisant une bonne courte-pletcho des familles. Autrement, on en avait pour toute la notché à discuter. J'ai donc dit :

— Très bien, madame. Si vous refusez d'aider, il faudra bien que j'emmène ailleurs mon pauvre ami souffrant.

Et de l'œil j'ai fait signe à mes drougs de s'écarter en douceur, moi seul criant :

— T'en fais pas, vieux, on trouvera sûrement un bon Samaritain dans un endroit ou un autre. Sans doute qu'on ne peut pas en vouloir à cette vieille dame de se méfier, avec tous les voyous et les malfrats qui traînent dehors la nuit. Non, on ne peut pas lui en vouloir.

Puis nous avons encore attendu dans le noir et j'ai chuchoté :

— Oké, les drougs. Retour à la porte. Mézigue il grimpe sur les pletchos de Momo. De là il ouvre la fenêtre et il entre. Ensuite il ferme la gueule à la vieille ptitsa et il ouvre à vous tous. Pas de problème.

Histoire de montrer que c'était moi le leader et le tchelloveck qui avait les idées.

— Visez ça, j'ai dit. Ce bout de maçonnerie tzarrible au-dessus de la porte, vous visez ? Parlez d'une prise pour les nogas.

Ils ont reluché le tout, non sans admiration peut-être, j'ai pensé, et ils ont fait signe « d'acco d'acc d'acc » dans le noir.

Bref, retour à la porte sur la pointe des pieds. Momo était le maltchick costaud poids-lourd de la bande, et Pierrot et Jo m'ont plus ou moins hissé sur ses pletchos, qui étaient bolchoïes comme celles d'un homme. Et, tout ce temps-là, Ô grâces soient rendues aux mondovisions de leur Télé gloupide et surtout à la peur nocturne des lioudis rapport au manque de police de nuit, vide et morte est restée la rue. Là-haut sur les épaules de Momo j'ai reluché que le bout de maçonnerie au-dessus de la porte recevrait mes bottes en beauté. Je me suis collé sur les genoux, frères, et là j'y étais. La fenêtre, comme je m'y attendais, était fermée, mais j'ai sorti mon britva et cassé net la vitre avec le manche en os. Pendant ce temps, en dessous, mes drouguis haletaient à tout va. Alors j'ai passé le roukeur par le trou et fait basculer en l'air le bas de la fenêtre comme un velours et en beauté. Et comme si j'avais enjambé une baignoire je suis entré. Et mes bons moutons étaient toujours en bas, le nez levé et la rote ouverte, Ô frères.

Il faisait tout noir avec plein de bosses partout, plein de lits et d'armoires et de bolchoïs tabourets qui pesaient une tonne et de pile de cartons et de livres. Mais voyant un genre de rai de lumière sous la porte de la pièce, j'ai marché droit dessus comme un homme.

La porte a grrrrincé et je me suis retrouvé dans un couloir poussiéreux avec des tas d'autres portes. Vous parlez d'un gâchis, frères, toutes ces portes, je veux dire, pour une seule viokcha gironde et ses mitons, mais peut-être que les kots et les koshkas avaient plus ou moins des chambres séparées où ils vivaient de crème et de têtes de poisson comme des reines du sang et des princes royaux. J'entendais la golosse genre assourdie de la vieille ptitsa tout en bas, disant :

— Oui oui oui, c'est ça.

Sans doute qu'elle devait govoriter à ses tortilleurs de croupion miauleurs qui faisaient miaaaaah en réclamant encore du moloko. Et puis j'ai aperçu l'escalier qui descendait dans le vestibule et je me suis dit à part moi que je montrerais à mes girouettes et à mes bons à rien de drougs que je les valais bien tous les trois, et de loin. Je ferais tout soli solo. Au besoin, je ferais les ultra-violents à la viokcha ptitsa et à ses potronminets ; ensuite je m'en collerais plein les roukeurs de tous ces trucs qui avaient l'air polezny tzarrible ; et puis un tour de valse jusqu'à la porte d'entrée, et j'ouvrirais et je ferais pleuvoir plein d'or et d'argent sur mes drougs qui attendaient. Histoire de leur apprendre ce que c'est qu'un chef.

J'ai donc itté jusqu'en bas, lentement et en douceur, tout en admirant dans la cage d'escalier les vieux tableaux grassous de dévotchkas à cheveux longs et à haute collerette, les machins genre paysages avec des arbres et des chevaux, et aussi le veck à barbe tout nagoï sur sa sainte croix. Ça vonnait vraiment le moisi de miton et de poisson à miton et la viokcha poussière dans cette domie, pas comme dans les HLM. Mais je suis arrivé au rez-de-chaussée et j'ai reluché la lumière dans la pièce de devant où la vieille avait distribué le moloko aux kots et koshkas. Je reluchais même ces grosses vaches de scotinas trop bien nourries, qui entraient et sortaient en ondulant de la queue et genre se frottant au bas de la porte. Dans le noir du vestibule, je pouvais relucher sur un genre gros coffre en bois une jolie malenky statue qui luisait à la lumière venant de la pièce ; je l'ai crastée pour mon compte personnel, vu que ça semblait représenter une jeune dévotchka tout ce qu'il y a d'élancée qui se tenait sur un seul noga en tendant les roukeurs, et je voyais bien que c'était tout argent. Bref j'avais ça dans la main en ittant dans la pièce qui était grand éclairée, et j'ai dit :

— Salut Lulu, enfin on se rencontre. Notre petit govoritt à travers la boîte aux lettres n'était pas très, disons, satisfaisant, tu ne crois pas ? Il ne l'était même pas du tout, reconnaissons-le en vérité, hein, espèce de vieille puanteur et de sale viokcha gironde.

Et j'ai comme qui dirait cligné les yeux sous la grande lumière de cette pièce avec la vieille ptitsa dedans. Il y avait plein de kots et de koshkas qui grouillaient partout sur le tapis, sans compter les touffes de poil qui flottaient bas dans l'air, et toutes ces grosses scotinas étaient de forme et de couleur différentes, noir, blanc, tigré, rouquin, écaille de tortue, et il y en avait de tous les âges aussi, depuis des chatons qui totonnaient entre eux et des mitons adultes, jusqu'à des viokchos baveux, râleurs comme pas un. La vieille ptitsa, leur maîtresse, elle, était mauvaise comme un jules quand elle m'a regardé. Elle a demandé :

— Comment êtes-vous entré ? Gardez vos distances, espèce de jeune voyou, vilain personnage, sinon je me verrai dans l'obligation de vous donner des coups.

Je me suis bidonské vraiment tzarrible en entendant ça, vu que j'avais reluché qu'elle tenait dans sa rouke veineuse un genre canne en bois crado qu'elle brandissait d'un air menaçant. Bref, les zoubies pareilles à un piano qui se marre, j'ai itté un peu plus près en prenant tout mon temps, et au passage j'ai repéré sur un truc genre buffet une beauté de petite vesche, la plus ravissante malenky vesche que puisse espérer relucher de ses deux glazes un maltchick passionné de musique comme moi, car on aurait dit le gulliver et les pletchos de Ludwig van soi-même, en buste comme on appelle ça, un genre vesche en pierre avec les cheveux longs, les glazes aveugles et la grosse cravate fleuve, tout pierre aussi. Je me suis pointé droit dessus en disant :

— Ça alors, qu'est-ce que c'est ravissant et tout, pour mézigue.

Mais en ittant vers ça, les glazes comme braqués dessus et la rouke avidement tendue, je n'ai pas vu les soucoupes de lait sur le plancher et j'ai marché en plein dans une en perdant plus ou moins l'équilibre.

— Hou là ! j'ai dit en essayant de me redresser.

Mais la vieille ptitsa qui s'était amenée très sournoisement dans mon dos, zoum tzarrible pour son âge, m'a sonné crac crac sur le gulliver avec son bout de bâton. Tant et si bien que je me suis retrouvé sur les roukes et les genoux, m'efforçant de me relever et disant :

— Oh la vilaine, la vilaine, la vilaine.

Mais crac crac crac elle a remis ça en disant de son côté :

— Misérable petite punaise de taudis, entrer comme ça de force chez les gens *bien* !

Moi, je n'aimais pas beaucoup ce genre d'igra à la crac-crac, et comme le bâton allait descendre une fois de plus je l'ai empoigné par un bout. La viokcha a perdu l'équilibre et elle a voulu se rattraper à la table ; mais la nappe est venue avec, et aussi un pot et une bouteille de lait qui titubaient dessus comme des saoulots, puis plof ça a éclaboussé blanc partout, et la seconde d'après la viokcha s'est étalée par terre en grognant :

— Espèce de chenapan, ça te coûtera cher.

Tous les chats avaient maintenant la fouchtrouille et cavalaient et sautaient genre matous qui paniquent ; certains se disaient des mots en se flanquant des toltchockes à la chat avec leurs foutues lapas, et je te iaouuuuuh krrrrrrrh et pffffh à tout va. Je me suis remis debout sur les nogas, mais ça n'empêchait pas qu'il y avait toujours cette viokcha forella qui tremblotait du barbillon et grognassait, vindicative comme un morpion, en essayant plus ou moins de décoller du plancher. Alors je lui ai administré un malenky shoot pas volé dans le litso, ce qu'elle n'a pas aimé du tout, vu qu'elle s'est mise à crier : « Woua-aaaaah » et qu'on reluchait que son litso tout veineux et tavelé virait au couperosé de Provence, là où mon noga des familles avait atterri.

En reculant après le shoot, j'ai dû plus ou moins marcher sur la queue d'un des foutus potronminets qui dratsaient et critchaient, vu que j'ai slouché un gromky iaaaaou et que je me suis retrouvé comme si des tas de poils et de dents et de griffes s'étaient comme qui dirait accrochés tout autour de ma jambe, et j'étais là à jurer à tout va et à me débattre, mais sans lâcher la malenky statue d'argent que je serrais dans ma rouke et tout en essayant d'enjamber la vieille ptitsa toujours étalée, dans l'idée d'attraper ma beauté de Ludwig van tout froncé dans la pierre. Là-dessus j'ai pataugé dans une autre soucoupe pleine à ras bord de moloko crémeux et j'ai failli valdinguer une fois de plus, ce qui était sûrement très drôle si on imaginait la vesche slouchatant à un autre veck qu'à Votre Très Humble Narrateur. Ensuite la viokcha ptitsa sur son plancher a passé le bras par-dessus tout le grouillamini des chassepots dratsant et miaoutant et m'a empoigné par le noga, sans cesser de me brailler « Wouaaaah ». Du coup, mon équilibre a tant soit peu foutu le camp et cette fois je me suis écrabouillé pour de bon, flac dans le moloko et au milieu des koshkas crachegriffant, et la vieille forella s'est mise à me châtaigner sur le litso maintenant qu'on était tous les deux par terre, en critchant :

— Pilez-le, tapez dessus, arrachez-lui les ongles, à ce jeune cafard venimeux.

Et ça uniquement à l'adresse de ses chassepots. Et alors, comme qui dirait obéissant à la viokcha ptitsa, deux ou trois koshkas m'ont sauté dessus et ont commencé à griffer comme des bézoumnis. Si bien que moi aussi j'ai tourné complètement bézoumni, mes frères, et que je me suis mis à cogner à tort et à travers. Ce qui a fait que la babouchka a dit :

— Ne touche pas à mes petits mitons, sale crapaud.

Et elle m'a plus ou moins griffé le litso, si bien que j'ai critché :

— Vieille dégueulasse, vieux soumka à patates !

Et levant en l'air la petite malenky statue genre argent je lui en ai bogné une bonne toltchocke pas volée sur le gulliver, ce qui lui a fermé le clapet vraiment tzarrible et en beauté.

Mais juste comme je me relevais au milieu de tous les kots et koshkas qui miaoulaient, voilà que j'ai slouché dans le lointain le choum du police-secours des familles, et l'idée m'est venue zoum que la vieille forella aux chassepots avait bigophoné les milichiens quand je l'avais crue en train de govoriter à sa bande de miauleurs et de raouteurs, vu qu'elle avait eu la puce zoum vapeur à l'oreille quand j'avais sonné à sa foutue zvonock mine de réclamer de l'aide. Si bien que slouchant tout à coup le choum à faire peur du panier à rosses, j'ai foncé vers la porte d'entrée où j'ai eu un rabitt du diable à défaire tous les verrous, chaînes, serrures et autres vesches de sûreté. Finalement j'ai pu ouvrir, et devinez un peu, frères, qui était sur le seuil sinon ce vieux Momo, tandis que j'avais juste le temps de relucher mes deux autres drougs, qu'ils se disaient, se cavalant.

— Tire-toi, j'ai critché à Momo. V'là les rosses.

Momo a dit :

— Toi, bouge pas, tu restes à les attendre, ha ha ha.

Alors j'ai reluché qu'il avait sorti son oudzy. Et il l'a levée en l'air, elle a swouishé comme un serpent et il m'a chaîné en douceur et en artiste sur les protège-glazes, juste le temps pour moi de les fermer. La seconde d'après je tournais en rond en gueulant et en essayant de relucher malgré la grande douleur à hurler. Momo a dit :

— J'aime pas que t'aies fait ce que t'as fait, vieux droug. C'était pas bien de me tomber dessus comme t'as fait, eh morveux.

Et puis j'ai slouché ses lourdingues de bolchoïes bottes qui agitaient pendant qu'il continuait à faire « Ha ha ha » dans la notchaille. Ça n'est qu'environ sept secondes plus tard que j'ai slouché le panier à milichiens qui s'arrêtait dans un grand dégueulando de sa saleté de sirène, comme si une bête bézoumnie avait soufflé dessus pour l'éteindre. Moi aussi je gueulais, donnant comme qui dirait de la bande de droite et de gauche, et je me suis tapé le gulliver pile sur le mur du vestibule, vu que j'avais les glazes complètement fermés et qui jutaient plein pot, tout ce qu'il y a de douloureux. J'étais donc là à plus ou moins tâtonner dans l'entrée quand les milichiens sont arrivés. Naturellement, j'étais incapable de les relucher, mais sloucher et genre renifler le vonn de ces fumiers, ça je le pouvais, et je n'ai pas tardé à les sentir pour de bon quand ils ont commencé à faire les brutes en me fourguant leur vieux coup du bras retourné pendant qu'ils me traînaient dehors. J'ai même slouché une golosse de milichien qui disait, apparemment de la pièce d'où je sortais, avec tous les kots et les koshkas dedans :

— Elle a été salement matraquée, mais elle respire.

Et tout ce temps-là ça miaulait ferme.

— On est gâtés, pas à dire, j'ai entendu une autre golosse de milichien dire pendant qu'on me toltchockait duraille et zoum en m'embarquant dans le panier. Le petit Alex pour nous tout seuls !

J'ai critché :

— Je suis aveugle, tas de fumiers grassous. Attendez seulement que Gogre vous casse la gueule et vous fasse pisser le sang.

— Cause toujours, cause toujours, s'est plus ou moins bidonskée une golosse.

Là-dessus, je me suis payé une toltchocke genre revers de rouke à bagouses ou autre, en plein sur la rote. J'ai dit :

— Attendez seulement que Gogre vous fasse la peau, bande d'infects et de vonneux, tas de bratchnis. Où sont les autres ? Où sont-ils mes drougs, les traîtres, les salopards ? Vous parlez d'une bande de frérots grassous, c'est un d'eux qui m'a chaîné les glazes. Attrapez-les, ne les laissez pas filer. C'est eux qui ont eu l'idée, je vous dis les potes. Ils m'ont comme qui dirait forcé. Je suis innocent, moi. Attendez seulement que Gogre vous découpe en rondelles.

Ça ne les empêchait pas de se bidonsker de moi dans la plus énième largeur, les sans-cœur, et ils ont continué à me toltchocker en me poussant dans le panier, mais sans que j'arrête de remettre ça au sujet de mes soi-disant drougs. Et puis j'ai reluché que ça ne servait à rien, vu que les autres devaient tous être de retour maintenant dans l'arrière-salle du Duc de New York, à entonner des brunes à faux col et des grands écossais dans le gorlot consentant de ces salopes de viokchas ptitsas, pendant qu'elles disaient :

— Merci, les gars, Dieu vous bénisse, fistons. Vous avez été là tout le temps, les gars, on vous a pas quittés des yeux, vrai de vrai.

Et tout ce temps-là on sirénait à tout va en fonçant vers la boutique à rosses, moi étant coincé entre deux milichiens, avec ces brutes qui se bidonskaient en me bourrant et me collant une malenky toltchocke de temps à autre. Puis je me suis aperçu que je pouvais ouvrir un malenky peu les protège-glazes et relucher défiler comme qui dirait à travers un vrai voile de larmes une espèce de ville fleuve, toutes les lumières bavant plus ou moins l'une dans l'autre. Et je pouvais relucher maintenant, à travers la brûlure de mes glazes, ces deux milichiens se bidonskant à l'arrière près de moi et le chauffeur au cou maigre et le fumier à cou de taureau assis à côté de lui, ce dernier se payant ma tête genre govoritt sarkostic en disant :

— Alors, mon petit Alex, on se réjouit tous d'avance de la bonne petite soirée qu'on va passer ensemble, pas vrai ?

J'ai dit :

— Comment connais-tu mon nom, sale puanteur de brute vonneuse ? Attends seulement que Gogre te foudroie en enfer, espèce de bratchi grassou, eh, pafeur.

Là-dessus ils se sont tous bidonskés et une de ces saloperies de milichiens installés à l'arrière avec moi m'a plus ou moins tordu l'ouko. Le cou de taureau qui ne conduisait pas a dit :

— Qui est-ce qui ne connaît pas le petit Alex et ses drougs ? C'est vraiment une célébrité à c'te heure, notre Alex.

— C'est les autres, j'ai critché. Jo et Momo et Pierrot. C'est pas mes drougs, c'est des fumiers.

— Bah, a dit le cou de taureau, t'as toute ta soirée devant toi pour nous conter de bout en bout les exploits audacieux de ces jeunes messieurs, et comment ils ont entraîné ce pauvre petit innocent d'Alex sur la mauvaise voie.

Puis il y a eu le choum d'une autre sirène genre police dépassant notre bagnole mais dans l'autre sens.

— J'espère que c'est pour ces fumiers, j'ai dit. J'espère que vous autres salauds vous les avez ramassés ?

— Ça, a dit le cou de taureau, c'est une ambulance. Et c'est sûrement pour la vieille dame, pour ta victime, petit misérable, affreux petit voyou.

— C'est leur faute à eux, j'ai critché en clignant mes yeux qui me brûlaient. Je parie que les fumiers sont en train de drinker tout ce qu'ils savent au Duc de New York. Piquez-les, merde, tas de pafés vonneux.

Là-dessus ils se sont encore bidonskés et ils m'ont toltchocké un malenky peu, Ô mes frères, sur ma pauvre rote qui cuisait. Et ensuite on est arrivé à leur dégueulasserie de boutique à rosses et ils m'ont aidé à descendre de bagnole en me shootant dedans et me tirant, puis ils m'ont fait monter l'escalier à la toltchocke et j'ai compris que ce n'était pas la peine de compter que ces grassous bratchnis puants jouent le jeu, Gogre les emporte.

7.

Ils m'ont traîné dans leur espèce de cantora blanchie à la chaux et très brillamment éclairée, qui reniflait un fort vonn genre mélange de vomi, de vécés, de rotes biéreuses et de désinfectant, le tout venant de bistroteries environnantes. On entendait des plennis qui juraient et chantaient dans des cellules et il m'a semblé que j'en slouchais un qui braillait à pleine voix :

Et j'te reviendrai mon amour, mon amour,
Le jour où tu m'auras quitté pour toujours.

Mais je slouchais aussi les golosses de milichiens leur criant de la boucler et même le genre tzvouk genre mec qui se fait toltchocker vraiment tzarrible et qui gueule aouuuuuuu-ou, et on aurait cru la golosse d'une viokcha ptitsa saoule, pas d'un homme. Avec moi dans la cantora il y avait quatre milichiens, tous en train de se payer une sacrée bonne drinke de tché, vu qu'il y en avait un grand pot sur la table, et ça tétait et rotait tout ce que ça savait dans les chopes, qui étaient bolchoïes et cradoques. Ils ne m'en ont pas offert. Tout ce qu'ils m'ont tendu, les frères, c'était un viokcho miroir merdeux pour m'y regarder, et il faut bien avouer que je n'avais plus rien de votre jeune et beau Narrateur, mais que j'étais quelque chose de vraiment strack à voir, avec ma rote gonflée, mes glazes tout rouges et mon nez un peu cabossé lui aussi. Ils se sont tous bidonskés tzarrible en reluchant mon air comme qui dirait consterné, et l'un d'eux a dit :

— Non mais visez ce petit amour, un vrai cauchemar.

Là-dessus un milichien gradé s'est amené, avec des genres étoiles sur les pletchos histoire de montrer qu'il était hiérarchic chic chic, et en me reluchant il a fait : « Hum. » Et alors ils se sont mis au boulot. J'ai dit :

— Vous ne tirerez pas de moi la queue d'un seul petit slovo tant que mon avocat ne sera pas présent. Je connais la loi, bande de fumiers.

Naturellement ils se sont tous payé une gromky bidonske des familles en m'entendant, et le constellé de gradé a dit :

— Ça va c'est bon, les gars ; pour commencer on va lui montrer que nous aussi on la connaît la loi, mais que ça n'est pas le tout de la connaître.

Il avait une golosse genre gentleman et il parlait comme un mec qui en a très marre. Il a fait signe de la tête avec un sourire genre drougui à un grand salopard gras. Le gros salopard a ôté sa tunique et on pouvait relucher qu'il avait un vrai gros viokcho pot d'échappement. Il s'est approché de moi pas trop zoum et quand il a ouvert la rote en ricanassant d'un air à la fois malin et claqué, j'ai reniflé le vonn du tché au lait qu'il avait drinké. Il n'était pas trop bien rasé pour un rosse et on reluchait comme des plaques de sueur séchée aux aisselles de sa chemise, de même que, de plus près, on reniflait sur lui un vonn comme qui dirait de confiture d'oreille. Il a refermé dur sa saloperie de rouke rouge et il m'en a collé un en plein dans le bide, ce qui n'était pas de jeu, et tous les autres milichiens se sont bidonskés à s'en péter le gulliver, sauf le gradé qui continuait à se fendre le rictus de son air d'en avoir soupé marre. J'ai dû m'adosser au mur blanchi à la chaux, si bien que j'ai essuyé tout le blanc sur mes platrusques tandis que j'essayais de reprendre mon vieux souffle des familles que c'était un supplice, et puis j'ai eu envie de dégobiller la tarte à la colle que je m'étais envoyée avant le début de la soirée. Mais ça m'aurait fait mal au cœur, ce genre de vesche, débagouler comme ça partout par terre, alors je me suis retenu. Là-dessus j'ai vu que ce gros lard d'administrateur de bognes se tournait vers ses drougs milichiens pour se bidonsker vraiment tzarrible de ce qu'il venait de faire, et j'ai levé le noga droit et avant que les autres aient eu le temps de lui critcher gaffe, je l'ai botté net au tibia que c'était une beauté. Et il a critché au meurtre en sautant à cloche-pied.

Mais après ça ils s'y sont mis chacun leur tour, se me renvoyant l'un l'autre comme un ballon plein de sang et très fatigué, Ô mes frères, et me châtaignant dans les yarbilles, la rote et le bide, sans compter les shoots, de sorte qu'à la fin j'ai bien été forcé de dégobiller par terre ; même que j'ai dit, comme un veck complètement bézoumni :

— Excusez-moi, frères, c'est vraiment pas une chose à faire. Excusez-moi, pardon, pardon.

Mais ils m'ont tendu des viokchos morceaux de gazetta et ils m'ont obligé à essuyer ça puis à répandre de la sciure. Et ensuite ils ont dit, comme de vieux drougs, ou presque, que je n'avais qu'à m'asseoir et qu'on allait se payer un petit govoritt genre pépère tranquille. Peu après, P R Deltoïde s'est amené pour relucher ce qui se passait, vu que son bureau était dans le même immeuble. Il avait l'air très las et grassou et il a dit :

— Alors cette fois ça y est, mon petit Alex, oui ? Je l'avais bien prévu. Ah làlà làlà làlà, oui.

Puis se tournant vers les milichiens, il a repris :

— s'oir inspecteur. 'soir, sergent. 'soir, 'soir, tous. Bon, en ce qui me concerne, ça met le point final, oui. Ah là là là, ce gosse est dans un drôle d'état, dites ? Regardez-moi un peu ce gâchis.

— La violence récolte la violence, a dit le milichien gradé, golosse très genre sacristie. Résistance aux représentants de l'ordre.

— Le point final, oui, a répété P R Deltoïde.

Il me regardait avec des glazes très froids comme si j'étais soudain une chose au lieu d'un tchelloveck en sang, très fatigué et tout cabossé.

— Je pense que je suis bon pour me rendre au tribunal, demain.

— C'est pas moi, frère, m'sieu, j'ai dit en pleurant un malenky peu. Dites quelque chose, m'sieu, je ne suis pas si mauvais que ça. C'est les autres, les traîtres, qui m'ont entraîné, m'sieu.

— Écoutez-le chanter, une vraie linotte, a dit le rosse gradé en ricanant. À en faire péter le toit, qu'il chante ; une vraie beauté.

— T'en fais pas, a dit aussi froid P R Deltoïde. Je serai là, demain, et je dirai ce que j'ai à dire.

— Des fois que vous auriez envie de lui bourrer les côtelettes, cher monsieur, a dit le milichien gradé, faites comme si on n'était pas là. On vous le tiendra. Ah, quelle grosse déception ça doit être encore pour vous, ce garçon.

P R Deltoïde a eu alors un geste dont je ne l'aurais jamais cru capable, surtout devant tous les rosses qui étaient là, lui qui était censé faire, de nous autres, petits malinfrats, des maltchicks vraiment tzarribles. Il s'est approché un peu et il a craché. Oui, craché. Il m'a craché en plein dans le litso, puis il a essuyé sa rote toute mouillée de salive, d'un revers de rouke. Et moi j'ai frotté frotté frotté mon litso plein de crachat avec mon tiremorve plein de sang, en disant :

— Merci, m'sieu, merci infiniment, m'sieu, vous êtes bien bon, m'sieu, merci.

Et là-dessus P R Deltoïde est sorti sans ajouter un slovo.

Les milichiens se sont alors mis pour de bon à la longue déclaration que j'étais censé signer, et je me suis dit à part moi : Merde et allez vous faire foutre tous tant que vous êtes, bande de fumiers ; si vous êtes du côté du Bien, alors tant mieux si je suis de l'autre bord. Et à eux j'ai dit :

— D'accord, je leur ai dit, tas de grassous bratchnis et de pafeurs à la renifle. Je vais vous le sortir, le paquet, allez-y, emballez le tout. J'en ai marre de ramper sur le brouko, tas de poulagas merdzkis. Par quel bout voulez-vous que je commence, bande de gouspins et de bestiaux vonnants. Par ma dernière Maison de Correction ? Tzarrible ! D'accord, allons-y.

Et je leur ai tout déballé, en forçant leur milichien sténo, une espèce de tchelloveck genre pépère foireux, rien de la vraie rosse, à couvrir page après page après page après. Oui, tout j'ai déballé, les ultraviolents, la craste, la draste, le dedans-dehors-dedans-dehors des familles, tout le paquet, jusqu'à la vesche de cette nuit-là avec la viokcha ptitsa bugatti et ses miauleurs de kots et de koshkas. Et j'ai fait ce qu'il fallait pour que mes supposés drougs soient dans le bain jusqu'au shiya. Une fois que j'ai eu tout sorti, leur milichien sténo avait l'air plutôt comateux, le pauvre vieux veck. Le rosse gradé lui a dit, golosse genre bien aimable :

— Parfait, fiston. Maintenant, file te taper une bonne tasse de tché pour toi tout seul, et après tu me mettras au net toute cette saloperie et cette pourriture en triple exemplaire et en te bouchant le nez avec une pince à linge. Ensuite tu pourras rapporter ça à notre beau jeune homme, là, pour qu'il signe. Quant à toi, a-t-il ajouté pour moi, à présent on va pouvoir te conduire à ta chambre nuptiale, eau courante et tout le confort. C'est bon, a-t-il dit ensuite, de sa golosse de type qui en a très marre, à deux rosses, des vrais durs ceux-là. Emmenez-le.

Et c'est comme ça qu'on m'a poussé à coups de pied et de poing et de brutalités jusqu'aux cellules et qu'on m'a enfermé dans une avec dix ou douze autres plennis environ, dont un tas étaient saouls.

Dans le tas il y avait des vecks genre bestiaux tout ce qu'il y a d'oudzassny, un qui avait le nez tout bouffé et la rote ouverte comme un grand trou noir, un autre qui était couché sur le sol et qui ronflait à tout va avec un genre bouillasse dégoulinant tout le temps de sa rote, et un autre encore qui avait l'air d'avoir gouspiné partout dans son pantaléon. Et puis il y avait deux genre tapettes qui ont tout de suite eu un faible pour moi, et l'un d'eux m'a sauté dans le dos et j'ai vraiment eu un sale moment de dratse avec lui, et son vonn qui reniflait plus ou moins l'alcool à brûler et le parfum bon marché m'a redonné envie de vomir, sauf que j'avais le ventre vide maintenant, Ô mes frères. Ensuite l'autre tapette a commencé à me faire des passes avec les roukes, et alors tous les deux ils se sont mis à se montrer les dents et à se dratser un peu, vu qu'ils en avaient l'un et l'autre après mon plott. Le choum est devenu très fort, ce qui a fait qu'un ou deux milichiens ont radiné et leur sont rentrés dedans avec des genres matraques, si bien qu'ils se sont tous les deux assis très tranquillement, comme qui dirait le regard perdu dans le vide, et le vieux krovvi des familles s'est mis à goutte-goutter le long du litso de l'un d'eux.

Il y avait des couchettes dans la cellule, mais elles étaient toutes pleines. Elles étaient en étage et j'ai grimpé sur une du dessus (elles allaient par rangées de quatre), mais il y avait déjà un viokcho veck saoul qui ronflait à tout va, hissé là-haut par les milichiens, plus que probable. Toujours est-il que je l'ai empoigné et redescendu, vu qu'il ne pesait pas trop lourd. Il est tombé en tas par-dessus un gros lard de tchelloveck raide saoul aussi par terre ; ça les a réveillés tous les deux et ils se sont mis à critcher et à se châtaigner entre eux que c'en était pathétoc. Bref, je me suis allongé sur ce lit vonnant, mes frères, et j'ai sombré tout las et vidé et meurtri dans le sommeil. Mais ça ne ressemblait pas vraiment à du sommeil, c'était plutôt comme si j'avais quitté ce monde pour un autre, meilleur. Et dans cet autre monde meilleur, Ô mes frères, je me trouvais comme qui dirait dans un grand pré tout en fleurs et en arbres, et il y avait là un genre bouc à litso d'homme qui jouait à tout va d'un truc genre flûte. Et puis j'ai vu, comme qui dirait un soleil qui se lève, Ludwig van soi-même, le litso et la cravate en tempête, et le voloss en tornade, et alors j'ai entendu la Neuvième dernier mouvement, avec les slovos tous un peu mélangés comme s'ils avaient su d'eux-mêmes que c'était forcé qu'ils se mélangent, vu que c'était un rêve :

Jouis,
Ô Jouasse et divine pucelle,
Ravagée de mon septième ciel,
Viens que, le cœur ardent, l'âme ivre,
Je te toltchocke l'infra-rote
Et te shoote recta dans le pot d'échappement.

Mais c'était la vraie musique, je l'ai su quand on m'a réveillé deux ou dix minutes ou vingt heures ou des jours ou des années plus tard, vu qu'on m'avait retiré ma montre. Il y avait un milichien comme à des kilomètres et des kilomètres tout en bas et il me bourrait les côtes avec une gaule qui avait une pique en fer au bout, en disant :

— Réveille-toi, fiston, réveille-toi, beauté. Émerge pour les vraies emmerdes.

J'ai dit :

— Comment ? Qui ? Où ? Qu'est-ce que c'est ?

Et l'air de l'Ode à la Joie de la Neuvième continuait à me chanter dedans à tout va, une vraie beauté, tzarrible. Le milichien a dit :

— Descends voir. Y a du nouveau vraiment somptueux pour toi, fils.

J'ai donc dégringolé de là-haut, tout raide et endolori et genre pas très réveillé, et le rosse en question, qui vonnait fort le fromage et l'oignon, m'a poussé hors de cette dégueulasserie de cellule où ça ronflait, puis dans des tas de couloirs, et tout ce temps le vieil air Joie Ô Joie, Divine Étincelle continuait à m'embraser par en dedans. Finalement on est arrivés dans une cantora genre tout ce qu'il y a de propre avec des machines à écrire et des fleurs sur les bureaux, et à un de ces bureaux comme qui dirait de chef était assis le milichien gradé, l'air très sérieux et fixant d'un glazard très froid mon litso plein de sommeil. J'ai dit :

— Eh bien eh bien eh bien. Qu'est-ce qui me vaut, bratti ? Quel bon vent, par cette joyeuse et belle minotché ?

Il a dit :

— Je te donne dix secondes, pas plus, pour torcher de ta figure ce sourire idiot. Ensuite, tu vas m'écouter.

— Bon, alors ça sera quoi ? j'ai dit en me bidonskant. Ça ne vous a pas suffi de me dérouiller presque à mort, de me faire cracher dessus et de m'obliger à avouer des crimes des heures durant, et puis de me coller au milieu de bézoumnis et de vicieux vonnants, dans votre saleté de cellule grassoue ? Quelles nouvelles tortures me préparez-vous encore, espèce de bratchni ?

— La torture, c'est toi-même qui vas te l'infliger, a-t-il dit sans rire. Et Dieu fasse que tu en deviennes fou.

Et alors, avant même qu'il me l'ait dit, j'ai su quoi. La vieille ptitsa, celle avec toute la bande de kots et de koshkas, était partie pour un monde meilleur dans un des hôpitaux de la ville. Sans doute que je l'avais châtaignée un peu trop dur. Eh bien eh bien, c'était la fin de tout. J'ai pensé à tous les kots et koshkas qui devaient miauler en réclamant leur moloko et qui n'auraient rien, plus rien du tout, de leur viokcha forella de maîtresse. La fin de tout, oui. Cette fois j'avais gagné. Et je n'avais pas encore passé quinze ans.

Deuxième partie

1.

— Bon, alors ça sera quoi, hein ?

C'est reparti, j'y vais, et ici commence la partie vraiment à pleurer comme qui dirait tragique de l'histoire, mes frères et seuls amis, celle qui se passe à la Prita (Prison d'État autrement dit) Numéro 84-F. Je ne pense pas que vous ayez très envie de sloucher dans ses horribles détails la gouspine raskass du coup affreux que ce fut pour mon p'pa, si affreux qu'il en boxa l'air de ses roukes meurtries et krovvignolantes en accusant Notre Gogre Qui Est aux Cieux d'être genre pas très régul, pendant que de son côté ma m'man ouvrait une rote comme ça en huhuhuhuhhulant dans sa douleur de mère à la pensée de son fils et fruit unique de ses entrailles, comme qui dirait, mettant tout le monde dans la merde vraiment tzarrible. Ensuite il y a eu le magistrat du tribunal de simple police, un viokcho veck sévère plus ultra, govoritant des slovos tout ce qu'il y avait de durs à l'intention de votre Ami et Humble Narrateur, et ça après toutes les calomnies gouspineuses et grassoues bavées par P R Deltoïde et par les rosses, Gogre leur fasse la peau. Et puis renvoi à huitaine dans leur saloperie de taule au milieu de pervers et de prestoupnicks vonnants. Et plus tard le procès en assises, les juges et le jury et des tas de slovos vraiment très très vaches govorités genre tout ce qu'il y a de solennel, et pour finir Coupable et ma m'man beuheuheuant quand on a annoncé Quatorze Ans, Ô mes frères. Enfin bref, donc j'étais là maintenant, deux ans jour pour jour après avoir été verrouillé à coups de pompes dans le cul à la Prita 84-F, vêtu à la super plus énième mode taularde, c'est-à-dire complet une pièce couleur très dégueulasse genre gouspin, avec le matricule cousu sur la partie groudné de l'individu, juste au-dessus du vieux tic-tocard des familles, et dans le dos également, si bien que devant comme derrière j'étais le 6655321 et plus du tout votre petit droug Alex.

— Bon, alors ça sera quoi, hein ?

Ça n'avait rien eu comme qui dirait d'édifiant, sûrement pas, d'être dans ce trou d'enfer grassou genre zoo bourré d'homos çapince, et ça deux années durant à se faire botter le cul et toltchocker par de grosses brutes de matons et à rencontrer des criminels vonnants genre ricanocheurs, parmi lesquels de vrais pervers prêts à baver partout sur un délicieux jeune maltchick genre celui qui vous conte cette histoire. Sans compter qu'il fallait rabiter dur à l'atelier, à fabriquer des boîtes d'allumettes, et itter la rondelle en faisant le cervelas dans la cour histoire de prendre ce qu'on appelait de l'exercice, et que parfois le soir une espèce de veck genre viokcho prof venait faire une conférence sur les coléoptères ou la Voie Lactée ou les Merveilleuses Métamorphoses du Petit Flocon de Neige – et celle-là surtout m'a fait drôlement bidonsker, vu qu'elle me rappelait le coup du vieux moriturusse avec son Vandalisme Pur, celui qu'on avait toltchocké une nuit d'hiver à la sortie de la biblio publique, au temps où mes drougs n'étaient pas encore des traîtres et où j'étais comme qui dirait libre et heureux. Tout ce que j'avais slouché dire au sujet de ces fameux drougs, c'était un jour où mes pé et ème étaient venus à la visite et où ils m'avaient annoncé que Jo était mort. Oui, mort, mes frères. Plus mort qu'un gouspin de clebs sur le macadam. Jo avait entraîné les deux autres dans la maison d'un tchelloveck genre ultra-riche ; une fois là, ils avaient étalé le gars à coups de bottes et de toltchockes, et puis Jo s'était mis à razrézer les coussins et les rideaux pendant que ce vieux Momo pulvérisait quelques ornements très précieux, genre statues et le reste, et tout sonné qu'il était le riche tchelloveck était devenu raide bézoumni enragé et s'était rué sur eux avec une très grosse barre de fer. Le fait qu'il était tout razedraze lui avait donné une force gigantesque, et Momo et Pierrot s'étaient sauvés par la fenêtre, mais Jo, lui, s'était pris les pieds dans le tapis et tapé un retour de la grosse barre en fer, crac chplof sur le gulliver, et adieu Jo le traître. Le viokcho meurtrier s'en était tiré avec la Légitime Défense, ce qui n'était que juste et honnête. Qu'il se soit fait tuer, Jo, même si c'était plus d'un an après que, moi, je m'étais fait agrafer par les milichiens, ça semblait juste et honnête, comme qui dirait le Destin.

— Bon, alors ça sera quoi, hein ?

Je me trouvais dans la Chapelle d'Angle, vu que c'était dimanche matin, et le charlot de la prison govoritait la Parole du Seigneur. C'était mon rabitt de faire marcher la viokcha stéréo en mettant de la musique solennelle avant et après, et également au milieu quand on chantait des cantiques. Je me tenais au fond de cette Chapelle d'Angle (il y en avait quatre en tout, à cette Prita 84-F) pas loin de l'endroit où étaient debout les gardiens ou chassos, avec leurs fusils et leurs mâchoires bolchoïes et bleu sale de brutes, et je pouvais relucher tous les plennis assis à sloucher le Slovo du Seigneur dans leurs affreuses platrusques de prison couleur de gouspin, et une espèce de vonn dégueulasse montait d'eux, pas genre vraiment mal lavé, pas grassou, non – genre vonn puant tout ce qu'il y a de spécial qu'on ne renifle que sur les mecs criminels, mes frères, un vonn comme qui dirait de poussière, de graisse et de désespoir. Et je me disais que moi aussi je sentais peut-être ce vonn, vu que j'étais devenu moi-même un vrai plenni, quoique très jeune encore. Ce qui faisait qu'il était très important pour moi, Ô mes frères, de sortir de ce zoo puant et grassou le plus vite possible. Et comme vous le relucherez si vous continuez à me lire, ça n'a pas traîné.

— Bon, ça sera quoi, hein ? a dit le charlot de la prison pour la troisième radze. Alors, allez-vous continuer à jouer longtemps comme ça à dedans-dehors dedans-dehors avec les institutions, bien que ce soit plutôt à dedans qu'à dehors pour la plupart d'entre vous, ou bien vous déciderez-vous enfin à prêter l'oreille à la Divine Parole et à vous rendre compte des châtiments qui attendent le pécheur impénitent dans l'autre monde, autant que dans celui-ci ? Faut-il que vous soyez une bande de foutus idiots, presque tous tant que vous êtes, pour vendre votre droit d'aînesse contre une soucoupe de soupe froide. L'excitation du vol, de la violence, le besoin impérieux d'une vie facile – est-ce que ça vaut la peine, quand on a la preuve indéniable, oui oui, la preuve irréfutable, que l'enfer existe ? Je sais, moi, oui, je *sais*, mes amis, j'ai été averti par des visions qu'il est un lieu plus sombre qu'aucune prison, plus brûlant que la flamme d'aucun feu humain, où les âmes des pécheurs criminels et impénitents comme vous – et ne ricanez pas en me regardant, bon Dieu, ne riez pas – oui comme vous, dis-je, hurlent dans des souffrances infinies et intolérables et suffoquent, le nez gorgé d'odeurs immondes, la bouche bourrée d'ordures qui brûlent, la peau pelant et pourrissant, une boule de feu tournant follement dans le grand cri de leurs tripes. Oui, oui, oui, je *sais*.

À ce moment, frères, à je ne sais quel endroit vers le rang du fond, un plenni a lâché un choum de musique de lèvres – Prrrrp – et du coup ces brutes de chassos se sont mis tout de suite au boulot, se précipitant vraiment zoum vers ce qu'ils croyaient être le coin d'où venait le choum, et puis ils ont vachement cogné, servant des toltchockes toutes chaudes de droite et de gauche. Ensuite ils ont piqué un pauvre plenni tremblotant, tout maigre et malenky et viokcho par-dessus le marché, et ils l'ont traîné dehors, tandis que le pauvre veck n'arrêtait pas de critcher :

— C'est pas moi, c'est lui, vous voyez pas ?

Mais ça n'y a rien changé. Il s'est fait toltchocker tout ce qu'il y a de raide et on l'a remorqué hors de la Chapelle d'Angle, critchant à se péter le gulliver.

— Et maintenant, a dit le charlot de la prison, écoutez la Parole du Seigneur.

Là-dessus il a empoigné le gros livre et tourné les pages, se mouillant sans arrêt les doigts pour ce faire et les léchant glouip glouip. C'était un grand fumier de gaillard bolchoï, avec un litso très rouge, mais le fait est qu'il avait un grand faible pour moi, vu ma jeunesse et aussi mon vif intérêt, maintenant, pour le gros livre. On avait arrangé, comme faisant partie de mon éducation à venir, comme qui dirait, que je lirais dans le livre et que je me ferais même de la musique sur la stéréo de la chapelle pendant que je lirais, Ô mes frères. Et ça c'était vraiment tzarrible. On me bouclait donc plus ou moins dans la chapelle et on me laissait sloucher de la musique sacrée de J S Bach et de G F Haendel, tout en lisant les histoires de tous ces viokchos yahoudis qui se toltchockaient entre eux et après drinkaient leur vino hébreu et grimpaient au lit avec les plus ou moins femmes de chambre de leur régulière, vraiment tzarrible. Ça me maintenait en forme, frères. Je kopatais moins la dernière partie du livre, qui fait plus penser à du govoritt genre prêchi-prêcha qu'à de la bagarre et au vieux dedans-dehors des familles. Mais ce jour-là le charlot m'a dit, en m'étreignant plus ou moins fort de sa rouke bolchoïe et rougeaude.

— Ah, 6655321, songe aux divines souffrances. Il y a là de quoi méditer, mon garçon.

Et tout ce temps-là il vonnait riche et viril l'écossais et après ça il est retourné à sa petite cantora pour s'en jeter encore une drinke. Du coup j'ai lu toute l'histoire de la flagellation et du couronnement d'épines et aussi la vesche de la croix et tout le gouspin, et j'ai mieux reluché qu'il y avait vraiment quelque chose là-dedans. Pendant que la stéréo jouait des bouts de ravissant Bach j'ai fermé fort les glazes et je me suis reluché donnant un coup de main et même me chargeant de la toltchocke et du cloutage, vêtu d'un truc genre toge à la super plus énième mode romaine.

Bref, l'existence à la Prita 84-F n'était pas une si grande perte de temps. Le Directeur lui-même était tout content d'apprendre que j'avais pris goût à la Religion, et c'était bien ce que j'espérais.

Ce dimanche matin-là, le charlot a lu dans le livre une histoire de tchelloveck qui slouchait le slovo et s'en foutait comme d'une nèfle de ressembler à une domie bâtie sur le sable, et alors la pluie s'est mise à dégringoler splash et le vieux boumboum des familles a fendu le ciel et ç'a été la fin de cette domie. Moi j'ai pensé qu'il fallait être vraiment momo pour se construire une domie sur le sable, et qu'il fallait qu'un veck pareil ait vraiment des drougs qui se foutent de sa gueule et des voisins bien méchants pour que personne lui ait dit qu'il était momo de se lancer dans ce genre de construction. Puis le charlot a critché :

— Bon, alors, tous en chœur, nous allons terminer par le Cantique Numéro 435 dans le Livre des Cantiques du Prisonnier.

Là-dessus il y a eu des bang et des plof et tout un ouiche ouiche ouiche, pendant que les plennis prenaient et droppaient et tournelêchaient les pages de leurs malenkys livres de cantiques grassous et que les gardiens féroces et brutaux critchaient :

— Vous allez arrêter de causer, là-bas, tas de fumiers... Je t'ai à l'œil, 920537.

Naturellement je tenais le disque prêt pour la stéréo, et j'ai lâché l'aiguille, et la musique toute simple pour orgue seul s'est mise à bibiouler grrrraougrrr-raaou. Puis les plennis ont commencé à chanter, tout ce qu'il y a d'atroce :

Faibl' comm' du thé pas fait, voilà c'que nous sommes,
Mais à forc' d' nous touiller on f'ra d' nous des hommes.
Les anges mangent d' la brioche, mais sûrement pas nous.
Le temps d' nos épreuv' on n'en voit pas l' bout.

Ils ont genre gueulé et bramé ces slovos idiots, avec le charlot qui cravachait en criant : « Plus fort, bon Dieu, allez-y, chantez » et les gardiens qui critchaient : « Attends un peu, 7749222 », et : « Y en a un sur la patate qui chauffe pour toi, ordure ». Puis ça a été la fin et le charlot a dit :

— Que la Sainte-Trinité vous garde toujours et vous rende meilleurs, amen.

Et la traînasserie des pieds vers la sortie a commencé, sur un ravissant petit morceau de choix de la Symphonie N° 2 d'Adrian Schweigselber, sélectionné par Votre Humble Narrateur, Ô mes frères. Quelle bande, pensais-je, debout à côté de la viokcha stéréo de la chapelle, en les reluchant sortir à traîne-pieds et faire mêêêêêê et bêêêêêê, comme des animaux, et me faire à moi comme qui dirait « pan dans ta tuyauterie » avec leurs doigts grassous en me regardant, vu que j'avais tout l'air de bénéficier de faveurs spéciales. Quand le dernier a eu fini de se traîner dehors, l'air d'un singe avec ses roukes qui pendaient, et que l'unique gardien qui restait lui a eu donné une toltchocke bien sonnante sur l'arrière du gulliver, et que moi j'ai eu débranché la stéréo, le charlot s'est avancé vers moi en tirant à tout va sur sa cancerette, encore emballé dans ses viokchas platrusques de Gogreman, toutes dentelles et blancheurs comme celles d'une dévotchka. Il a dit :

— Merci une fois de plus, mon petit 6655321. Et qu'as-tu à m'apprendre de neuf aujourd'hui ?

L'idée c'était, je le savais, que ce charlot avait dans le crâne de devenir le très grand saint tchelloveck du monde de la Religion des prisons, et comme il voulait obtenir du Directeur une attestation vraiment tzarrible, il allait de temps en temps govoriter pépère tranquille avec lui des sombres combines qui se mijotaient parmi les plennis, et c'était de moi qu'il pompait le plus gros de ce gouspin. Une bonne partie de ça était genre entièrement fabriqué, mais tout de même avec du vrai dedans, comme par exemple la fois où, par le toc toc toquitoquitoqui toquitoc sur les conduites d'eau, on avait appris dans notre cellule que le gros Harriman allait se faire la belle. Il devait toltchocker le matin à l'heure de la graille et se tirer grâce aux platrusques du gars. Et tous alors on devait faire voltiger grossium l'horrible pischa qu'on nous servait au réfectoire, et ça aussi je le savais et je l'ai dit. Sur quoi le charlot a fait passer le mot et le Directeur l'a genre complimenté pour son Esprit Public et sa Fine Oreille. Ensuite, le coup d'après j'ai dit, mais ce n'était pas vrai :

— À propos, m'sieu, on a appris par les tuyaux qu'une cargaison de cocaïne est arrivée par des moyens irréguliers et que le centre de distribution doit être une cellule quelque part à la 5e Division.

J'inventais tout ça au fur et à mesure, comme je l'avais fait pour beaucoup d'histoires, mais le charlot de la prison était tout reconnaissant et il me disait :

— Bien, bien, bien. Je transmettrai au Maître de Céans.

C'était comme ça qu'il appelait le Directeur. Alors j'ai dit :

— J'ai fait de mon mieux, monsieur, n'est-il pas vrai ?

Je prenais toujours ma golosse ultra-polie de gentleman pour govoriter avec les huiles.

— J'ai fait des efforts, m'sieu, pas vrai ?

— Je crois, a dit le charlot, que dans l'ensemble, c'est vrai, oui, 6655321. Tu as été très coopératif et tu as, à mon sens, témoigné d'un désir sincère de t'amender. Si tu continues de la sorte, tu n'auras aucune difficulté à obtenir une remise de peine.

— Mais monsieur, j'ai dit, et ce nouveau truc dont on parle ? Et ce nouveau truc genre traitement, qui vous sort de prison en un rien de temps et garantit qu'on n'y retournera jamais ?

— Oh, a-t-il dit, tout ce qu'il y a de genre méfiant. Où as-tu entendu parler de ça ? Qui t'a raconté ce genre de chose ?

— C'est le genre de truc qui se répand, monsieur, j'ai dit. Une supposition que deux gardiens causent, entre eux, il y aura toujours quelqu'un qui ne pourra pas s'empêcher d'entendre ce qu'ils disent. Ou alors quelqu'un ramasse un bout de journal à l'atelier, et comme un fait exprès tout le truc y est étalé en long et en large. Dites, si vous m'inscriviez pour ça, monsieur, si ce n'est pas trop hardi de vous faire cette suggestion ?

On reluchait bien qu'il y réfléchissait tout en tirant sur sa cancerette, et visiblement il se demandait jusqu'à quel point il pouvait me parler de ce qu'il savait de cette vesche que je venais de mentionner. Puis il a dit :

— Si je comprends bien, tu fais allusion à la Méthode Ludovico.

Il continuait à se méfier drôlement.

— Je ne sais pas comment ça s'appelle, m'sieu, j'ai dit. Je sais seulement que ça vous fait sortir très vite et que ça garantit qu'on ne repiquera pas au truc.

— C'est exact, a-t-il dit, les sourcils battant comme qui dirait de l'élytre tandis qu'il baissait les yeux sur moi. C'est parfaitement exact, 6655321. Évidemment la chose en est seulement au stade expérimental pour le moment. C'est un système des plus simples, mais très énergique.

— Mais on l'applique ici, n'est-ce pas, monsieur ? j'ai dit. Les bâtiments blancs genre tout neufs, près du mur Sud, c'est bien pour ça, monsieur ? On les a regardés construire, monsieur, tout le temps qu'on prenait de l'exercice.

— On ne l'a pas encore employé, a-t-il dit. Pas dans cette prison, 6655321. Le Maître de Céans a de graves doutes à ce sujet. Doutes que je partage, personnellement, je dois l'avouer. La question est de savoir si ce type de méthode peut vraiment faire d'un homme quelqu'un de bien. Le bien vient de l'intérieur, 6655321. Le bien est un choix. Tout homme incapable de choisir cesse d'être un homme.

Il aurait sûrement continué à déballer encore des tonnes de son gouspin si nous n'avions pas slouché la fournée suivante de plennis qui dégringolaient clank clank les marches de fer de l'escalier pour venir se taper leur petit coup de Religion. Il a dit :

— Nous reprendrons cette petite conversation une autre fois. Pour l'instant tu ferais mieux de mettre en route la musique.

Je suis donc retourné à la viokcha stéréo et j'ai mis la cantate *WachetAuf* de J S Bach, et là-dessus ces fumiers de criminels et de vicieux grassous et vonnants sont entrés en traînant les pieds comme un tas de singes lessivés, les matons ou chassos genre aboyant et fouaillant à leurs trousses. Et presque aussitôt le charlot de la prison leur a demandé :

— Bon, alors ça sera quoi, hein ?

Et en avant la musique.

On a eu droit à quatre lomtiks de ce truc genre Religion des Prisons, ce matin-là, mais le charlot ne m'a plus reparlé de la Méthode Ludovico, pour ce que ça signifiait, Ô mes frères. Quand j'ai eu fini mon rabitt à la stéréo il a juste govorité quelques slovos de remerciement et ensuite on m'a reprivodité jusqu'à la cellule de la 6e Divison qui était ma demeure très vonneuse et bourrée à craquer. Le chasso n'était pas vraiment si mauvais veck et il ne m'a pas toltchocké ni shooté dedans quand il a ouvert ; il s'est contenté de dire :

— On y est, fiston. Retour au vieux puisard.

Et je me suis retrouvé avec mes drougs nouveau genre, tous très criminels, mais Gogre soit loué, pas versés dans les perversions du corps. Il y avait Zophar sur sa couchette, un veck très maigre et brun qui jactait et jactait et jactait de sa golosse genre canceretteuse, si bien que personne ne se donnait la peine de sloucher. Et pour l'heure il parlait justement comme qui dirait dans le désert, et ça donnait : « Et à ce moment-là tu pouvais toujours courir pour mettre la main sur de la bigornette – (pour ce que ça voulait dire, frères) – même que t'aurais allongé dix millions de Bonaparte ; alors qu'est-ce que je fais, hein ? j'vas droit jusqu'au Faisan et je dis : J'ai rancard pour demain avec ce jeunot, tu m' suis ? et qu'est-ce qu'y peut faire ? » C'était comme ça qu'il causait, tout argot de l'ancien temps et de vrai criminel des familles. Il y avait aussi Le Mur, qui n'avait plus qu'un glaze, et il était occupé à s'arracher des bouts d'ongle de pied en l'honneur du dimanche. Et il y avait Gros-Juif, un expresso, ce veck, toujours à transpirer, vautré pour l'heure sur son lit, comme mort. En plus il y avait Jeanjean et Le Docteur. Jeanjean était très mauvais et très vif, très nerveux tout muscle, et il s'était spécialisé dans les Attentats à la Pudeur. Quant au Docteur il avait raconté qu'il était capable de guérir la vérole, la chaude-lance et la coulante, mais il se contentait d'injecter de l'eau et il avait aussi causé la mort de deux dévotchkas au lieu de les débarrasser, comme il avait promi, de la cloque dont elles ne voulaient pas. C'était vraiment une bande d'affreux grassous et ça ne me réjouissait pas d'être en leur compagnie, Ô mes frères, pas plus que ça ne vous ravit pour l'instant, sauf qu'il n'y en a plus pour longtemps.

Et maintenant ce que je veux que vous sachiez c'est que cette cellule était prévue pour trois vecks, à l'époque où on l'avait construite, mais on était six à transpirer là-dedans, bourrés serrés. Et c'était la même chose pour toutes les cellules dans toutes les prisons en ce temps-là, frères, et une dégeulasserie de honte gouspineuse c'était, vu que ça ne laissait pas la place pour qu'un tchelloveck puisse allonger honnêtement les jambes. Et cette fois vous aurez du mal à me croire si je vous dis que ce dimanche-là ils ont brossaté dans la cellule encore un plenni. Oui, on venait de finir notre atroce pischa de boulettes de viande et de ragoût vonneux et on était tous à fumer une cancerette pépère tranquille chacun sur son lit, quand on a jeté ce veck au milieu de nous. C'était un viokcho veck tout en menton et c'est lui qui a commencé à critcher des réclamations avant même que nous on ait eu le temps de relucher la situation. Il a essayé plus ou moins de secouer les barreaux en critchant :

— J'exige le respect de mes putains de droits ; cette cellule est pleine à craquer, j'veux bien tout c'qu'on veut mais y a d'l'abus, merde, c'est tout c'qu'j'ai à dire.

N'empêche qu'un des chassos est revenu dire qu'il fallait qu'il s'en contente et qu'il n'avait qu'à partager la couchette de qui voudrait bien, sinon ça serait le ciment.

— Et, a dit le gardien, c'est pas près de s'arranger, au contraire. Si on vous laissait faire, tous tant que vous êtes, le monde entier ne serait que saloperie, crime et compagnie.

2.

Bon, toujours est-il que c'est l'entrée de ce nouveau tchelloveck qui a vraiment marqué le début de ma sortie de la Prita des familles, car c'était le genre de plenni si vachard et chercheur de crosses, avec une tournure d'esprit dégueulasse et des intentions ignobles, que les ennuis ont nachinaté le jour même. C'était aussi un gros vantard et il a commencé tout de suite à la ramener et à ricanocher de nous tous en tortillant du litso et en nous le faisant à la grosse golosse genre mariole. Il a raconté qu'il était le seul prestoupnick vraiment tzarrible de tout le zoo, et qu'il avait fait ci et ça et tué dix rosses d'une seule et unique châtaigne de la rouke, et autres gouspinades. Mais personne n'était très impressionné, Ô mes frères. Du coup il a commencé à s'en prendre à moi, vu que j'étais le plus jeune, en essayant de dire que vu mon jeune âge c'était à moi de zaznouter par terre et pas à lui. Mais tous les autres ont pris mon parti en critchant :

— Fous-lui la paix, espèce de grassou bratchni.

Alors il nous a fait le coup de la pleurniche des familles – que personne ne l'aimait. Là-dessus, cette notché-là, je me suis réveillé pour trouver cet affreux plenni absolument vautré à côté de moi sur ma couchette, qui était la dernière des trois, celle du bas, et aussi très étroite, et il me govoritait des slovos d'amour genre dégueulasse et jouait à touche-touche partout sur moi. Si bien que je suis devenu complètement bézoumni et que je lui en ai télégraphié un au hasard, vu que je n'y voyais pas tellement tzarrible, car il n'y avait qu'une malenky petite lumière rouge allumée dehors dans le couloir. Mais j'étais sûr que ça ne pouvait être que cette espèce de salope et de salingue, et d'ailleurs quand les vrais ennuis ont commencé et qu'on a allumé les lumières j'ai pu relucher son litso d'affreux avec tout plein de krovvi qui lui dégoulinait de la rote, là où je l'avais croché de la rouke. Ensuite, ce qui s'est sloutchaté c'est naturellement que mes copains de cellule se sont réveillés et mis à leur tour à toltchocker tous azimuts dans la demi-obscurité, et apparemment le choum a réveillé tout le quartier, si bien qu'on slouchait que ça critchait et cognait en pagaille à coups de quart en fer-blanc sur les murs, comme si tous les plennis dans toutes les cellules avaient cru qu'une énorme belle allait commencer, Ô mes frères. Et puis les lumières se sont allumées et les chassos se sont amenés en chemise, pantalon et casquette, en brandissant de grosses triques. Partout on reluchait des litsos très rouges et des roukeurs qui montraient le poing, et ça critchait et jurait dans tous les sens. Alors j'ai exposé mes doléances et tous les chassos ont dit que c'était plus que probablement Votre Humble Narrateur, frères, qui avait sûrement tout commencé, vu que je n'avais pas la moindre trace d'égratignure tandis que l'affreux plenni dégoulinait de krovvi rouge plein la rote, là où je l'avais croché de la rouke. Ça m'a rendu raide bézoumni. J'ai dit que je refuserais de dormir une nuit de plus dans cette cellule si les Autorités de la Prison s'avisaient de permettre à d'affreux puants de prestoupniks vonneux et pervers de me sauter sur le plott quand je n'étais pas en position de défense, puisque je dormais.

— T'as qu'à attendre le matin, m'ont-ils dit. Votre Altesse voudrait peut-être une chambre pour elle toute seule avec salle de bains et télévision ? Bon, on verra tout ça le matin venu. Mais pour le moment, mon petit droug, pose ton putain de gulliver sur ton podoucka de paille, et tenez-vous tranquilles tous tant que vous êtes. D'acco d'acc ?

À la fin les matons sont repartis après de sévères avertissements à tous, puis presque aussitôt les lumières se sont éteintes, et cette fois j'ai annoncé que je ne me coucherais pas de tout le reste de la notché, en commençant par déclarer à l'affreux prestoupnick :

— Vas-y, colle-toi-z-y sur mon lit, si t'en as envie. Moi, je m'en désintéresse complètement. Il est bien trop dégueulasse et gouspiné depuis que t'as posé dessus ton affreux plott vonnant.

Mais les autres s'en sont mêlés. Et Gros-Juif, qui suait encore après le brin de bitva qu'on venait d'avoir dans le noir, a dit :

— Pas queftion, les franvins. Pas queftion d'caler devant fette lope.

Alors le nouveau a dit :

— Étouffe ta dermotte, eh youtre.

Autrement dit ferme-la, mais tout ce qu'il y a d'insultant. Là-dessus Gros-Juif s'est préparé à lancer une toltchocke, mais Le Docteur a dit :

— Allons, messieurs, nous ne voulons plus d'ennuis, n'est-ce pas ?

Et ça de sa golosse tout ce qu'il y a de distingué. Mais le nouveau prestoupnick en voulait vraiment. On pouvait relucher qu'il se prenait pour un bolchoï grossium, ce veck, et qu'il trouvait au-dessous de sa dignité d'avoir à partager une cellule avec six autres et à dormir par terre, jusqu'à ce que j'aie eu ce geste pour lui. Avec son air de se visser le rictus il a essayé de mettre en boîte Le Docteur, disant :

— Oh vraîîîment, vous neu voulêêêz plus d'aaannuiiiis, chêêêr âââmiii de mes deux ?

Sur quoi Jeanjean, mauvais, rapide et nerveux tout muscle, a dit :

— S'y a pas moyen d'dormir, autant se payer un coup d'éducation. Ce nouveau copain-là aurait avantage à ce qu'on lui fasse la leçon.

Il avait beau comme qui dirait s'être spécialisé dans l'Attentat à la Pudeur, il avait une façon ravissante de govoriter, genre pépère tranquille et précis. Là-dessus le nouveau plenni a ricané :

— Je t'empiffpaffe, p'tite terreur à la manque.

C'est alors que le vrai truc a commencé, mais genre bizarre et en douceur, personne n'élevant beaucoup la golosse. Le nouveau plenni a d'abord critché un malenky peu, mais celui qu'on appelait Le Mur l'a châtaigné sur la rote tandis que Gros-Juif le maintenait collé aux barreaux pour qu'on puisse bien le relucher à la malenky lumière rouge du couloir, et le gars se contentait de faire oh oh oh ! Ce n'était pas un veck genre très costaud, les toltchockes qu'il rendait n'étant pas très appuyées, et probable qu'il compensait en étant choumny de la golosse et tout ce qu'il y a de ramenard. Toujours est-il qu'en voyant le krovvi des familles dégouliner rouge dans la lumière rouge, j'ai senti la vieille joie comme qui dirait me remuer dans les kishkas et j'ai dit :

— Laissez-le-moi, les gars, laissez que je me le prenne, frères.

Gros-Juif a dit :

— D'acc d'acc, fifton, c'est vuftife. Fous-lui une roufte, Alecf.

Alors ils ont tous fait le cercle pendant que je cognais sur ce prestoupnick dans la demi-obscurité. Je l'ai châtaigné de partout, dansant autour avec mes bottes sans lacets, mais n'importe ; puis je lui ai filé un crochepatte et crac boum hue il est allé au tapis. Je lui ai collé un dernier shoot vraiment tzarrible dans le gulliver et il a geint ohhhhh et comme qui dirait renâflé un coup avant de faire genre dodo, et celui qu'on appelait Le Docteur a dit, en louchant pour mieux relucher le veck répandu par terre pour le compte :

— Parfait, je crois que ça suffira comme leçon. Laissons-le rêver qu'il sera peut-être meilleur gars à l'avenir.

Alors on a tous regrimpé dans nos couchettes, vu qu'après ça on était très fatigués. Et j'ai rêvé, Ô mes frères, que j'étais dans un très grand orchestre, des centaines et des centaines de musiciens, et le chef d'orchestre était un genre mélange de Ludwig van et de G F Haendel, l'air très sourd et très aveugle et très las de ce monde. J'étais avec les instruments à vent, mais le truc dont je jouais était pareil à un basson blanc rose tout en chair et qui me sortait du plott, en plein milieu du ventre, et quand je soufflais dedans j'étais forcé de me bidonsker ha ha ha raide fort, vu que ça chatouillait plus ou moins, et alors Ludwig van G F devenait tout ce qu'il y a de razedraze et de bézoumni. Puis il s'approchait tout près de mon litso et me critchait fort dans l'ouko, et là-dessus je me suis réveillé comme qui dirait en transpiration. Naturellement tout le choum n'était en réalité que la sonnerie de la prison qui y allait drrrre drrre drrre. C'était matin d'hiver et j'avais les glazes tout gouspineux de colle de sommeil, et quand je les ai ouverts ils m'ont fait très mal à cause de la lumière électrique qu'on avait allumée dans tout le zoo. J'ai regardé en bas et j'ai reluché le nouveau prestoupnick allongé par terre, tout plein de sang et de bleus et toujours K-O out out out. Alors je me suis souvenu de la nuit et je me suis bidonské un brin.

Mais quand j'ai sauté à bas de la couchette et que j'ai remué le veck du bout de mon noga nu, j'ai eu une sensation comme qui dirait de raideur et de froid. Je suis donc allé jusqu'à la couchette du Docteur et je l'ai secoué, vu qu'il était toujours très lent à se réveiller le matin. Mais il a fait plutôt zoum cette fois, et les autres aussi, sauf Le Mur qui pionçait comme un quartier de bœuf.

— Manque de pot vraiment, a dit Le Docteur. Crise cardiaque, c'est ça qu'il a dû avoir.

Puis il a ajouté, en nous regardant tous tour à tour :

— Vous n'auriez jamais dû y aller si fort. C'était vraiment très mal avisé.

Jeanjean a dit :

— Ça va ça va, toubib, toi-même t'étais pas tellement dans les derniers pour ce qui était de lui en mettre un en douce.

Là-dessus Gros-Juif s'en est pris à moi en disant :

— Tu t'es trop ecfité, Alecf. Ton dernier coup de favatte il était vraiment très très vifieux.

Je me suis senti devenir razedraze en entendant ça et j'ai dit :

— Qui c'est qui a commencé, dites ? Moi je m'en suis seulement mêlé à la fin, c'est vrai, non ?

Et en montrant du doigt Jeanjean j'ai dit :

— C'est toi qui as eu l'idée.

Le Mur ronflait un peu fort, alors j'ai dit :

— Réveillez-moi ce bratchni vonneux. C'est lui qui a continué à lui cogner sur la rote pendant que Gros-Juif le tenait collé aux barreaux.

Le Docteur a dit :

— Personne ne niera avoir frappé un peu cet homme, pour lui donner une leçon en quelque sorte, mais il est évident que toi, mon cher enfant, avec tout l'élan et, dirais-je, la légèreté de la jeunesse, tu lui as porté le K-O de grâce. C'est grand dommage.

— Traîtres, j'ai dit. Bande de traîtres et de menteurs.

Car je reluchais bien que c'était exactement comme avant, oui comme deux ans avant, quand mes soi-disant drougs m'avaient abandonné aux roukes de ces brutes de milichiens. Impossible de se fier à qui que ce soit en ce bas monde, Ô mes frères, à ce que je voyais. Jeanjean est allé réveiller Le Mur, et Le Mur ne s'est montré que trop prêt à jurer que c'était Votre Humble Narrateur qui s'était genre payé la toltchocke et la brutalité vraiment salingues. Quand les chassos se sont amenés, et ensuite le Chef Chasso, et pour finir le Directeur lui-même, tous mes bons drougs de cellule y sont allés grand choum pour expliquer comment j'avais oubivaté l'infâme pervers dont le plott couvert de krovvi gisait par terre comme un sac.

Journée des plus bizarres, Ô mes frères. On emporta le défunt plott, et puis dans toute la prison tout le monde dut rester bouclé jusqu'à nouvel ordre, et il n'y eut pas de distribution de pischa, pas même un quart de tché chaud. On est seulement restés assis là pendant que les matons ou chassos arpentaient plus ou moins le quartier en critchant de temps à autre « Vos gueules » ou « Fermez vos claque-merde » chaque fois qu'ils slouchaient même un chuchotis venant d'une des cellules. Puis, sur le coup de onze heures du matin, il y a eu comme qui dirait une sorte de raidissement et d'excitation et comme un vonn de peur gagnant tout le quartier, et puis on a reluché le Directeur et le Chef Chasso et d'autres tchellovecks, l'air très important et bolchoï, passer vraiment zoum en govoritant comme des bézoumnis. Apparemment ils ont filé sans s'arrêter jusqu'au bout de la galerie ; ensuite on les a slouchés qui revenaient, plus lentement cette fois, et on a pu sloucher le Directeur, un veck blond de cheveux et tout plein de lard suant bafouiller des slovos genre « Mais monsieur... » et « Soit, mais que faire, monsieur ? » et le reste. Puis toute la bande s'est arrêtée devant notre cellule et le Chef Chasso a ouvert. On reluchait tout de suite quel était le veck vraiment important de la bande, très grand, les glazes bleus et des platrusques vraiment tzarribles, le plus ravissant costume, frères, que j'avais jamais reluché, absolument super plus énième mode. Il a regardé à travers nous, pauvres plennis, comme si on était du verre, en disant d'une très belle golosse super-éduquée :

— Le Gouvernement ne peut plus se contenter de méthodes pénitentiaires entièrement démodées. Entassez ensemble des criminels et voilà le résultat. Un concentré de criminalité, le crime qui fleurit au beau milieu du châtiment. Peut-être aurons-nous bientôt besoin de tout notre espace pénitentiaire pour les délinquants politiques.

Je n'y ai rien pommé du tout, frères, mais après tout ce n'était pas à moi qu'il govoritait. Il a repris :

— Les criminels ordinaires comme ceux qui composent cette troupe nauséabonde (cela me visait, frères, moi comme les autres, qui étaient des vrais prestoupnicks et des traîtres avec ça) nous avons les moyens de les traiter avec le maximum d'efficacité, sur une base purement thérapeutique. Le tout est de tuer le réflexe criminel. Éradication totale en un an. Il est clair que le châtiment n'a aucun sens pour cette sorte d'individus. Ils se délectent de ce châtiment supposé. Et les voilà qui s'entre-tuent.

Là-dessus il a tourné vers moi ses glazes bleus et sévères. Alors j'ai dit hardiment :

— Sauf votre respect, monsieur, je proteste vivement contre ce que vous venez de dire à l'instant. Je ne suis pas un criminel ordinaire, monsieur, et je ne suis pas nauséabond. Nauséabonds, les autres le sont peut-être, mais pas moi.

Le Chef Chasso est devenu pourpre et a critché :

— Ferme ton putain de claque-merde. Tu vois pas à qui tu parles ?

— C'est bon c'est bon, a dit le grossium.

Puis, se tournant vers le Directeur, il a ajouté :

— Faites-en votre locomotive, de celui-ci. Il est jeune, insolent, vicieux. Brodsky s'occupera de lui dès demain et vous n'aurez qu'à regarder, assis dans un fauteuil. Cela marche à merveille, pas de raison de vous inquiéter. Ce jeune voyou vicieux sera transformé au point que vous le reconnaîtrez pas.

Ces durs slovos furent comme qui dirait l'aube de ma liberté, frères.

3.

Le soir même, des brutes de chassos toltchockeurs m'ont traîné tout gentil et tout doux devant le Directeur, dans le saint des saints de son saint sanctuaire. Le Directeur m'a regardé d'un air très las et m'a dit :

— Vous ignorez qui était là ce matin, je pense, n'est-ce pas, 6655321 ?

Et sans me laisser le temps de dire oui, il a repris :

— C'était une haute personnalité, et non des moindres. Le Ministre de l'Intérieur. Le nouveau Ministre de l'Intérieur, tout nouveau tout beau à ce qu'on dit. Mais bref, ces ridicules idées nouvelles ont finalement fait leur chemin et les ordres sont les ordres, bien que, entre nous, oserai-je dire, je ne les approuve pas du tout, et même, je les désapprouve catégoriquement. Œil pour œil, moi c'est ce que je dis. Vous, si on vous frappe, vous rendez le coup, n'est-ce pas ? Pourquoi donc l'État, très durement touché par vos brutalités de voyous, ne riposterait-il pas ? Mais la nouvelle façon de voir est de répondre non. La nouvelle façon de voir est de changer le mal en bien. Ce qui me paraît, en somme, de la plus grossière injustice. Hum ?

Là-dessus j'ai dit – genre autant que possible respectueux et conciliant :

— Monsieur.

Sur quoi le Chef Chasso, tout debout rouge et balèze derrière le fauteuil du Directeur, a critché :

— Vas-tu fermer ton sale claque-merde, vermine.

— Allons, allons, a dit le Directeur de son air fatigué et rincé. On va vous amender, 6655321, oui, vous. Demain vous irez voir ce Brodsky. On est persuadé que vous serez en mesure de prendre congé de la Prison d'État dans un peu plus de quinze jours. Oui, dans un peu plus de deux semaines vous serez dehors, rendu au vaste et libre monde, et vous cesserez de n'être qu'un numéro. Sans doute, reprit-il avec un petit reniflement de mépris, cette perspective vous plaîtelle ?

Comme je ne disais rien, le Chef Chasso a critché :

— Vas-tu répondre, espèce de petit salopard, quand le Directeur te demande quelque chose.

J'ai donc dit :

— Oh oui, monsieur. Merci infiniment, monsieur. J'ai fait de mon mieux ici, je vous assure. Je suis très reconnaissant à qui de droit.

— Il n'y a pas de quoi, a comme qui dirait soupiré le Directeur. Ce n'est pas une récompense. C'est même loin d'en être une. Tenez, voici un formulaire à signer.

Il y est dit que vous consentez à voir le reste de votre peine commué en échange de votre consentement en bonne et due forme à ce qui est ici ridiculement qualifié de Traitement de Récupération. Êtes-vous prêt à signer ?

— Très certainement et très volontiers, j'ai dit, monsieur. Et avec tous mes remerciements.

Là-dessus on m'a donné un crayon-encre et j'ai signé mon nom tout beau et tout fleuri. Le Directeur a dit :

— Parfait. Tout est en règle, je pense.

Le Chef Chasso a dit :

— Le Chapelain de la Prison aimerait lui dire un mot, monsieur le Directeur.

Alors on m'a fait sortir et conduit une deux une deux dans le couloir menant à la Chapelle d'Angle, toltchocké dans le dos et sur le gulliver tout le long du chemin par un des chassos, mais mollo, genre type qui bâille d'ennui. Et une deux une deux on a traversé la Chapelle jusqu'à la petite cantora du charlot, et là on m'a fait entrer. Le charlot était assis à son bureau, fleurant fort et net un beau vonn viril de cancerette de luxe et d'écossais. Il a dit :

— Ah, cher petit 6655321, prends un siège.

Et aux chassos :

— Vous, attendez dehors, hein ?

Ce qu'ils ont fait. Puis il s'est adressé à moi, genre tout ce qu'il y a de sérieux, en disant :

— Il y a une chose qu'il faut que tu comprennes bien, mon garçon, et c'est que je n'ai rien à voir là-dedans. Si c'était opportun, je serais le premier à protester ; mais ce n'est pas opportun. Il y a le problème de ma carrière personnelle, sans compter celui de la faiblesse de ma voix face à la clameur de certains éléments plus puissants de l'Administration. Suis-je assez clair ?

Il ne l'était pas, frères, mais j'ai fait oui de la tête comme si.

— De très graves problèmes d'éthique entrent en ligne de compte, a-t-il poursuivi. On doit faire de toi un bon garçon, 6655321. Plus jamais tu n'auras le désir de commettre des actes de violence ni aucun délit d'aucune sorte contre l'Ordre de l'État. J'espère que tu es bien pénétré de cela. J'espère que tout cela est absolument clair dans ton esprit.

J'ai dit :

— Oh, ce sera bon d'être bon, monsieur.

Mais en dedans, je me bidonskais vraiment tzarrible, frères. Il a repris :

— Peut-être n'est-il pas si bon que ça d'être bon, mon petit 6655321. Il se peut que ce soit affreux, même. Et ce disant, crois bien que je mesure jusqu'à quel point ces paroles peuvent sembler contradictoires. Je le sais, cela me vaudra des nuits et des nuits sans sommeil. Que veut Dieu ? Le Bien ? Ou que l'on choisisse le Bien ? L'homme qui choisit le Mal est-il peut-être, en un sens, meilleur que celui à qui on impose le Bien ? Questions ardues et qui vont loin, mon petit 6655321. Mais pour le moment tout ce que j'ai à te dire, c'est ceci : si à un moment quelconque dans l'avenir il t'arrive de penser encore à ces instants et de te souvenir de moi, le plus petit et le plus humble de tous les serviteurs de Dieu, je te fais cette prière : ne m'en veuille pas au fond de ton cœur en me croyant mêlé d'aucune façon à ce qui t'attend désormais. Cela dit, et à propos de prière, je me rends tristement compte qu'il ne servirait pas à grand-chose de prier pour toi. Tu vas entrer dans un domaine où tu échapperas complètement au pouvoir de la prière. Et c'est là chose effroyable, oui effroyable quand on y pense. Et pourtant, en un sens, en acceptant d'être privé de la faculté d'exercer moralement un choix, tu as d'une certaine façon réellement choisi le Bien. Du moins est-ce ainsi que j'aimerai considérer la chose à l'avenir. Oui, que Dieu nous vienne en aide à tous, 6655321, du moins est-ce ainsi que j'aimerais voir la chose à l'avenir.

Et là-dessus il s'est mis à pleurer. Mais je n'y ai pas fait tellement attention, frères, me contentant de me payer une bonne petite bidonske en douce et par en dedans, vu qu'on reluchait qu'il avait drinké à tout va son whisky des familles, et présentement il a sorti une bouteille d'un petit placard dans son bureau et s'en est versé une rincée bolchoïe vraiment tzarrible dans un verre tout graisseux et grassou. Après l'avoir descendu, il a dit :

— Peut-être est-ce pour le mieux, qui sait ? Les voies de Dieu sont insondables.

Ensuite il s'est mis à entonner à tout va un cantique, d'une golosse tout ce qu'il y avait de riche et puissante. Puis la porte s'est ouverte et les chassos sont entrés pour me ramener à la toltchocke dans ma cellule vonnante pendant que le vieux charlot continuait à gueuler son cantique.

Toujours est-il que le lendemain matin j'ai dû dire au revoir à la vieille Prita des familles. Je me sentais un malenky peu triste, comme chaque fois qu'on doit quitter un endroit auquel on s'est plus ou moins habitué. Mais je ne suis pas allé loin, Ô mes frères. À la castagne et à la botte on m'a fait la conduite jusqu'au nouveau bâtiment blanc, juste de l'autre côté de la cour où on avait coutume de prendre notre bout d'exercice. C'était un bâtiment super-neuf avec une odeur froide genre peinture fraîche à la colle qui faisait un peu froid dans le dos. Debout dans l'affreux hall bolchoï et nu je suis resté à flairer de nouveaux vonns, reniflant tout de mon mordnaz, ou tarin, genre radar plus ultra. On aurait dit des vonns d'hôpital, et le tchelloveck à qui les chassos m'ont refilé avait une blouse blanche genre personnel hospitalier. Il a signé ma décharge et une des brutes de chassos qui m'avaient amené a dit :

— Tenez-le bien à l'œil, celui-là, monsieur. Il s'est conduit comme une vraie salope et un vrai brutal, et c'est pas parce qu'il léchait le cul au Chapelain de la prison et qu'il lisait la Bible que ça le reprendra pas.

Mais le nouveau tchelloveck avait des glazes bleus vraiment tzarribles qui avaient un air de sourire quand il govoritait. Il a dit :

— Oh, nous ne voyons pas qu'il puisse y avoir de problème. Nous serons bons amis, n'est-ce pas ?

Et il souriait des glazes et de sa belle grande rote pleine de zoubies blanches et luisantes, et ce veck m'a comme qui dirait tout de suite plu. Enfin bref, il m'a refilé à un autre veck genre calibre en dessous, en blouse blanche aussi et également très gentil, et on m'a conduit à une très jolie chambre, blanche propre, avec des rideaux et une lampe de chevet et un seul lit dedans, tout ça rien que pour votre Humble Narrateur. Et du coup je me suis bidonské vraiment tzarrible sans le montrer en me disant que pour un jeune maltchickcaïd j'étais drôlement veinard. On m'a dit d'ôter mes affreuses platrusques de taulard et on m'a donné un ensemble pyjama vraiment superbe, Ô mes frères, vert uni, super plus énième mode dodo. Et on m'a donné une jolie robe de chambre bien chaude et de ravissantes touflasques pour y fourrer mes nogas nus, et j'ai pensé : « Eh bien, mon gars Alex, mon petit 6655321 comme on t'appelait, t'as raflé le gros lot, pas d'erreur, tu vas te plaire pour de bon ici. »

On a commencé par me donner une bonne chascha de café vraiment tzarrible et des vieux magazes et gazettas à regarder tout en drinkant, puis le premier veck en blanc, celui qui avait plus ou moins signé ma décharge, est entré et a dit :

— Aha, vous voilà.

Ce qui était le genre de vesche idiote à dire, sauf que ça n'avait pas l'air idiot, vu le genre tellement gentil du veck.

— Je m'appelle, a-t-il repris, le Dr Branom. Je suis l'assistant du Dr Brodsky. Si vous le voulez bien, je vais simplement procéder à votre examen général, selon la coutume.

Et tirant de sa carmane droite le vieux stétho des familles, il a ajouté :

— Il faut absolument s'assurer que la forme est bonne n'est-ce pas ? Oui, c'est réellement indispensable.

Alors, pendant que j'étais allongé là, avec le haut de mon pyjama en moins, et qu'il faisait ci et ça et le toutime, j'ai demandé :

— Qu'est-ce que c'est exactement, ce que vous allez faire, m'sieu ?

— Oh, a dit le Dr Branom, son stétho glacé me cavalant tout le long du dos, c'est très simple en réalité. On vous montre seulement des films.

— Des films ? j'ai dit, pouvant à peine en croire mes oukos, frères, comme vous le comprendrez sûrement.

Vous voulez dire, j'ai repris, que ça sera exactement comme quand on va au cinéma ?

— Ce seront des films très spéciaux, a répondu ce Dr Branom. Extrêmement spéciaux. Vous aurez droit à votre première séance cet après-midi. Oui, a-t-il dit en se redressant de dessus moi, vous m'avez tout l'air d'un jeune gars en pleine forme. Un rien sous-alimenté peut-être. Nous mettrons cela sur le compte de la nourriture de la prison. Vous pouvez enfiler votre veste de pyjama. Après chaque repas, a-t-il ajouté en s'asseyant sur le bord du lit, nous vous ferons une piqûre dans le bras. Ça devrait aider.

Je me sentais vraiment plein de reconnaissance pour ce très gentil Dr Branom. J'ai dit :

— Ça sera quoi, m'sieu, des vitamines ?

— Quelque chose comme ça, a-t-il dit en souriant vraiment tzarrible et amical. Juste un coup de seringue dans le bras après chaque repas.

Puis il est sorti. Je suis resté sur le lit à me dire que ça faisait penser à un vrai paradis et à lire quelques-uns des magazines qu'on m'avait donnés – *Sport-Monde, Cinique* (qui était un magaze de cinéma) et *Shoot*. Ensuite je me suis allongé complètement et j'ai fermé les glazes en pensant que la vie allait redevenir rudement chouette ici pour le gars Alex : peut-être que j'aurais un bon petit job peinard pendant le jour, vu que j'étais maintenant trop vieux pour la vieille escoliose des familles, et puis que je pourrais aussi racoler un genre nouveau gang pour la notché, et le premier rabitt serait d'arnaquer ce vieux Momo et Pierrot, si les milichiens ne les avaient pas déjà faits aux pattes. Mais cette fois je gafferais dur à ne pas me faire lovretter. On m'accordait comme qui dirait une seconde chance, vu que j'avais assassiné et le reste, et ça ne serait pas genre très honnête de me faire lovretter encore un coup après qu'on se serait donné tout ce mal pour me montrer des films qui devaient faire de moi un maltchick tout ce qu'il y a de bien. Je me suis payé une bidonske vraiment tzarrible en pensant au genre innocence de tous ces gens, et je m'en pétais encore le gulliver quand on m'a apporté mon déjeuner sur un plateau. Le veck qui me l'amenait était celui qui m'avait conduit à cette malenky chambre, à mon arrivée au messtot, et il a dit :

— Ça fait plaisir de voir un gars heureux.

C'était vraiment un très joli et très appétissant petit lot de pischa qu'on avait arrangé sur le plateau – deux ou trois lomticks genre rosbif fumant avec de la purée de kartoffel et des verdures, et puis aussi une glace et une bonne chascha brûlante de tché. Et même une cancerette à fumer et une boîte d'allumettes avec une seule allumette dedans. Bref, ça m'avait tout l'air de la grande vie, Ô mes frères. Et ensuite, environ une demi-heure après, tandis que je somnolais vaguement sur le lit, une infirmière est entrée, une vraiment jeune et gentille dévotchka avec des groudnés raide tzarribles (ça faisait deux ans que je n'en avais pas vu de pareils) et elle tenait un plateau avec une seringue dessus. J'ai dit :

— Ah, les bonnes vieilles vitamines des familles, eh ?

Et je lui ai fait clic-clic-codac mais elle a continué comme si elle n'avait rien vu. Elle s'est contentée de me flanquer l'aiguille dans le bras gauche, et pfffuit leur truc vitaminé est entré. Puis elle est ressortie clac clac sur ses nogas à haut talon. Ensuite le veck à blouse blanche qui avait l'air d'un infirmier s'est ramené avec un fauteuil à roulettes. J'ai été un malenky peu surpris en reluchant ça. J'ai dit :

— Que signifie, frère ? Assurément je peux marcher en quelque lieu que nous devions itter.

Mais il a répondu :

— Vaut mieux que je te roule.

Et le fait est, Ô mes frères, qu'en descendant du lit je me suis senti un malenky peu faible. C'était la sous-alimentation comme avait dit le Dr Branom, toute cette pischa de prison dégueulasse. Sauf que les vitamines de leur piqûre pousse-café allaient me remettre d'aplomb. Pas l'ombre de la queue d'un doute, j'ai pensé.

4.

L'endroit jusqu'où on m'a roulé, frères, ne ressemblait à rien de ce que j'avais déjà reluché dans le genre cinique, ou cinoche. D'accord, un des murs était tout recouvert d'un écran argenté et l'autre juste en face avait des trous carrés pour que le projecteur puisse projeter, et il y avait des haut-parleurs de stéréo collés tout autour du messtot. Mais contre celui des autres murs qui était à main droite il y avait toute une batterie de petits machins genre compteurs, et au milieu de la salle, face à l'écran, il y avait un genre fauteuil de dentiste avec des tas de longueurs de fil qui en partaient, et j'ai dû plus ou moins ramper de mon fauteuil à roulettes jusqu'à ce bazar, et même qu'un autre veck en blouse blanche genre infirmier m'a donné un coup de main. Puis j'ai remarqué qu'en dessous des trous de projection on aurait dit que c'était tout en verre dépoli, et j'ai cru relucher des ombres, comme qui dirait de gens bougeant par-derrière, et aussi sloucher qu'on toussait rahum rahum rahum. Mais il faut bien avouer que tout ce que j'étais plus ou moins capable de remarquer c'était qu'on aurait dit que j'étais très faible, et j'ai mis ça sur le compte du changement entre la pischa de prison et cette nouvelle pischa très riche, plus les vitamines des piquouses.

— Bon, a dit le veck rouleur de fauteuil roulant, maintenant je te laisse. La séance commencera sitôt que le Dr Brodsky sera là. J'espère que ça te plaira.

Pour être franc, frères, je ne me sentais pas tellement envie de relucher un film cet après-midi-là. Je n'étais tout simplement pas d'humeur à ça. J'aurais préféré de loin me payer une bonne spatchka pépère tranquille sur mon lit, une bonne petite pioncette tout soli solo. Je me sentais vachement ramollo.

Ce qui s'est passé ensuite, c'est qu'un de ces vecks en blouse blanche m'a sanglé le gulliver à un genre appui-tête, en se chantonnant tout ce temps un vague air pop vonneux et merdskoï.

— Pourquoi vous faites ça ? j'ai demandé.

Et le veck a répondu, en interrompant un instant son espèce de chanson, que c'était pour forcer mon gulliver à rester tranquille et moi à regarder l'écran.

— Mais, j'ai dit, moi je ne demande que ça, de le regarder, votre écran. On m'a fait venir ici pour relucher des films, et je les relucherai, vos films.

Là-dessus, l'autre veck en blouse blanche (ils étaient trois en tout, dont une dévotchka genre assise devant la batterie de compteurs, à tripoter des boutons), l'autre veck, donc, s'est vaguement bidonské. Il a dit :

— On ne sait jamais. Oh non, on ne peut pas savoir. Fais-nous confiance, mon vieux. C'est mieux comme ça.

Puis je me suis aperçu qu'on me sanglait les roukeurs aux bras du fauteuil et que j'avais les nogas comme qui dirait collés au repose-pieds. Ça m'avait l'air un peu bézoumni, mais je les ai laissés continuer à faire ce qu'ils avaient envie de faire. Vu que j'avais une chance de redevenir un jeune maltchick libre, d'ici une quinzaine, j'étais on ne peut plus prêt à encaisser pas mal de trucs dans l'intervalle, Ô mes frères. Un vesche qui ne m'a pas plu, n'empêche, c'est quand on m'a collé des genres pinces sur la peau du front, si bien que j'en avais les protège-glazes supérieurs tout remontés haut et haut et haut que j'avais beau essayer n'importe comment je ne pouvais plus fermer les glazes. J'ai voulu me bidonsker et j'ai dit :

— Ça doit être un vrai horreur-show tzarrible, votre film, pour que vous ayez tellement envie que je le reluche.

Et l'un des vecks en blouse blanche a répondu en se bidonskant :

— Horreur-show c'est bien le mot, mon vieux. Une vraie vision d'horreur.

Là-dessus on m'a collé comme une calotte sur le gulliver et j'ai reluché qu'il y avait des tas de fils qui en partaient, et on m'a fourré un coussinet genre ventouse sur le ventre et un autre sur le vieux tic-tocard des familles, et j'ai tout juste pu relucher que de là aussi partaient des paquets de fils. Puis il y a eu le choum d'une porte qui s'ouvre, et c'était facile de deviner qu'un tchelloveck très important venait d'entrer, rien qu'à la façon dont les sous-vecks en blouse blanche rectifiaient la position. Et là-dessus j'ai reluché le Dr Brodsky. C'était un malenky veck, très gras, avec tout plein de frisettes lui frisottant tout partout sur le gulliver, et sur sa petite patate de nez il avait des otchquises très épaisses. J'ai réussi à relucher qu'il portait un costume tout ce qu'il y a de tzarrible, absolument super plus énième mode, et il dégageait un vonn très délicat et très subtil de salle d'opération. Il était accompagné du Dr Branom, genre tout souriant comme pour me rassurer.

— Tout est prêt ? a dit le Dr Brodsky, golosse tout ce qu'il y a de molle.

Puis j'ai slouché des voix qui répétaient Prêt prêt prêt comme qui dirait dans le lointain, puis plus proche, et ensuite il y a eu un bruit doux genre ronron comme si on avait branché des trucs. Là-dessus les lumières se sont éteintes, et voilà Votre Humble Narrateur et Ami assis tout seul dans le noir, soli solo avec sa trouille, incapable de remuer ou de fermer les glazes ou rien. Et après, Ô mes frères, la séance de cinéma a commencé par de la musique d'ambiance très gromky venant des haut-parleurs, tout ce qu'il y a de sauvage et de discordant. Et puis le film est apparu sur l'écran, mais sans titre ni générique. Ça commençait par une rue, et ç'aurait pu être n'importe quelle rue dans n'importe quelle ville, et il faisait notché raide noir et les réverbères étaient allumés. Comme morceau de cinique, ou de cinoche, genre professionnel, c'était de première et sans l'image qui saute ni ces grosses taches qu'on a, disons, quand on reluche un film porno dans le privé chez un veck au fond d'une petite rue. Et tout ce temps la musique cognait, genre tout ce qu'il y a de déprimant. Puis on pouvait relucher un vieux bonhomme qui descendait la rue, très viokcho, et presque tout de suite, on voyait sauter sur ce viokcho veck deux maltchicks habillés super plus énième dernière mode (toujours le pantalon moulant, mais plus le genre foulard, plutôt la vraie cravate), et ils se mettaient à totonner le vieux. On pouvait sloucher ses cris et ses gémissements de douleur, tout ce qu'il y a de réaliste, même qu'on avait droit au genre respiration courte et forte des deux maltchicks qui le toltchockaient. Ils en faisaient un vrai pouding du viokcho veck, y allant crac crac crac à pleines châtaignes des roukes, lui arrachant ses platrusques et le terminant en shootant dans son plott nagoï (étalé tout rouge de krovvi dans la boue grassoue du caniveau), et puis ils se taillaient super-zoum. Ensuite il y avait le gros plan sur le gulliver du viokcho veck dérouillé, et le krovvi ruisselait rouge en beauté. Marrant, comme les couleurs du monde genre réel n'ont vraiment l'air réel que quand on les reluche sur l'écran.

Il faut l'avouer, tout le temps que je regardais j'avais de plus en plus l'idée de me sentir comme qui dirait pas du tout si bien que ça, et je l'ai attribué à la sous-alimentation et à mon estomac qui n'était pas tout ce qu'il y a de préparé à la pischa trop riche et aux vitamines qu'on me donnait. Mais je m'efforçais de ne pas y penser pour me concentrer sur le film suivant, qui a enchaîné tout de suite, mes frères, sans la moindre petite interruption. Cette fois, le film ouvrait pile sur une jeune dévotchka, à qui d'abord un maltchick puis un autre et un autre et un autre filaient le coup du vieux dedans-dehors des familles, pendant qu'elle critchait très gromky dans les haut-parleurs, avec en même temps une musique genre très pathétique et tragique. Pour ce qui est d'être authentique, ça l'était, tout ce qu'il y a de plus ; n'empêche que si on y pensait sérieusement on arrivait mal à imaginer qu'il y avait des lioudis réellement capables d'accepter qu'on leur fasse un pareil cinéma dans un film, et si c'étaient les Gens Bien ou l'État qui les fabriquaient, ces films, on avait de la peine à se figurer qu'on leur laisse tourner des trucs pareils sans comme qui dirait y fourrer un peu le nez. Ce qui prouvait bien que ce qu'on appelle le découpage et le montage ou autres vesches du même genre devaient être drôlement intelligents. Car c'était vachement authentique. Et quand on est arrivé au sixième ou au septième maltchick, que c'était son tour de ricanocher et de se bidonsker et d'y aller, avec la dévotchka qui critchait et le son genre bézoumni, j'ai commencé à me sentir vraiment pas bien. J'avais comme mal partout, avec la sensation que j'étais au bord de vomir et en même temps de ne pas vomir, et j'ai commencé à genre paniquer, Ô mes frères, d'autant que j'étais raide fixé à mon foutu fauteuil. Ce bout de film terminé, j'ai pu sloucher la golosse du Dr Brodsky, tout là-bas vers le tableau de commande, qui disait :

— Réaction environ douze virgule cinq ? Prometteur, prometteur.

Ensuite on a passé directo à un autre lomtick de film, et cette fois ça représentait uniquement un litso humain, un visage genre très pâle, maintenu immobile et à qui on faisait toutes sortes de vesches vicieuses. Je suais un malenky peu à cause de la douleur dans mes tripes et d'une soif horrible et de mon gulliver qui faisait pan pan pan, et j'avais l'impression que, si j'arrivais à ne pas relucher ce bout de film, peut-être que je serais moins malade. Mais pas moyen de fermer les glazes, et j'avais beau essayer de remuer les glazebilles, impossible de sortir comme qui dirait de la ligne de tir de l'image. J'ai donc été forcé de continuer à relucher ce qui se passait et à entendre les critches tout ce qu'il y a d'atroce qui venaient de ce litso. Je savais bien que ça ne pouvait pas être vraiment *vrai* ; n'importe, c'était tout comme. Je pompais à tout va, mais sans que ça vienne, tout en reluchant un britva trancher d'abord un œil, puis tailler dans la joue, puis taillader pif paf paf partout, tandis que le krovvi rouge giclait sur l'objectif de la caméra. Ensuite, on a genre extirpé toutes les dents avec une paire de tenailles et ça critchait et saignait, quelque chose de terrifiant. Alors j'ai slouché la golosse toute contente du Dr Brodsky qui se gargarisait :

— Excellent, excellent, excellent.

Le lomtick de film qui a suivi représentait une vieille femme dans sa boutique, en train de se faire shooter dedans par une bande de maltchicks, au milieu de rires très gromkys, et les maltchicks cassaient toute la baraque et y mettaient le feu. On reluchait la pauvre viokcha ptitsa qui essayait d'échapper aux flammes en rampant, hurlant et critchant, mais vu que les maltchicks lui avaient cassé la patte à coup de botte elle était incapable de remuer. Si bien que les flammes lui ronflaient tout autour, et on pouvait relucher son litso torturé de souffrance, genre suppliant au milieu des flammes et puis disparaissant dedans, et alors on slouchait les hurlements les plus gromkys et déchirés et déchirants qu'ait jamais poussés une golosse humaine. Et cette fois j'ai su que j'étais forcé de vomir, et j'ai critché :

— Je veux vomir. S'il vous plaît, laissez-moi vomir. S'il vous plaît, donnez-moi quelque chose pour que je puisse vomir dedans.

Mais leur Dr Brodsky m'a crié :

— Imagination pure. Il n'y a pas de raison de vous affoler. Ça vient, ça vient. Suivant !

Peut-être que ça voulait être une plaisanterie, car je les ai entendus plus ou moins se bidonsker dans le noir. Et après j'ai bien été forcé de relucher un film raide dégueulasse sur la torture japonaise. C'était la guerre de 1939-1945, et on voyait des soldats en train de se faire clouer à des arbres et ensuite de se faire allumer des feux dessous et couper les yarbilles, même qu'on en reluchait un à qui on tranchait le gulliver avec un sabre et, tandis que la tête roulait par terre avec la rote et les glazes qui avaient l'air encore en vie, le plott de ce soldat se mettait à cavaler, tel que je vous le dis, en pissant le krovvi par le cou comme une fontaine, et ensuite il s'étalait, et tout ce temps les Japonais rigolaient tout ce qu'ils savaient. Mes douleurs au ventre, mon mal de tête et ma soif étaient maintenant affreux et avaient l'air de me venir droit de l'écran. J'ai critché :

— Arrêtez ce film ! S'il vous plaît, s'il vous plaît, arrêtez ! J'en peux plus.

Et alors la golosse de leur Dr Brodsky a dit :

— Arrêter ? *Arrêter*, tu dis ? Mais on ne fait que commencer.

Et lui et les autres se sont bidonskés très fort.

5.

Je ne souhaite pas décrire, frères, les autres affreuses vesches que j'ai été comme qui dirait forcé de relucher cet après-midi-là. L'esprit, comme on appelle ça, de ce Dr Brodsky et de son Dr Branom et autres vecks en blouse blanche – et rappelez-vous qu'il y avait cette dévotchka qui tripotait les boutons et surveillait les compteurs – oui, leur esprit devait être encore plus sale et gouspineux que celui de n'importe quel prestoupnick de la Prita. Vu que je ne croyais pas possible qu'il existe un seul veck capable ne serait-ce que de penser à tourner des films sur ce que j'étais obligé de relucher, tout ficelé à ce fauteuil et les glazes maintenus grands ouverts. Tout ce que je pouvais faire c'était de leur critcher très gromky de fermer le robinet, ce qui comme qui dirait noyait en partie le bruit de la dratse et du totonnage et aussi la musique qui allait avec le tout. Vous pouvez imaginer le genre de fantastique soulagement que ç'a été quand j'ai eu reluché leur dernier bout de film et que leur Dr Brodsky a dit, golosse genre mec qui crève d'ennui :

— Je pense que cela devrait suffire pour le Jour Un, vous ne croyez pas, Branom ?

Et me voilà avec les lumières rallumées, le gulliver cognant comme une grosse machine bolchoïe à fabriquer de la douleur, la rote toute sèche et gouspineuse par en dedans et le sentiment que j'aurais pu plus ou moins rendre tous les bouts de pischa que j'avais jamais mangés, Ô mes frères, depuis le jour où on m'avait comme qui dirait sevré.

— Parfait, a dit leur Dr Brodsky, on peut le ramener à son lit.

Puis il m'a plus ou moins tapoté la pletcho et dit :

— Excellent, excellent. Très prometteur, comme début.

Il souriait de tout le litso et il est sorti en se dandinant genre pingouin, le Dr Branom derrière lui, mais ce dernier m'a lancé un sourire genre tout ce qu'il y a de drougui et de compatissant, comme s'il n'avait rien eu à voir avec toute cette vesche mais qu'il y était forcé comme moi.

Toujours est-il qu'on m'a libéré le plott de mon fauteuil et qu'on a lâché la peau de dessus mes glazes pour me permettre de les ouvrir et de les fermer de nouveau, et je les ai fermés, Ô mes frères, à cause de la douleur et des élancements dans mon gulliver, et ensuite on m'a comme qui dirait porté jusqu'au vieux fauteuil à roulettes des familles et ramené à ma malenky chambre, le sous-veck qui me roulait chantant à tout va une saloperie obscène de chanson pop, tant et si bein que j'ai genre grogné comme un chienchien :

— Ta gueule, eh, toi.

Mais il s'est seulement bidonské et il a dit :

— T'occupe, l'ami.

Et là-dessus, il a chanté encore plus fort. Enfin bref, on m'a remis au lit et je me sentais encore tout bolnoï mais incapable de dormir. N'empêche que je n'ai pas tardé à commencer à sentir que je ne tarderais peut-être pas à commencer à sentir que je n'allais peut-être pas tarder à me sentir un malenky peu mieux, et puis on m'a apporté une chouette tché brûlant avec des tas de moloko et de sakar et, drinkant ça, j'ai su que ce truc genre horrible cauchemar n'était plus que du passé et bien fini. Et ensuite le Dr Branom est entré, tout gentil et souriant. Il a dit :

— Ma foi, selon mes calculs, vous devriez commencer à vous sentir très bien de nouveau. Non ?

— M'sieu, j'ai dit, genre méfiant.

Je ne kopatais pas tout à fait où il voulait en venir en govoritant de ces calculs, vu que se sentir mieux après s'être senti tout bolnoï c'est comme qui dirait une chose qui vous regarde et qui n'a rien à voir avec des calculs. Il s'est assis, tout gentil et drougui, au bord du lit et il a dit :

— Le Dr Brodsky est très content de vous. La réaction est extrêmement positive. Bien entendu, demain il y aura deux séances, matin et après-midi, et j'imagine volontiers que vous vous sentirez plutôt vidé au bout de la journée. Mais nous sommes forcés d'être durs avec vous, il faut que vous guérissiez.

J'ai dit :

— Vous voulez dire que je vais devoir rester assis là ? Que je vais devoir regarder ? Oh non, j'ai dit, c'était trop horrible.

— Bien sûr que c'était horrible, a dit en souriant le Dr Branom. La violence est quelque chose de très horrible. C'est justement ce que vous êtes en train d'apprendre. C'est votre corps qui l'apprend.

— Mais, j'ai dit, je ne comprends pas. Je ne comprends pas comment je pouvais me sentir malade comme ça. Jamais ça ne m'arrivait, avant. Je me sentais juste le contraire, avant. Je veux dire que je me sentais vraiment tzarrible en faisant ça ou en le regardant faire. Je ne comprends pas pourquoi ni comment ni quoi.

— La vie est une chose merveilleuse, a dit le Dr Branom, golosse très genre curé. Qui peut comprendre pleinement ces miracles que sont le processus de vie et la façon dont se fait l'organisme humain ? Sans nul doute le Dr Brodsky est un homme remarquable. Ce qui vous arrive en ce moment est ce qui devrait se passer pour tout organisme humain normalement sain contemplant les forces du mal en action, le principe de destruction dans ses œuvres. Nous vous amenons à la santé de l'esprit et du corps.

— Zéro, j'ai dit. Rien à voir. D'autant que je n'y comprends rien du tout. Ce que vous avez fait c'est de me rendre tout ce qu'il y a de vraiment malade.

— Vous vous sentez malade en ce moment ? a-t-il dit, toujours avec son sourire drougui des familles sur le litso. Vous buvez du thé, vous vous reposez, nous bavardons tranquillement en amis – sûrement vous ne pouvez que vous sentir bien ?

J'ai plus ou moins écouté et palpé, genre prudent, pour voir si j'avais mal et la nausée dans le plott et dans le gulliver, mais c'était vrai, frères, que je me sentais vraiment tzarrible et même que j'avais envie de dîner.

— Je pige pas, j'ai dit. Vous devez me faire j'sais pas quoi pour que je me sente malade.

Et j'ai genre plissé le front en y réfléchissant.

— Si vous vous êtes senti malade cet après-midi, a dit le Dr Branom, c'est que vous allez mieux. Quand la santé est bonne, la présence de choses odieuses provoque une réaction de peur et d'écœurement. Vous êtes en meilleure santé, voilà tout. Demain à cette heure-ci vous serez encore en progrès.

Là-dessus il m'a tapoté la noga et il est sorti, et moi j'ai essayé de m'y reconnaître du mieux que je pouvais dans ce puzzle. L'impression que j'avais c'était que tout le fil et les autres vesches qu'on me collait sur le plott me rendaient malade, et que ça n'était rien de plus qu'un truc. Je continuais à retourner tout ça dans ma tête et j'en étais à me demander si je ne devais pas refuser de me laisser ficeler à ce fauteuil le lendemain et commencer un bout de vraie dratse avec cette bande, vu que j'avais des droits, quand un autre tchelloveck est venu me rendre visite. C'était un veck plutôt viokcho genre souriant qui a dit qu'il était de ce qu'on appelait le Service de la Relaxe et il tenait à la main tout un tas de bouts de papier. Il a dit :

— Où irez-vous en sortant d'ici ?

Je n'avais vraiment pas pensé du tout à ce genre de vesche, et c'est seulement alors que l'idée a commencé à naître en moi que je serais très bientôt un bon maltchick libre, et puis j'ai reluché que ça serait seulement à condition de jouer le jeu de tous les autres et de ne pas commencer à dratser, à critcher, à dire non et le toutime. J'ai dit :

— Oh, je rentrerai à la maison. Je retournerai chez mes pé et ème.

— Vos quoi ?

Il ne pigeait rien au parler nadsat, j'ai donc dit :

— Chez mes parents, à ce cher vieux HLM des familles.

— Je vois, a-t-il dit. Et de quand date la dernière visite de vos parents ?

— Un mois, j'ai dit, ou presque. On a comme qui dirait suspendu les jours de visite tout un moment à cause d'un prestoupnick à qui sa ptitsa avait refilé en fraude à travers la grille du parloir une dose de chnouf. Punir aussi comme ça les innocents, vous parlez d'une vacherie de gouspin de tour. Ça fait qu'y a près d'un mois que j'ai pas eu de visite.

— Je vois, a dit ce veck. Et a-t-on informé vos parents de votre transfert et de l'imminence de votre relaxe ?

Vous parlez d'un tzvouk ravissant que ça avait, ce slovo de *relaxe*. J'ai dit :

— Non.

Puis j'ai repris :

— Ça leur fera une jolie surprise, dites, vous ne croyez pas ? Me voir entrer comme ça par la porte et dire : « Me voilà de retour, libre de nouveau » Oui, vraiment tzarrible.

— C'est bon, a dit ce veck préposé à la Relaxe, on s'en tiendra là. Du moment que vous avez un endroit où aller vivre. Reste la question d'un emploi pour vous, n'est-ce pas ?

Et il m'a montré toute une liste de boulots que je pouvais obtenir, mais j'ai pensé que j'avais tout le temps pour ça. D'abord de jolies malenky vacances. Je pourrais me payer une craste, sitôt sorti de là, et me remplir les bonnes vieilles carmanes de joli lollypop, sauf que je devrais faire très attention et me taper le truc soli solo. Je n'avais pas plus confiance dans les soi-disant drougs. J'ai donc dit à ce veck de laisser reposer un peu les choses, on en regovoriterait plus tard. Il a dit bien bien bien, puis s'est préparé à sortir. Finalement ça devait être un veck tout ce qu'il y a de bizarre, vu que ce qu'il a fait alors ça a été de rigoler et puis de dire :

— Est-ce que ça vous ferait plaisir de me taper dans la figure avant que je m'en aille ?

J'ai pensé que ça n'était pas possible, que j'avais dû mal sloucher, j'ai donc dit :

— Hein ?

— Est-ce que, a-t-il répété en gloussant, ça vous ferait plaisir de me taper dans la figure avant que je m'en aille ?

J'ai plus ou moins plissé le front, très intrigué, et j'ai répondu :

— Pourquoi ?

— Oh, a-t-il dit, simplement histoire de voir comment vous évoluez.

Et il a avancé son litso tout près, un grand sourire gras plein la rote. Alors j'ai levé le poing et je l'ai lancé crac vers ce litso, mais il s'est reculé vraiment zoum, sans cesser de ricaner, et ma rouke a seulement tapé dans le vide. Très déroutant c'était, et j'ai de nouveau plissé le front pendant qu'il sortait en se bidonskant à se péter le gulliver. Et ensuite, mes frères, je me suis de nouveau senti mal au cœur, exactement comme dans l'après-midi, pas plus d'une petite minouta ou deux. Ça a passé zoum, et quand on m'a apporté le dîner, je me suis aperçu que j'avais plutôt bon appétit et que j'étais tout prêt à dévorer le poulet rôti. Tout de même c'était drôle, ce viokcho tchelloveck qui demandait une toltchocke en travers du litso. Et c'était drôle de se sentir mal au cœur comme ça.

Ce qui est encore plus drôle c'est que quand je me suis endormi cette nuit-là, Ô mes frères, j'ai eu un cauchemar et, comme on peut s'y attendre, j'ai rêvé de ces bouts de film que j'avais reluchés dans l'après-midi. Rêve ou cauchemar, ça n'est vraiment jamais que comme qui dirait un film qui passe dans le gulliver, sauf que c'est comme si on pouvait s'y balader et en faire partie. Et c'est justement ce qui m'est arrivé. Dans ce cauchemar je voyais un des bouts de film qu'on m'avait montré vers la fin de leur genre séance de l'après-midi : toute une bande de maltchicks se bidonskant en faisant les ultra-violents à une jeune ptitsa qui critchait tout ce qu'elle savait et nageait dans son krovvi rouge rouge, ses platrusques toutes razrézées vraiment tzarrible. J'étais mêlé au totonnage et je me bidonskais à tout va, faisant office comme qui dirait de meneur de jeu, fringué à la super plus énième mode nadsat. Et puis, au plus fort de toute cette dratse et de tout ce toltchockage, je me sentais comme paralysé, avec une envie affreuse de vomir, et tous les autres maltchicks se bidonskaient vraiment gromky de moi. Et après ça je dratsais désespérément pour essayer d'émerger du sommeil en pataugeant dans mon krovvi, des litres et des décalitres et des hectolitres, et là-dessus je me suis retrouvé dans mon lit dans la chambre. J'avais envie de vomir, je suis donc sorti du lit tout tremblotant pour aller dans le couloir jusqu'au vieil hugoguenot des familles. Mais voici que, Ô mes frères, le verrou était mis. Et me retournant j'ai reluché comme qui dirait pour la première radze qu'il y avait des barreaux à la fenêtre. Et alors, comme j'étendais le bras pour attraper le truc genre vase dans la malenky armoire à côté du lit, j'ai reluché qu'il n'y avait pas moyen d'échapper à rien de tout ça. Et le pire, c'est que je n'osais même pas réintégrer mon gulliver qui tombait de sommeil. Je me suis bientôt aperçu qu'après tout je n'avais pas envie de vomir, sauf que j'étais pouglé à la pensée de me remettre au lit et de dormir. N'empêche que je n'ai pas traîné à sombrer crac dans le sommeil et que je n'ai plus eu de rêve.

6.

— Arrêtez, arrêtez, arrêtez, je continuais à critcher. Coupez ça, tas de grassous fumiers, je n'en peux plus.

C'était le jour suivant, frères, et j'avais fait de mon mieux, honnête, matin et après-midi, pour jouer le jeu et rester assis dans mon fauteuil de torture en bon maltchick genre coopératif et souriant tzarrible, pendant qu'ils me projetaient leurs saloperies de bouts d'ultra-violents sur l'écran et que j'avais les glazes clampés tout grands ouverts pour tout relucher, et le plott, les roukeurs et les nogas fixés au siège pour empêcher que je me sauve. Ce qu'on me faisait relucher à présent n'était pas vraiment une vesche que j'aurais trouvée si cruelle avant, vu que c'étaient seulement trois ou quatre maltchicks crastant une boutique et se remplissant les carmanes de tilt, tout en totonnant et toltchockant la propriétaire, une viokcha ptitsa qui critchait, et en laissant couler le krovvi rouge rouge. Mais les élancements genre bang bang bang dans mon gulliver, plus l'envie de vomir et l'atroce soif sèche qui me râpait la rote, tout ça était pire que la veille.

— Oh, j'en ai assez, j'ai crié. C'est pas juste, tas de pafeurs vonneux.

Et je me suis débattu pour essayer de me défaire du fauteuil, mais impossible, vu que j'étais comme qui dirait vissé dessus.

— De première, a critché très fort leur Dr Brodsky. Vous progressez magnifiquement. Plus qu'un et c'est fini.

Et ils ont remis ça avec la viochka guerre de 1939-1945, et cette fois c'était un film plein de taches et de lignes et de craquelures, qu'on reluchait bien que c'étaient les Allemands qui l'avaient tourné. Ça ouvrait sur les aigles allemandes et le drapeau nazi avec cette croix genre tordue que tous les maltchicks à l'école aiment dessiner, et ensuite on voyait des officiers allemands, très genre hautains et nadminis, marcher dans les rues qui n'étaient plus que poussière et trous de bombes et bâtiments en ruine. Puis on vous laissait relucher des lioudis qu'on fusillait contre des murs, des officiers qui donnaient des ordres, et aussi des plotts atrocement nagoïs étalés dans le ruisseau, tous genre cages montrant les côtes à nu et maigreur de nogas tout blancs. Là-dessus on vous montrait des lioudis traînés de force et critchant, mais sans le son, mes frères, vu qu'on n'entendait que de la musique, et on les toltchockait tout en les traînant. Puis j'ai remarqué, au milieu de la douleur et de la nausée, quelle musique c'était qui genre pétaradait et beuglait sur la piste sonore, et c'était Ludwig van, Cinquième Symphonie, dernier mouvement, et j'ai critché genre bézoumni en entendant ça.

— Arrêtez ! j'ai critché. Arrêtez ça, tas de dégoûtants et de grassous pafeurs. C'est un crime, j'vous dis, une saloperie de crime impardonnable, bande de bratchnis !

Ils n'ont pas arrêté tout de suite, vu qu'il n'y en avait plus que pour une minouta ou deux à montrer des lioudis tout krovvignolants qu'on dérouillait et puis le vieux drapeau nazi des familles et FIN. Mais quand les lumières sont revenues leur Dr Brodsky et aussi le Dr Branom étaient debout devant moi, et le Dr Brodsky a dit :

— Qu'est-ce qui est un crime, hein ?

— *Ça*, j'ai dit, tout ce qu'il y a de malade. Se servir comme ça de Ludwig van. Il n'a fait de mal à personne. Il n'a rien fait que d'écrire de la musique, Beethoven.

Là-dessus j'ai été malade pour de vrai et ils ont dû m'apporter une cuvette qui était en forme de rognon.

— De la musique, a dit le Dr Brodsky, genre pensif. Alors tu aimes à ce point la musique ? Personnellement je n'y connais rien. Tout ce que j'en sais, c'est que cela peut servir à stimuler les émotions. Eh bien, eh bien. Que dites-vous de cela, hein, Branom ?

— On n'y peut rien a répondu le Dr Branom. Chacun de nous tue l'objet de son amour, comme a dit le prisonnier poète. Peut-être tenons-nous là l'instrument du châtiment. Voilà qui devrait enchanter le Directeur de la prison.

— Donnez-moi à boire, j'ai dit, pour l'amour de Gogre.

— Détachez-le, a ordonné le Dr Brodsky. Apportez-lui une carafe d'eau glacée.

Là-dessus les sous-vecks se sont mis au boulot, et bientôt me voilà drinkant des litres et des litres d'eau, que c'était un paradis, Ô mes frères. Le Dr Brodsky a dit :

— Vous m'avez l'air d'un jeune homme plutôt intelligent. Vous m'avez aussi l'air de ne pas manquer de goût. Excepté tout au fond de vous cette graine de violence, hein ? Penchant à la violence et au vol, le vol étant un aspect de la violence.

Je n'ai pas govorité un seul slovo, frères ; j'avais toujours aussi mal au cœur, même si ça allait un malenky peu mieux maintenant. Mais vous parlez d'une journée atroce.

— Bon, voyons un peu, a dit le Dr Brodsky. Comment pensez-vous que nous procédions ? Dites-moi, qu'est-ce que vous croyez qu'on vous fait ?

— Vous me rendez malade ; je suis malade quand je regarde vos saloperies de films vicieux. À part que ce n'est pas vraiment la faute des films. N'empêche, je sens que si vous les arrêtiez, moi j'arrêterais de me sentir malade.

— Exact, a dit le Dr Brodsky. Phénomène d'association des idées, la plus ancienne méthode éducative du monde. Et qu'est-ce qui fait exactement que vous avez la nausée ?

— C'est ces paferies de vesches grassoues qui me sortent par le gulliver et le plott, j'ai dit. Voilà ce que c'est.

— Bizarre, a dit le Dr Brodsky, genre souriant. Idiome tribal. Avez-vous une vague idée de sa provenance, Branom ?

— Bribes et bouts de vieilles rengaines argotiques, a dit le Dr Branom qui n'avait plus tellement l'air d'un ami. Un rien de parler manouche aussi. Mais presque toutes les racines sont slaves. Propagande. Infiltration subliminale.

— C'est bon c'est bon c'est bon, a dit le Dr Brodsky, genre impatient et plus du tout intéressé. En tout cas, m'a-t-il dit, rien à voir avec tous ces fils. Aucun rapport avec ce qui est branché sur vous. Cela ne sert qu'à mesurer vos réactions. C'est quoi, alors ?

Du coup, j'ai naturellement reluché quel popov bézoumni j'étais de n'avoir pas remarqué que ça venait des seringuées hypodermiques dans mon roukeur.

— Ah, j'ai critché, ah, je reluche tout, maintenant. C'est une belle saloperie, votre tour de con ; ça vonne le gouspin. C'est une vraie traîtrise, bande de pafés, et vous n'êtes pas près d'y repiquer.

— Je vous suis reconnaissant d'élever vos objections aussi rapidement, a dit le Dr Brodsky. À présent nous pouvons affronter le problème en toute clarté. Cette drogue de Ludovico, il y a bien des manières différentes de vous l'introduire dans l'organisme. *Per os*, par exemple. Mais la méthode sous-cutanée est la meilleure. Ne luttez pas contre, je vous prie. Il ne sert à rien de lutter. Vous n'aurez pas le dessus.

— Grassous bratchnis, j'ai dit genre morveux chialeur.

Puis j'ai repris :

— Je me fiche des ultra-violents et de tout le gouspin. Ça, je peux l'avaler. Mais pour la musique, c'est pas juste. C'est pas juste que ça me rende malade de sloucher le ravissant Ludwig van et G F Haendel et les autres. Tout ça montre que vous n'êtes qu'une sale bande de fumiers, et jamais je ne vous le pardonnerai, tas de pafés.

Ça les a laissés comme qui dirait vaguement songeurs. Puis le Dr Brodsky a dit :

— Où est la limite ? Il est toujours difficile de le dire. Le monde est un tout, la vie aussi. Les activités les plus exquises et les plus divines ressortissent pour une part à la violence – l'acte d'amour par exemple ; la musique par exemple. On vous tend une perche, il faut la saisir, mon garçon. Le choix est entièrement venu de vous.

Je ne comprenais pas tous ces slovos, mais cette fois j'ai dit :

— Vous n'avez pas besoin de continuer, monsieur.

Avec mon astuce habituelle j'avais un malenky peu changé de refrain. J'ai repris :

— Vous m'avez prouvé que tout ça, la dratse et les ultra-violents et donner la mort, c'est tout ce qu'il y a de mal, oui, de mal, d'affreusement mal. J'ai appris la leçon, messires. À présent, je vois ce que je n'avais encore jamais vu. Dieu soit loué, je suis guéri.

Et j'ai levé les glazes au plafond genre petit saint. Mais les deux docteurs ont secoué le gulliver comme qui dirait tristement, et le Dr Brodsky a dit :

— Pas encore. Il reste beaucoup à faire. C'est seulement quand votre corps réagira promptement et violemment à la violence, comme à la vue d'un serpent, sans autre aide de notre part, sans médication, oui c'est seulement alors.

J'ai dit :

— Mais m'sieu, messieurs, je le *vois* que c'est mal. C'est mal parce que ça va comme qui dirait contre la société, parce que le dernier veck au monde a le droit de vivre et d'être heureux sans qu'on le bogne ou le toltchocke ou le surine. J'ai appris des tas de choses, oh ça j'vous jure.

Mais là-dessus le Dr Brodsky s'est bidonské très fort, en montrant toutes ses zoubies blanches, et il a dit :

— Hérésie d'un âge de raison (ou autres slovos du même calibre). Je vois ce qui est bien et j'acquiesce, mais je fais ce qui est mal. Non, non, mon garçon, il faut vous en remettre entièrement à nous. Mais prenez-le gaiement. Dans moins de quinze jours vous serez un homme libre.

Puis il m'a tapoté la pletcho.

Moins de quinze jours. Ô mes frères et amis, on aurait dit un siècle. Comme qui dirait du commencement du monde jusqu'à sa fin. Comparé à ça, tirer mes quatorze ans sans remise de peine à la Prita n'était rien. Tous les jours se ressemblaient. N'empêche que quand la dévotchka à la seringue s'est amenée, quatre jours après ce govoritt avec le Dr Brodsky et le Dr Branom, j'ai dit :

— Oh non, pas question.

Et je l'ai toltchockée sur le bras et la seringue a fait bang bing par terre. C'était genre histoire de voir ce qu'ils allaient faire. Ce qu'ils ont fait ça été d'expédier quatre ou cinq fumiers de sous-vecks en blouse blanche, bolchoïs mastards, pour me maintenir sur le lit, sur quoi la ptitsa infirmière a dit :

— Espèce de vilain méchant petit démon.

Et en même temps elle m'a enfoncé dans le roukeur une autre seringue, en faisant gicler le truc raide brutal et vicieux. Et après on m'a roulé complètement vidé jusqu'à leur espèce de cinique qu'on aurait dit l'enfer, comme les autres fois.

Chaque jour, mes frères, on aurait cru que c'étaient les mêmes films, les shoots et les toltchockes et le krovvi rouge rouge dégoulinant des litsos et des plotts et éclaboussant tout partout l'objectif de la caméra. D'habitude c'étaient des maltchicks sapés super plus énième mode nadsat et ricanochant et se bidonskant, ou alors des bourreaux de Japonais faisant tihiihii ou des brutes nazies shootant et tirant. Et chaque jour la sensation d'envie de mourir, à cause de la nausée et des douleurs dans le gulliver et du mal aux zoubies et de la soif très atroce, empirait vraiment. Jusqu'au matin où j'ai essayé de feinter cette bande de fumiers en me cognant le gulliver bang bang bang contre le mur pour me toltchocker jusqu'à tomber dans les pommes, mais tout ce qui est arrivé c'est que j'ai eu la nausée de relucher que ce genre de violence était pareille à celle des films, tant et si bien que ça m'a fait que me vider, et j'ai eu droit à la piquouse et on m'a roulé jusqu'au cinique comme d'habitude.

Et puis est venu un autre matin où je me suis réveillé et après m'être tapé les œufs et les grillettes et la confiture et le tché laiteux brûlant de mon petit déjeuner j'ai pensé : « Ça ne peut plus être bien long maintenant. Ça ne doit plus être bien loin du terme. J'ai souffert super plus énième et ça ne peut pas continuer. » Et j'ai attendu et attendu, frères, que la ptitsa infirmière apporte la seringue, mais elle n'est pas venue. Et après c'est le sous-veck en blouse blanche qui s'est amené et qui a dit :

— Aujourd'hui, mon p'tit vieux, on te permet de marcher.

— De marcher ? j'ai dit. Pour aller où ?

— Au même endroit que d'habitude, a-t-il dit. Si, si, aie pas l'air si ahuri. Tu es censé aller voir les films à pied, en ma compagnie bien sûr. Fini de te porter dans le fauteuil à roulettes.

— Mais, j'ai dit, et mon horrible piqûre du matin ?

Car j'étais vraiment surpris de ça, frères, vu leur ardeur à vouloir m'enfourner plein le plott de leur fameuse vesche de Ludovico, comme ils disaient.

— Vous voulez dire que c'est fini de me bourrer votre horrible truc à débagouler dans mon pauvre martyr de roukeur ?

— N, i, ni, fini, a dit ce veck genre se bidonskant. À tout jamais jamais amen. T'es ton maître à présent, fiston. T'iras à pied et tout à la chambre des horreurs. Tout de même on t'attachera encore pour que tu regardes. Viens, amène-toi, mon petit tigre.

Et j'ai dû mettre ma robe de chambre et mes touflasques et marcher dans le couloir jusqu'à ce messtot genre cinique.

Seulement, cette fois, Ô mes frères, non seulement j'ai été très malade, mais j'étais tout ce qu'il y a de perplexe. Ça a remis ça, le toutime, les ultra-violents des familles, les vecks au gulliver en bouillie, les ptitsas écorchées et krovvignolantes critchant pitié, tout le genre totonnage et mauvaiseté genre intime et privé. Et puis il y a eu les camps de concentration et les Juifs et les rues étrangères genre grises et pleines de tanks et d'uniformes et de vecks fauchés par des rafales que c'était une dévastation, tout ça étant le côté public. Et cette fois si je me sentais malade et plein de soif et de maux de toutes sortes, la faute n'en était à rien d'autre qu'à ce que j'étais forcé de relucher, vu que j'avais toujours les glazes agrafés grands ouverts et les nogas et le plott ficelés au fauteuil, mais que tout leur bazar de fils et autres vesches ne me sortaient plus du plott ni du gulliver. Alors quoi d'autre que les films que je reluchais aurait pu me faire ça ? Sauf que, naturellement, frères, leur drogue de Ludovico agissait comme qui dirait un vaccin et qu'elle était là à se balader dans mon krovvi, tant et si bien que je serais toujours malade à jamais et jamais amen, chaque fois que je relucherais de ces trucs d'ultra-violents. Alors du coup j'ai ouvert la rote régul au carré et j'ai fait bou hou hou, et les larmes ont comme qui dirait caché ce que j'étais forcé de relucher, sous un genre ruissellement de rosée argentée, que c'était une bénédiction. Mais ce tas de bratchnis en blouse blanche a fait zoum avec ses tiremorves pour essuyer mes larmes, disant :

— Là, là, l'avait des grosses lalarmes plein ses petits neuneuils.

Et c'est redevenu tout clair devant mes glazes, leurs Allemands poussant à la trique des genres Juifs suppliant et pleurant – des vecks et des tchinas aussi bien que des maltchicks et des dévotchkas – dans des messtots où on leur faisait avaler leur acte de naissance avec du gaz empoisonné. Et j'ai été forcé de remettre ça beu heu heu, et ils ont rappliqué très zoum pour m'essuyer encore les larmes, afin que je ne manque pas une seule vesche de ce qu'on me montrait. Ce fut un jour atroce et affreux, Ô mes frères et seuls amis.

Une fois couché tout seul sur mon lit cette notché-là, après m'être envoyé le gros ragoût de mouton bien gras et la tarte aux fruits et la glace de mon dîner, je me suis dit : « Merde merde merde, peut-être qu'il me reste une chance si je me tire tout de suite. » Seulement je n'avais pas d'arme, on ne me permettait pas d'avoir un britva, j'étais rasé tous les deux jours par un veck chauve et gras qui venait me voir dans mon lit avant le petit déjeuner, avec deux bratchnis en blouse blanche au garde-à-vous tout près pour relucher si j'étais un bon maltchick non violent. On m'avait coupé et limé raide courts les ongles des roukes pour m'empêcher de griffer. Mais j'étais encore zoum à l'attaque, même si on m'avait affaibli, frères, au point d'être comme qui dirait l'ombre de ce que j'avais été au bon vieux temps de ma liberté des familles. Donc cette fois je suis sorti du lit et je suis allé jusqu'à la porte fermée à clé et j'ai commencé à cogner dedans vraiment tzarrible et dur, tout en critchant :

— Au secours au secours. Je suis malade, je vais crever. Docteur docteur docteur, vite. S'il vous plaît. Oh je vais mourir, je vous le jure. Au secours.

Mon gorlot a eu le temps de sécher et de faire mal avant qu'on vienne. Puis j'ai entendu des nogas qui approchaient dans le corridor et un genre de golosse qui grognait, et j'ai reconnu la golosse du veck en blouse blanche qui m'apportait ma pischa et m'escortait plus ou moins à mon triste sort quotidien. Il a genre grommelé :

— Qu'est-ce qu'y a ? Qu'est-ce qui se passe ? Quel sale petit tour es-tu en train de nous mijcter là-dedans ?

— Oh, je vais crever, j'ai plus ou moins gémi. Oh, j'ai une douleur atroce dans le côté. C'est l'appendicite, je suis sûr. Oooooh.

— Appendi chie mon cul, a grommelé ce veck.

Et puis, à ma joie, frères, j'ai slouché un tintement genre clé.

— Si c'est un coup que t'essayes, mon petit ami, mes copains et moi on te dérouillera à coups de poing et de tatane toute la nuit.

Là-dessus il a ouvert, m'apportant comme dirait la douce brise d'une promesse de liberté. Faut dire que j'étais plus ou moins derrière la porte quand il l'a poussée en dedans, et j'ai pu le relucher à la lumière du couloir tourner la tête de tous les côtés en me cherchant, l'air intrigué. Alors j'ai levé les deux poings pour le toltchocker méchamment sur la nuque et, vrai, juste à ce moment, comme je le reluchais déjà d'avance plus ou moins étalé tout geignant ou K-O out out out et que je sentais comme qui dirait la joie me gonfler les tripes, juste à ce moment leur fameuse nausée a pompé en moi comme qui dirait une cataracte et j'ai eu affreusement peur, comme si j'allais vraiment mourir. Je suis revenu quasiment chancelant jusqu'au lit en faisant eurk eurk eurk, et le veck, qui n'avait pas sa blouse blanche mais qui était en robe de chambre, a reluché assez clair ce que j'avais en tête, car il a dit :

— Eh bien, à toute chose sa leçon, hein ? On n'en finit jamais d'apprendre, comme tu dirais. Allons, mon petit ami, lève-toi de ce lit et cogne-moi dessus. J'ai envie de ça, oui, sans blague. Une vraie bonne châtaigne en travers de la mâchoire. J'en meurs d'envie, sans blague, j'te jure.

Mais tout ce que j'ai pu faire, frères, ça a été de rester là à sangloter bou hou hou.

— Ordure, a plus ou moins ricané le veck. Saloperie.

Et il m'a redressé en m'empoignant comme qui dirait par la peau du cou de mon pyjama, vu que j'étais très faible et vidé, et il a levé la rouke droite et me l'a balancée dans le litso, tant et si bien que j'ai eu droit à une bonne vieille toltchocke des familles.

— Ça, a-t-il dit, ça t'apprendra à me tirer du lit, espèce de petit fumier.

Et il s'est épousseté les mains l'une sur l'autre pif paf pof, puis il est sorti. Cric crac a fait la clé dans la serrure.

Et alors, frères, ce que j'ai dû fuir en me réfugiant dans le sommeil, ç'a été le sentiment affreux et pas du tout correct que mieux vaut recevoir un coup que de le donner. Si ce veck était resté, je lui aurais peut-être même plus ou moins présenté l'autre joue.

7.

Ce qu'on me racontait là, frères, je ne pouvais pas y croire. J'avais l'impression d'être dans ce messtot vonneux depuis une éternité ou presque et d'y être encore pour presque une autre éternité. Mais le tarif avait toujours été deux semaines et on me disait à présent que le temps était quasiment écoulé. Ils m'ont dit :

— Demain, mon petit ami, allez, dehors out out out.

Et ils m'ont fait le coup du pouce des familles, façon de montrer la liberté. Puis le veck en blouse blanche qui m'avait toltchocké et qui avait tout de même continué à m'apporter mes plateaux de pischa et à plus ou moins m'escorter à mon supplice quotidien a ajouté :

— Seulement, tu as encore une sacrée grosse journée devant toi. Ça va être ton jour d'examen de sortie dans l'autre monde.

Et là-dessus il s'est bidonské, l'air mauvais.

Je m'étais attendu ce matin-là à itter comme d'habitude à leur messtot à cinique ou cinoche en pyjama, touflasques et peignoir. Mais non, ce matin-là on m'a filé ma chemise, mes sous-vesches et mes platrusques de la fameuse nuit et mes bottes à shooter tzarrible, le tout lavé propre ou repassé et ciré que c'était une beauté. Et même on m'a donné mon britva coupe-chou, celui qui me servait pour totonner et cratser au bon temps heureux des familles. J'y suis allé du front qui se plisse d'étonnement en voyant ça et tout en m'habillant, mais le sous-veck en blouse blanche a seulement comme qui dirait ricanoché sans rien govoriter du tout, Ô mes frères.

On m'a très gentiment conduit au même vieux messtot, sauf que j'y ai trouvé du changement. On avait tiré des rideaux devant l'écran à cinoche et tout le verre opaque sous les trous de projection n'y était plus, vu qu'on avait dû le remonter ou le rabattre sur les côtés genre store ou volets. Et là où il n'y avait eu que ce bruit de toux rahum rahum et ce qui ressemblait à des ombres de lioudis, il y avait à présent des vrais spectateurs et, dans cette assistance, des litsos que je connaissais. Il y avait le Directeur de la Prita et le saint homme, le charlot ou charlie comme on l'appelait, avec le Chef Chasso et ce tchelloveck très important et très bien fringué qui était le Ministre de l'Intérieur ou de l'Inférieur. Le reste, je ne connaissais pas. Le Dr Brodsky et le Dr Branom étaient là, mais cette fois sans leur blouse blanche ; à la place ils étaient habillés genre toubib assez grossium pour avoir envie de se saper super plus énième mode. Le Dr Branom restait debout ; le Dr Brodsky aussi, mais il govoritait, genre gars vachement instruit, à toute la bande des lioudis. En me reluchant entrer, il a dit :

— Aha. Parvenus à ce stade, messieurs, nous vous présentons le sujet en personne. Il est, ainsi que vous vous en apercevrez, sain d'esprit et bien nourri. Il sort droit d'une nuit de sommeil et d'un bon petit déjeuner, nullement drogué, nullement hypnotisé. Demain, nous le renverrons en toute confiance et nous le rendrons au monde, et jamais meilleur garçon ne croisera votre chemin par un beau matin de mai, toujours prêt à avoir le mot aimable, à faire un geste secourable. Voyez quel changement, messieurs, comparé au misérable chenapan que l'État livrait à un châtiment stérile il y a quelque deux années, et qui restait inchangé au bout de ce temps. Inchangé, dis-je ? Pas exactement. La prison lui avait enseigné le sourire de la fausseté, les mains frottées d'hypocrisie, le rictus flagorneur et huileux de l'obséquiosité, et bien d'autres vices, y compris la confirmation dans ceux dont il avait déjà la longue pratique. Mais assez parlé, messieurs. Les actes sont cent fois plus éloquents que. Aux actes, donc, et observez bien, tous.

J'étais un peu ahuri par tout ce govoritt et j'essayais désespérément de me faire à l'idée que c'était moi qui étais comme qui dirait le centre de tout. Puis les lumières se sont éteintes, et ensuite il y a eu comme deux projecteurs qui ont brillé par les trous dans le mur, dont l'un en plein sur Votre Humble Narrateur et Martyr. Et dans le rond lumineux de l'autre s'est avancé un grand bolchoï de tchelloveck que je n'avais encore jamais reluché. Il avait un litso genre lardeux et une moustache et comme des rubans de cheveux collés sur un gulliver presque chauve. Je lui ai donné dans les trente ou quarante ou cinquante ans, genre son et lumière ou dans ces environs, viokcho, quoi. Il a itté vers moi et le rond de lumière l'a suivi, et bientôt les deux ronds n'ont plus fait qu'une espèce de grande mare. Il m'a dit, tout ce qu'il y a de méprisant :

— Salut, tas de merde. Pouah, tu te laves pas beaucoup, à renifler la puanteur.

Là-dessus, il s'est mis comme qui dirait à danser et il m'a écrasé les nogas, le gauche et le droit ; puis aussi sec il m'a flanqué une pichenette de l'ongle sur le nez, et ça m'a fait mal si bézoumni que les vieilles larmes des familles m'en sont montées aux glazes ; ensuite il m'a tordu l'ouko gauche comme s'il avait tourné le bouton d'une radio. J'ai slouché dans l'assistance des rires étouffés et un ou deux hâhâhâ vraiment tzarribles. Moi, le nez, les nogas et le trou de l'oreille me brûlaient et me faisaient mal à devenir bézoumni, alors j'ai dit :

— Pourquoi vous me faites ça ? Je vous ai jamais rien fait de mal, frère.

— Oh, a dit le veck, si je te fais ci – et je te me repichepichenette le nez – et ça – je te me retords le trou de l'oreille qui me cuisait – et encore ça – je te m'écrase vachard le noga droit – c'est que j'aime pas les affreux comme toi. Et si tu veux me retourner l'amabilité, vas-y, te gêne pas, je t'en prie.

J'ai senti que je devais faire vraiment zoum pour sortir mon britva coupe-chou avant que l'horrible nausée de meurtre flambe swouish et s'éteigne et change comme qui dirait la joie de la bagarre en sensation que j'allais lâcher la rampe. Mais, Ô frères, le temps que ma rouke trouve le britva dans ma carmane intérieure, j'ai vu avec les glazes de la mémoire un genre image de cet odieux tchelloveck gueulant grâce, du krovvi rouge rouge ruisselant de sa rote ; et filant le train à cette image les nausées, la soif torturante et les douleurs aux tripes se bousculaient pour prendre la place, et j'ai reluché que je devais changer ma façon de voir cette pourriture de veck, et ça vraiment très très zoum ; alors je me suis palpé les carmanes pour y chercher des cigarettes ou du joli lollypop, et, Ô mes frères, pas plus d'une vesche que de l'autre. J'ai dit, genre beuglant et chialant comme un veau :

— J'aurais aimé vous offrir une cigarette, frère, mais on dirait bien que je n'en ai pas.

Le veck a fait :

— Bouah-ha, bouhouhou. Pleure, bébé.

Puis il m'a encore pichepichepichenetté le nez avec la bolchoï corne de son ongle, et j'ai slcuché de gros bidonskages genre réjouissance venant de l'obscurité du public. J'ai dit, raide désespéré, dans l'idée d'être gentil avec ce veck insolent qui faisait mal et d'arrêter les douleurs et la nausée qui montaient :

— Je vous en prie, permettez-moi de faire quelque chose pour vous, s'il vous plaît.

Et j'ai tâté dans mes carmanes, mais je n'y ai trouvé que mon britva coupe-chou, alors je l'ai sorti et je l'ai tendu en disant :

— Je vous en prie, prenez ça, s'il vous plaît. Comme petit cadeau. S'il vous plaît, prenez.

Mais il a dit :

— Garde-la, ta saleté de cadeau. On m'achète pas comme ça.

Et il m'a tapé sur la rouke et mon britva coupe-chou est tombé par terre. Alors j'ai dit :

— Je vous en prie, il faut que je fasse quelque chose. Est-ce que je peux vous nettoyer les chaussures ? Tenez, je vais me mettre à genoux et les lécher.

Et, mes frères, libre à vous de me croire ou de m'embrasser les charrières, je me suis mis à genoux et j'ai sorti une yachzick rouge d'un kilomètre et demi de long pour lui lécher ses pompes grassoues et vonneuses. Mais tout ce qu'a fait le veck, ç'a été de me shooter pas trop raide dans la rote. Alors j'ai eu comme une idée que ça ne réveillerait pas la nausée ni la douleur si je n'allais pas plus loin que d'empoigner ce grassou brachtni par les chevilles en serrant bien les roukes et de le basculer sur le tapis. Ce que j'ai fait, et ça l'a surpris vraiment bolchoï, vu qu'il a dégringolé crac au milieu d'un grand rire de l'autre bande de vonneux. Sauf qu'en le reluchant par terre j'ai senti toute l'horrible sensation qui revenait, alors je lui ai tendu la rouke pour l'aider à se relever zoum, et hop il s'est remis debout. Puis juste comme il allait me flanquer une toltchocke vacharde et bon poids sur le litso, le docteur Brodsky a dit :

— Bon, cela suffit pleinement.

Là-dessus, l'affreux veck s'est comme qui dirait incliné avant de sortir, genre acteur, tandis que les lumières radinaient pleins feux sur moi les yeux tout clignotants et la rote au carré régul pour chialer. Le docteur Brodsky s'est adressé à l'assistance :

— Notre sujet, vous le voyez, est poussé vers le Bien par, tel est le paradoxe, ses impulsions au Mal. L'intention de violence s'accompagne de fortes sensations de détresse physique. Pour contrecarrer celles-ci, le sujet doit se rejeter vers une attitude diamétralement opposée. Pas de questions ?

— Et le choix, a grondé une riche golosse de basse. (J'ai reluché que c'était celle du charlot de la prison.) Il n'a vraiment pas le choix, n'est-ce pas ? L'égocentrisme, la peur de la douleur physique, l'ont conduit à cet acte grotesque d'abaissement de soi.

L'insincérité de l'acte était évidente. S'il cesse d'être malfaisant, il cesse également d'être une créature capable de choix moral.

— Arguties, a répliqué genre souriant le docteur Brodsky. Les mobiles, la morale supérieure ce n'est pas ce qui nous préoccupe. Notre unique souci est la réduction de la criminalité.

— Et, a coupé leur bolchoï de Ministre bien sapé, de soulager l'effroyable congestion de nos prisons.

— Bien dit, bien dit, a crié quelqu'un.

Il y a eu alors tout un tas de govoritt et de discussions pendant que je restais piqué là, frères, comme si cette bande de bratchnis ignares avaient complètement ignoré mon existence ; alors j'ai critché :

— Moi, moi, moi. Et moi, alors ? Qu'est-ce que je deviens dans tout ça ? Qu'est-ce que je suis, un animal ou un chien ?

Sur quoi ils se sont remis à govoriter réellement fort et à me bombarder de slovos. Alors j'ai critché encore plus fort, critchant :

— Pour quoi vous me prenez ? Pour une espèce d'orange mécanique ou quoi ?

Je me demande où j'étais allé prendre ces slovos, frères ; ils m'ont déboulé dans le gulliver sans demander la permission. Toujours est-il que, le temps d'une minouta ou deux, ça leur a fermé le clapet, à tous ces vecks, sans que je sache pourquoi. Puis un viokcho tchelloveck très maigre, genre prof, avec un cou genre paquet de câbles à genre transmettre le jus du gulliver au plott, s'est levé et il a dit :

— Vous n'avez pas de raison de vous plaindre, mon garçon. C'est vous qui l'avez voulu, et tout cela n'est que la conséquence de votre choix. Quelle que soit la suite, ce sera votre choix à vous et à vous seul.

Sur quoi le charlot de la prison a critché :

— Ah, si seulement je pouvais y croire.

Et on a pu relucher que le Directeur lui jetait un regard signifiant comme qui dirait qu'il ne grimperait pas aussi haut qu'il se le figurait les échelons de la Religion des Prisons. Là-dessus la discussion a repris de plus belle et j'ai slouché que partout on se jetait le slovo « Amour » à la tête ; le charlot de la prison lui-même a critché plus fort que personne que La Parfaite Charité Bannit La Crainte et autres gouspinades. Et à ce moment-là le Dr Brodsky a dit, le litso fendu d'un grand sourire :

— Je suis heureux, messieurs, qu'on ait soulevé cette question de l'Amour. Nous allons voir maintenant un exemple vivant d'une manière d'Amour que l'on croyait morte avec le Moyen Âge.

Et là-dessus les lumières ont baissé et les projecteurs sont revenus, l'un sur votre pauvre Ami et Narrateur martyr, pendant que, dans la lumière de l'autre, entrait en tortillant des hanches et cambrant le profil la plus ravissante jeune dévotchka qu'on pouvait espérer voir, Ô mes frères, de toute une jiznée. Autrement dit, elle avait des groudnés raide tzarribles qu'on voyait comme qui dirait en plein, vu que ses platrusques lui glisse glissaient très bas des pletchos. Et elle avait des nogas qu'on aurait dit Gogre qui est aux Cieux, et sa démarche était genre à vous faire gémir jusque dans les kishkas, mais avec ça elle avait un visage adorable et souriant genre jeune et innocent. Elle s'est avancée vers moi avec la lumière, qui avait l'air de tomber d'elle genre comme qui dirait rayon de grâce céleste et autre gouspin, et la première chose qui m'est passée comme un éclair par le gulliver, c'était que j'avais envie de me la faire là, tout de suite, par terre, en lui filant un de ces vieux dedans-dehors des familles tout ce qu'il y a de sauvage ; mais aussi sec, zoum, la nausée m'a alpagué, comme qui dirait un détective planqué au coin d'une rue et qui fonce brusquement pour se taper sa grassounié d'arrestation. Et du coup le vonn de délicieux parfum qui venait d'elle m'a donné malgré moi comme une idée que j'allais me payer comme qui dirait un ascenseur dans les kishkas, alors j'ai su qu'il fallait que je me trouve une façon genre très différente de penser à elle, avant que toutes les douleurs et la soif et l'horrible nausée me tombent dessus pour de bon vraiment tzarrible. Et j'ai critché :

— Ô belle des belles, toi la plus belle des dévotchkas, je répands comme qui dirait mon cœur à tes pieds pour que tu puisses plus ou moins le piétiner. Si j'avais une rose je te la donnerais. Je voudrais que ça soit tout plein de flotte et de gouspin par terre, ici, parce qu'alors je te donnerais mes platrusques pour que tu marches dessus et que tu ne couvres pas tes nogas délicats de merdemouille et de bouillekrass.

Et ce disant, Ô mes frères, je sentais la nausée comme qui dirait se faire la malle.

— Ah, j'ai critché, laisse-moi t'adorer, permets que je sois pour toi comme qui dirait un bras secourable et protecteur contre ce monde genre méchant.

Puis le bon slovo m'est venu et je me suis senti mieux de le dire :

— Ah, permets que je sois ton fidèle chevalier servant.

Là-dessus me voilà reparti sur les vieilles rotules des familles, m'inclinant jusqu'à terre et genre râtelant des roukes. Sauf que tout de suite après je me suis senti raide popov et momo, vu que ça m'a eu tout l'air d'être une fois de plus un truc d'acteur ; car la dévotchka, après un sourire et une petite révérence au public, s'est tirée genre danseuse, tandis que les lumières revenaient sur des bouts d'applaudissements. Et il y avait dans l'assistance des viokchos vecks dont les glazes leur sortaient comme qui dirait de la tête, de désir salingue genre convoitise devant cette jeune dévotchka, Ô mes frères.

— Vous avez désormais en ce garçon un vrai Chrétien, a critché le docteur Brodsky. Prêt à tendre l'autre joue, prêt à se faire crucifier plutôt que de crucifier, et que la seule idée de tuer une mouche rendrait malade jusqu'au fond du cœur.

Et c'était la vérité, frères, car en même temps qu'il disait ça je me suis vu tuant une mouche et le cœur m'a levé juste un petit coup ; mais j'ai chassé la nausée et les douleurs en me figurant la mouche gavée de bouts de sucre et chouchoutée comme une saloperie de chien-chien-à-sa-mémère et autre gouspin.

— Rédemption, a critché Brodsky. Hosanna au plus haut des Cieux.

— Le fait est, a dit vraiment gromky leur Ministre de l'Inférieur, que c'est un succès.

— Oh, a dit genre soupir le charlot de la prison. Oh oui un succès, Dieu nous vienne tous en aide.

Troisième partie

1.

— Bon, alors ça sera quoi, hein ?

Ça, mes frères, c'était moi le lendemain matin, debout devant ce bâtiment blanc qui avait l'air de tenir par des punaises à la vieille Prita des familles. J'étais là dans la lumière grise et dans mes platrusques de deux ans plus tôt, avec un malenky bout de sac contenant mes quelques vesches personnelles et un brin de tilt, aimable donation des Autorités vonneuses genre histoire de m'aider à démarrer dans ma nouvelle vie.

Le reste de la journée de la veille avait été très fatigant, entre les interviews à enregistrer pour les informations télé et les photos qu'on prenait flash flash clic-clac-codac, sans compter les genres démonstrations de moi jetant l'éponge devant les ultra-violents et autres gouspinades tout ce qu'il y a de gênant. Et après je m'étais comme effondré au lit pour être, qu'on aurait cru, réveillé pour m'entendre dire de décarrer dehors, de m'en itter à la maison, qu'on ne voulait plus jamais jamais plus relucher Votre Humble Narrateur, Ô mes frères. Et me voilà donc, très très tôt dans le matin, avec juste ce peu de joli lollypop dans la carmane gauche, le faisant tinter et me demandant :

— Bon alors, ça sera quoi, hein ?

Un petit déjeuner et un messtot, j'ai pensé, vu que je n'avais pas mangé du tout ce matin-là, tous les vecks étant impatients tzarrible de me propulser à la toltchocke dans la liberté. Je n'avais drinké qu'une chascha de tché. Leur Prita était située dans une partie de la ville très genre sinistre, mais il y avait de malenky zincs pour ouvriers tout alentour et je n'ai pas tardé à en trouver un, mes frères. C'était un coin très gouspineux et vonnant, avec une seule ampoule au plafond, dont les chiures de mouches obscurcissaient plus ou moins un peu la lumière, et il y avait là des rabiteurs matinaux qui gobelotaient leur tché avec des saucisses horribles à voir et des tranches de kleb qu'ils bâfraient qu'on aurait cru des loups, faisant glouip glouip glouip et puis critchant pour en redemander. Pour les servir il y avait une dévotchka tout ce qu'il y a de gouspineuse mais avec des groudnés très bolchoïs, et certains de ces vecks bâfreurs essayaient d'en tâter en faisant hah hah hah pendant qu'elle faisait hi hi hi, et la vue de cette bande a failli me rendre malade, frères. Mais j'ai demandé des grillettes et de la confiture et du tché, en prenant ma golosse de gentleman tout ce qu'il y a de poli, puis je me suis assis dans un coin sombre pour manger et drinker.

Pendant que j'étais occupé à ça, une espèce de malenky petit nain de veck a itté dedans, en vendant les gazettas du matin. C'était un genre prestoupnick tout tordu et grassou, avec de grosses lunettes à monture d'acier et des platrusques genre couleur de viokcho pudding aux raisins à moitié pourri. J'ai koupté une gazetta – l'idée étant de m'apprêter à me replonger dans la jiznée normale en reluchant ce qui s'ittait dans le monde. Cette gazetta que j'avais semblait genre plutôt gouvernementale, car la seule nouvelle qu'on voyait en première page était sur la nécessité pour chaque veck de veck de bien s'assurer qu'il ramènerait le Gouvernement au pouvoir aux prochaines Élections Générales, qui devaient se tenir apparemment d'ici deux ou trois semaines. Il y avait des slovos très vantards sur ce que le gouvernement avait fait, frères, ces une ou deux dernières années, entre l'accroissement des exportations et une politique étrangère vraiment tzarrible et les progrès dans la Sécurité Sociale et tout le gouspin. Mais ce dont le gouvernement se glorifiait le plus c'était vraiment la façon dont il estimait qu'on avait augmenté la sécurité des rues pour tous les lioudis qui aimaient se balader en paix la nuit, et ça au cours des six derniers mois, entre l'augmentation des salaires pour la police et la vie genre plus dure que les rosses menaient aux jeunes voyous vicieux et casseurs et autre gouspin. Ce qui n'était pas sans intéressovater Votre Humble Narrateur. Et en page deux de la gazetta il y avait une photo genre floue de quelqu'un qui avait un air très familier et qui finalement n'était autre que moi moi moi. J'avais l'air très sinistre et genre terrorisé, mais c'était vraiment rapport aux flashes qui avaient fait tout le temps pop pop pop. Et en dessous de ma photo ça disait qu'on avait là le premier diplômé du nouvel Institut d'État pour la Récupération des Personnes Criminelles, guéri de ses instincts criminels en quinze jours seulement et devenu bon citoyen respectueux des lois et tout le gouspin. Puis j'ai reluché qu'il y avait un article très vantard sur leur fameuse Méthode Ludovico, où on racontait comme le Gouvernement était intelligent et tout le gouspin. Puis il y avait une autre image d'un vague veck que j'ai cru reconnaître, et c'était leur Ministre de l'Inférieur ou de l'Intérieur. Apparemment il s'était payé une petite tranche de gloriole en prédisant une ère ravissante et libérée du crime, où on n'aurait plus à craindre les lâches agressions de jeunes voyous vicieux et casseurs et tout le gouspin. Alors j'ai fait beurrrrrk et j'ai jeté la gazetta par terre, ce qui fait qu'elle a caché les taches de tché renversé et d'affreux glaviots laissés par les bestiaux vonneux qui fréquentaient ce zinc.

— Bon, alors ça sera quoi, hein ?

Pour l'heure, la réponse c'était, frères, que ça serait retour au foyer et une jolie surprise pour papapa et môman, avec leur fils et héritier unique réintégrant le sein de la famille. Enfin j'allais pouvoir m'allonger sur mon lit, dans ma malenky chambrette pour moi tout seul, et sloucher un peu de musique adorable tout en réfléchissant à ce que j'allais faire de ma jiznée. Le préposé à la Relaxe m'avait remis la veille une longue liste de jobs où je pourrais me présenter, et il avait téléphoné à plusieurs vecks à mon sujet, mais je n'avais aucune intention, mes frères, de commencer tout de suite à rabiter. D'abord un malenky peu de repos, oui, et une bonne gamberge pépère tranquille sur le lit et sur fond de jolie musique.

Bref, donc, bus jusqu'à Centre, puis re-bus jusqu'à l'avenue Kingsley, les appartements du HLM 18-A étant juste à côté. Vous me croirez sûrement, mes frères, si je dis que mon cœur cognait bang bang bang comme qui dirait d'excitation. Tout était très tranquille, vu que c'était encore le petit matin d'hiver, et quand j'ai itté dans le hall du HLM il n'y avait pas une âme de veck, rien que les vecks et les tchinas nagoïs de la Dignité du Travail. Ce qui m'a surpris, frères, c'était la façon dont ce truc avait été nettoyé, vu qu'il n'y avait plus de slovos salingues dans des bulles sortant de la rote des Fiers Travailleurs, plus de parties du corps obscènes ajoutées aux plotts nus par des maltchicks au crayon dégueulasse. Et ce qui m'a également surpris c'est que l'ascenseur marchait. Il est descendu en ronronnant quand j'ai appuyé sur le knopka électrique, et en y entrant j'ai également été surpris de relucher que tout était propre à l'intérieur de leur genre cage.

J'ai donc grimpé jusqu'au dixième, et là j'ai vu le 10-8 tout pareil à autrefois, et ma rouke a tremblé et sauté quand j'ai tiré de ma carmane ma petite kloutche personnelle pour ouvrir. Mais j'ai fourré la kloutche d'une main ferme dans la serrure et j'ai tourné, puis ouvert, et ensuite je suis entré, et là je suis tombé sur trois paires de glazes qui m'ont regardé d'un air surpris et quasi effaré et c'étaient pé et ème en train de se taper leur petit déjeuner, sauf qu'il y avait aussi un autre veck que je n'avais jamais reluché de ma jiznée – un veck bolchoï et mastif, en manches de chemise et bretelles, tout à fait chez lui, frères, en train de glouglouter son tché laiteux et de se bâfremeuler son neuneuf et sa grillette des familles. Et c'est ce veck inconnu qui a parlé le premier, disant :

— Qui es-tu, l'ami ? Comment ça se fait que t'aies une clé ? Dehors, avant que je te défonce la gueule. Sors, et fissa, et frappe avant de rentrer. Bon, ça va, déballe ton truc, mais grouille.

Mes p'pa et m'man restaient assis comme pétrifiés, et je reluchais bien qu'ils n'avaient pas encore lu leur gazetta, mais je me suis rappelé que la gazetta n'arrivait pas avant que papapa soit parti à son travail. Là-dessus môman a dit :

— Mon Dieu tu t'es enfui. Tu t'es évadé. Qu'est-ce qu'on va faire ? D'ici à ce qu'on ait la police chez nous, ah là là. Oh, le vilain, le méchant garnement, nous faire honte comme ça à tous.

Et libre à vous de me croire ou de m'embrasser les charrières, elle s'est mise à y aller bou hou hou. Alors j'ai essayé de commencer à expliquer, ils pouvaient téléphoner à la Prita s'ils voulaient, et tout ce temps l'autre veck inconnu restait assis là genre tout froncé, l'air d'avoir envie de me défoncer le litso de son poing bolchoï poilu et viandu. Alors j'ai dit :

— Et toi, frère, si tu répondais un peu, à ton tour ? T'es ici pour quoi foutre, et pour combien de temps ? J'ai pas aimé le ton de ce que tu viens de dire. Fais gaffe. Vas-y, déballe.

C'était un veck type ouvrier, très laid, dans les trente ou quarante ans, et maintenant il restait là à me regarder, la rote grande ouverte sans govoriter un seul slovo. Puis mon p'pa a dit :

— Tout ça est un peu déroutant, fils. Tu aurais dû nous prévenir que tu arrivais. On pensait que tu en avais encore pour au moins cinq ou six ans avant qu'on te relâche. Non que, a-t-il dit (et ça genre tout ce qu'il y a de lugubre), qu'on ne soit pas très heureux de te revoir, et en homme libre, par-dessus le marché.

— Qui c'est, ça ? j'ai dit. Qu'est-ce qu'il attend pour parler ? Qu'est-ce qui se passe ici ?

— Je te présente Jojo, a dit ma môman. Il habite ici, maintenant. Notre pensionnaire, voilà qui c'est. Oh mon Dieu mon Dieu mon Dieu, a-t-elle fait.

— Toi, mon gars a dit le Jojo. Je sais tout sur toi. Je sais ce que t'as fait, t'as brisé de chagrin le cœur de tes pauvres parents. Alors comme ça, te v'là de retour, hein ? De retour pour leur mener encore une vie de misère, c'est ça, hein ? Faudra que tu passes sur mon cadavre, alors, parce qu'ils ont permis que je sois un vrai fils pour eux, et pas seulement un pensionnaire.

Il y aurait eu de quoi me bidonsker tout haut ou presque si le vieux razedraze des familles ne s'était mis à réveiller en moi la sensation de l'envie de vomir, vu que ce veck paraissait à peu près du même âge que mes pé et ème et qu'il était là à vouloir poser un roukeur filial et protecteur sur l'épaule de ma môman en larmes, Ô mes frères.

— Ah bon, j'ai dit, et je me sentais presque au bord de fondre en larmes moi aussi. Ah bon, c'est comme ça, alors ? Eh bien moi, je te donne cinq grandes minoutas pour vider de ma chambre toutes tes saletés de vesches gouspineuses.

Et j'y suis allé, jusqu'à ma chambre, vu que ce veck était un malenky peu trop lent pour pouvoir m'arrêter. Quand j'ai ouvert la porte mon cœur s'est brisé sur le tapis, vu que j'ai reluché que ça ne ressemblait plus du tout à ma chambre, frères. Tous mes fanions étaient partis des murs et à la place le veck avait mis des photos de boxeurs et aussi d'un genre équipe de gars assis à la ramenarde, les roukeurs croisés et un genre écusson d'argent par-devant eux. Et ensuite j'ai reluché ce qui manquait d'autre. Ma stéréo et mon placard à disques n'étaient plus là, ni mon coffre à trésors fermé à clé qui contenait mes bouteilles et mes drogues et deux seringues luisantes de propreté.

— C'est une belle dégueulasserie, le boulot vonneux qu'on s'est payé ici, j'ai critché. Qu'est-ce que t'as fait de toutes mes vesches personnelles, espèce d'affreux fumier ?

Ça s'adressait au Jojo, mais c'est mon p'pa qui a répondu, disant :

— Tout a été emmené, fils, par la police. Rapport à ce nouveau règlement, tu sais, sur l'indemnisation des victimes.

J'avais énormément de mal à ne pas me sentir très malade ; n'empêche que mon gulliver me lançait que c'était une honte, et j'avais la rote si sèche que j'ai dû m'envoyer zoum une rasade de lait à la bouteille posée sur la table, si bien que le Jojo a dit :

— Non mais, regardez-moi ces manières de cochon dégueulasse.

J'ai dit :

— Mais elle est morte. Elle est morte, la vieille.

— C'est rapport aux chats, fils, a dit mon p'pa genre tout chagrin. Ils sont restés sans personne pour s'occuper d'eux le temps qu'on ait lu le testament, et il fallait bien quelqu'un pour leur donner à manger. Alors la police a vendu tes affaires, vêtements et tout, pour aider à soigner les bêtes. C'est la loi, fils. Bien que ça n'ait jamais été tellement ton fort de lui obéir, à la loi.

Du coup j'ai dû m'asseoir, et le Jojo a dit :

— Demande la permission avant de t'asseoir, p'tit salaud, jeune malappris.

Je lui ai renvoyé zoum aussi sec :

— Et toi, ferme ta saleté de gros clapet graisseux.

Je me sentais malade. Alors j'ai essayé d'être tout ce qu'il y a de raisonnable et de souriant, en pensant comme qui dirait à ma santé. J'ai donc dit :

— En tout cas, c'est ma chambre, personne ne peut le nier. Et c'est aussi chez moi ici. Et vous, mes pé et ème, qu'est-ce que vous proposez ?

Mais ils se contentaient d'avoir l'air tout ce qu'il y a de constipé ; ma môman tremblait un peu, le litso tout ravagé et mouillé comme qui dirait de larmes. Et puis mon p'pa a dit :

— Faut qu'on réfléchisse à tout ça, fils. On peut pas très bien se contenter de flanquer Jojo dehors, pas comme ça, non ? Je veux dire, il est là pour un boulot, Jojo, un contrat que c'est, deux ans, et on a fait entre nous une espèce d'arrangement, pas vrai, Jojo ? Je veux dire, fils, on a pensé que tu en avais pour longtemps à rester en prison et que cette chambre resterait à rien faire.

Il avait un peu honte, ça se reluchait à son litso. Alors je me suis contenté de sourire et de genre hocher la tête, disant :

— Je reluche tout. Vous avez pris l'habitude d'avoir un peu la paix et aussi de palper un peu d'extra lollypop. Bon, c'est comme ça. Et votre fils n'a jamais été pour vous qu'une source d'ennuis affreux.

Là-dessus, mes frères, libre à vous de me croire ou de m'embrasser les charrières, je me suis mis plus ou moins à pleurer, me sentant comme qui dirait tout triste en pensant à moi. Alors mon p'pa a dit :

— C'est que, vois-tu, fils, Jojo a déjà payé le prochain terme. Tu comprends, quoi qu'on fasse ensuite, on peut pas dire à Jojo de foutre le camp, pas vrai Jojo ?

Le Jojo a dit :

— C'est à vous deux que je dois penser, qui avez été comme un père et une mère pour moi. Est-ce que ce serait bien ou juste, si je partais en vous laissant à la tendre merci de ce jeune monstre qui n'a jamais ressemblé du tout à un vrai fils ? Il pleure à présent, mais c'est de la comédie et du chiqué. C'est à lui de s'en aller et de se trouver une chambre quelque part. C'est à lui d'apprendre les erreurs de sa conduite et qu'un mauvais garçon comme il l'a été ne mérite pas le genre de brave p'pa et m'man qu'il a eus.

— D'accord, j'ai dit en me levant, toujours comme qui dirait en larmes. À présent, je sais à quoi m'en tenir. Personne m'aime, personne a envie de moi. J'ai souffert et souffert et souffert et tout le monde veut que je continue à souffrir. Je le sais maintenant.

— T'as fait souffrir les autres, a dit le Jojo. Ça n'est que justice que tu souffres comme il faut. On m'a raconté tout ce que t'as fait, le soir quand on était assis autour de la table de famille, et ça faisait plutôt mal à entendre. Y a bon nombre de ces choses qui m'ont fait mal au ventre.

— J'aimerais mieux me retrouver en prison, j'ai dit. À c'te bonne vieille Prita, on a beau dire. Je m'en itte maintenant, j'ai dit. Jamais plus vous ne me relucherez. Je ferai tout tout seul, merci beaucoup. J'espère que ça vous fera gros sur la conscience.

Mon p'pa a dit :

— Le prends pas comme ça, fils.

Et ma môman a seulement fait bou hou hou, le litso tout tordu vraiment laid, pendant que le Jojo lui passait de nouveau le roukeur sur l'épaule en la tapotant et lui faisant là là là que c'était raide bézoumni. Et puis j'ai plus ou moins titubé jusqu'à la porte et je suis sorti, les laissant à leurs affreux remords, Ô mes frères.

2.

Ittant dans la rue genre comme qui dirait sans but, frères, dans ces platrusques du soir qui faisaient plus ou moins se retourner les gens sur mon passage, sans compter que je pelais de froid vu que c'était un jour d'hiver vachement glaciaire, je n'avais plus qu'une envie : être loin de tout ça et ne plus avoir à penser à une seule vesche au monde. J'ai donc pris le bus pour Centre et après je suis revenu à pied jusqu'à la Place Taylor, et là se trouvait la discotic MELODIA – celle que j'honorais autrefois de mon inestimable clientèle, Ô mes frères, et ça avait si peu l'air d'avoir changé comme messtot qu'en entrant je m'attendais à y relucher le vieil Andy, ce petit veck chauve, très très maigre et serviable à qui je kouptais des disques dans le temps. Mais fini, plus d'Andy, frères, rien que les gueulantes et les critches de maltchicks et de ptitsas nadsats (des moins de vingt ans, autrement dit) slouchant je ne sais quelle horreur de nouvelle chanson pop et dansant sur l'air en même temps, et le veck derrière le comptoir, guère plus qu'un nadsat lui aussi, faisant criquecraquer les os de ses roukes et se bidonskant genre bézoumni. Je me suis donc avancé et j'ai attendu comme qui dirait qu'il daigne me remarquer, puis j'ai dit :

— J'aimerais écouter un disque, Mozart, la quarantième.

J'ignore pourquoi ça m'était passé par le gulliver, mais c'est un fait. Le veck du comptoir a dit :

— La quarantième quoi, mon ami ?

— Symphonie, j'ai dit. La Symphonie Numéro Quarante en sol mineur.

— Ooooh, a fait un de ces nadsats qui dansaient, un maltchick avec les cheveux qui lui tombaient sur les glazes. Une siphonnée. Monsieur voudrait une siphonnée.

Je me sentais devenir tout razedraze par en dedans, mais comme je devais faire gaffe à ça j'ai plus ou moins souri au veck qui remplaçait Andy et à la bande de nadsats qui dansaient et critchaient. Le veck du comptoir a dit :

— Vous n'avez qu'à entrer dans la cabine d'écoute, là-bas, mon ami, je vous envoie le pipe-line.

Je suis donc allé jusqu'à la malenky cabine à sloucher les disques qu'on voulait acheter, et ce veck en a mis un pour moi, mais ce n'était pas la Quarantième de Mozart, c'était la Prague du même – apparemment il avait pris le premier Mozart venu sur le rayon – et rien que ça aurait dû commencer à me rendre razedraze pour de bon, sauf que je devais faire gaffe de crainte d'avoir mal et la nausée ; mais je n'oubliais qu'une chose, que je n'aurais jamais dû oublier et qui maintenant me donnait envie de lâcher la rampe. Et c'était que ces bratchnis de docteurs avaient goupillé les choses pour que n'importe quelle musique comme qui dirait bonne pour l'émotion me lève autant le cœur que de relucher la violence ou de vouloir la commettre. Ça tenait au fait que tous leurs films de violence avaient de la musique qui allait avec. Je me rappelais surtout leur horrible film nazi avec la Cinquième de Beethoven, dernier mouvement. Et voilà que c'était au tour du ravissant Mozart de devenir horrible. Je me suis enfui de la boutique, avec les nadsats qui se bidonskaient dans mon dos et le veck du comptoir qui critchait : « Hé hé hé ! » Mais je ne faisais pas attention et j'ai traversé la chaussée en titubant comme ivre ou presque jusqu'à l'autre coin de rue et au Korova Milkbar. Je savais ce dont j'avais envie.

Le messtot était presque vide, vu que c'était encore le matin. Il avait aussi un drôle d'air, à cause de toutes les vaches qui faisaient meuh peintes en rouge sur les murs, et derrière le bar il n'y avait pas de veck de ma connaissance. Mais quand j'ai dit : « Un double lait gonflé », le veck au litso genre maigre et tout rasé de frais a tout de suite su ce que je voulais. J'ai emporté mon double moloko gonflé dans une des petites stalles qu'il y avait tout autour du messtot avec des genre rideaux pour s'isoler du reste, et là je me suis assis sur le siège en peluche et j'ai siro-siroté. Quand j'ai eu asséché le tout, j'ai commencé à sentir qu'il se passait des choses. J'avais les glazes genre braqués sur un malenky bout de papier d'argent venant d'un paquet de cancerettes et qui traînait par terre, le balayage de ce messtot n'étant pas tellement tzarrible, frères. Ce bout de truc brillant a fini par grossir et grossir et grossir et devenir comme qui dirait si éclatant et aveuglant que j'étais forcé de fermer les glazes ou presque. Il a tellement grossi qu'il est devenu plus grand que tout ce cucubicule où j'étais vautré – grand comme tout le Korova, toute la rue, toute la ville, et puis comme le monde entier, et de là comme tout le toutime, frères. On aurait dit une mer lessivant toutes les vesches qu'on avait pu fabriquer ou même eues dans l'idée. Je pouvais quasiment me sloucher moi-même en train de faire des sortes de choums très particuliers et de govoriter des slovos genre « Chère charogne folivraie ne pourris point en guises pluriformes » et autre gouspin. Et puis j'ai pu comme qui dirait sentir le pouls de la vision battre dans tout ce tas d'argent, et ensuite il y a eu des couleurs comme personne n'en avait jamais reluchées, et après j'ai reluché comme un groupe de statues très très très loin, mais qui avait l'air comme poussé par-derrière toujours plus proche proche proche et tout éclairé par une lumière très vive, à la fois d'en bas et d'en haut, Ô mes frères. Ces statues étaient celles de Dieu ou Gogre Avec Tous Ses Anges et Ses Saints, tous très brillants comme du bronze, avec des barbes et de grandes ailes bolchoïes qui battaient dans une espèce de vent, si bien qu'elles ne pouvaient pas être réellement en pierre ou en bronze, non, pas réellement, et les yeux ou glazes genre bougeaient plus ou moins, genre vivants. Ces grandes statues bolchoïes sont arrivées sur moi tellement tellement tellement près qu'on aurait dit qu'elles allaient m'écraser et j'ai slouché ma golosse qui faisait « Yiiiiii ». Et j'ai eu le sentiment que je m'étais débarrassé de tout – platrusques, corps, cervelle, nom, le toutime – et je me suis senti vraiment tzarrible, comme qui dirait le paradis. Puis il y a eu un choum genre dégringolade et dégrabolade et Gogre et les Anges et les Saints ont plus ou moins secoué le gulliver en me regardant, comme pour govoriter que le temps manquait maintenant mais qu'il faudrait que j'essaie encore, un autre coup, et alors il y a eu un genre grosse ricano-bindonske et tout a basculé et la grande lumière chaude est devenue comme froide, et puis j'ai été là comme avant, avec le verre vide sur la table et envie de pleurer et le sentiment que la mort est la seule réponse à tout.

Et c'était ça le truc, c'était la chose à faire, je le reluchais tout ce qu'il y a de clair. Oui, mais comment ?

je ne savais pas très bien, n'y ayant encore jamais pensé, Ô mes frères. Dans mon petit sac de vesches personnelles j'avais mon britva coupe-chou, et je me suis senti tout de suite très malade à l'idée de me faire swouishhhhhh, avec tout mon krovvi à moi coulant rouge rouge rouge. Ce que je voulais ce n'était pas du violent, c'était quelque chose qui me ferait seulement partir doucement genre sommeil et ça serait la fin de Votre Humble Narrateur, fini les ennuis pour tout le monde, à jamais. Peut-être, je me suis dit, que si j'ittais jusqu'à la Biblio Publique du coin je trouverais un bouquin sur la meilleure façon de lâcher la rampe sans souffrance. Je me suis vu mort et j'ai pensé comme tout le monde le regretterait, pé et ème et ce gouspin vonneux de Jojo qui n'était qu'un genre d'usurpateur, et aussi le docteur Brodsky et le docteur Branom et leur Ministre de l'Intérieur Inférieur et tous les autres vecks. Sans compter ce vantard de Gouvernement vonneux. Alors je me suis pointé dehors et j'ai ousté dans l'hiver, et c'était maintenant l'après-midi, pas loin de deux heures, comme j'ai pu le relucher au bolchoï chrono de Centre, si bien que mon voyage au vieux moloko des familles avait dû comme qui dirait prendre plus longtemps que je ne croyais. J'ai descendu le boulevard Marghanita et puis j'ai tourné dans l'avenue Boothby, puis encore au coin et c'est là qu'était la Biblio Publique.

C'était une espèce de viokcho messtot gouspineux où je ne me rappelais pas être entré depuis le temps où j'étais encore un très très malenky maltchick, dans les six ans maxi, et il était divisé en deux parties – une pour emprunter les livres et l'autre pour lire, qui était pleine de gazettas et de magazes et reniflait comme qui dirait le vonn de vieux vecks très viokchos et dont le plott puait genre vieillesse et pauvreté. Ceux-là étaient piqués devant les râteliers à gazettas tout autour de la salle, à goutter du nez et roter et govoriter tout seuls en tournant les pages pour lire très tristement les nouvelles, ou alors ils étaient assis aux tables à regarder les magazes ou à faire semblant, certains d'entre eux dormant et deux ou trois de ceux-ci ronflant vraiment gromky. Sur le moment, impossible comme qui dirait de me rappeler ce que je voulais, puis je me suis rappelé avec un petit choc que j'avais itté là pour chercher comment lâcher la rampe sans souffrir, alors j'ai goulatié jusqu'à l'étagère pleine de vesches genre fiches. Il y avait des tas de bouquins, mais pas un seul avec un titre, frères, qui faisait vraiment l'affaire. Il y avait un livre de médecine que j'ai descendu du rayon, mais quand je l'ai ouvert j'ai vu plein de dessins et de photos de blessures et de maladies horribles, ce qui m'a seulement donné un tout petit peu envie de vomir. Du coup je l'ai remis en place et puis j'ai pris le gros livre ou Bible comme ça s'appelait, dans l'idée que ça pourrait genre me réconforter un peu, comme au temps de la vieille Prita des familles (pas si vieille, réellement, mais ça semblait déjà très très loin), et je me suis traîné jusqu'à une chaise pour lire dedans. Et tout ce que j'ai trouvé c'était des histoires de bras justicier frappant soixante-dix fois sept fois et de tas de Juifs se maudissant et se toltchockant entre eux, et ça aussi m'a donné envie de vomir. Tant et si bien que j'étais tout près de pleurer et qu'un viokcho moudj tout loqueteux, assis en face de moi, a dit :

— Qu'est-ce qu'il y a, fils ? Ça ne vas pas ?

— J'veux lâcher la rampe, j'ai dit. J'en ai ras le bol, voilà ce qu'il y a. J'en ai marre de la vie.

Un viokcho veck qui lisait à côté de moi a fait « Chhhut » sans lever le nez de dessus une espèce de magaze plein de dessins genre vesches géométriques très bolchoïes. Ça me rappelait quelque chose, d'une façon. L'autre moudj a dit :

— Tu es trop jeune pour ça, fiston. Bon sang, mais t'as toute la vie devant toi.

— Oui, j'ai dit amèrement. Autant dire une paire de faux groudnés.

Le veck au magaze a fait encore « Chhut », en levant le nez cette fois, et on a eu tous les deux le même déclic. J'ai reluché qui c'était. Il a dit, très gromky :

— Pour ce qui est des formes, j'ai une sacrée mémoire, je vous jure. Une fois gravées là, elles y restent, toutes. Bon Dieu, vous, mon jeune salopard, cette fois je vous tiens.

La cristallographie, oui, c'était bien ça. Ça qu'il avait sous le bras en sortant de la Biblio, l'autre fois. Les fausses dents écrabouillées raide tzarrible. Les platrusques arrachées. Les bouquins razrézés, tous sur la cristallographie. Je me suis dit que le mieux était de filer de là vraiment zoum, frères. Mais ce vieux viokcho de moudj était déjà debout et critchait comme un bézoumni, ameutant la bande de viokchos tousseux occupés à brouter aux murs les gazettas, et aussi d'autres qui piquaient leur ronflette sur les magazes devant les tables.

— On le tient, critchait-il. C'est lui le jeune salaud, la vipère qui a détruit les livres sur la cristallographie, des livres rares, des livres qu'on ne retrouvera jamais plus, nulle part.

Et ça faisait un de ces choums, à croire que le vieux veck avait perdu le gulliver.

— Regardez-le, ce beau spécimen de notre jeunesse lâche et brutale, critchait-il. Oui, là, au milieu de nous, et à notre merci. Ses amis et lui m'ont battu, roué de coups de poing et de pied. Ils m'ont déshabillé, arraché les dents. Ils ont ri de mon sang et de mes plaintes. Ils m'ont renvoyé chez moi à coups de botte, à moitié assommé et nu.

Tout ça n'était pas entièrement vrai, ainsi que vous le savez, frères. On lui avait laissé des platrusques, il n'était pas complètement nagoï.

— Il y a plus de deux ans de ça, j'ai critché à mon tour. On m'a puni depuis. Je connais la leçon maintenant. Vous n'avez qu'à voir, tenez... j'ai ma photo dans les canards.

— Puni, hein ? a dit un viokcho veck genre ancien combattant. C'est vous exterminer tous, qu'on devrait. Comme une vermine malfaisante. Puni, tu parles.

— D'accord, d'accord, j'ai dit. Tout le monde a le droit d'avoir son opinion. Je vous demande pardon à tous. Faut que je m'en aille à présent.

Et j'ai itté vers la porte de ce messtot de vieux bézoumnis. L'aspirine, c'était ça le truc, ça me revenait. Suffisait de s'en taper une centaine et on lâchait la rampe. L'aspirine de la vieille pharmacie des familles. Mais le veck à la cristallo s'est mis à critcher :

— Empêchez-le de filer. On va le lui apprendre, ce que c'est que le châtiment, à ce sale petit assassin. Arrêtez-le.

Et libre à vous de me croire ou de faire l'autre vesche que je dis, frères, mais deux ou trois autres vieux croulants, dans les quatre-vingt-dix ans chaque, m'ont empoigné de leurs vieilles roukes à sucrer les fraises, et le vonn de vieillesse et de maladie que je reniflais sur ces moudjs plus qu'à moitié crevards a failli me rendre malade. Le veck au cristal s'est mis à m'agresser et à m'envoyer de pauvres malenky toltchockes en travers du litso. J'ai essayé de me dégager et d'itter dehors, mais toutes ces vieilles roukes qui me tenaient étaient plus fortes que je ne croyais. Là-dessus d'autres viokchos vecks ont radiné de leur râtelier à gazettas, en clochepinant, histoire de se payer aussi Votre Humble Narrateur. Ils critchaient des vesches genre : « Tuez-le, écrabouillez-le, faites-lui la peau, faites-lui bouffer ses dents » et tout le gouspin, et je reluchais assez clair ce que c'était. C'était la croulebarbe voulant se faire la jeunesse, voilà ce que c'était. Mais il y en avait qui disaient :

— Ce pauvre vieil Alfred. Tué qu'il a failli être, le pauvre Alfred, et par lui, on le tient le jeune salaud.

Et le reste. Comme si tout ça s'était passé la veille. Ce qui était le cas pour eux, je pense. On aurait dit maintenant comme une inondation de vieillards salingues, vonneux et pleins de fuites partout, qui essayaient de m'agresser avec leurs roukes genre faiblardes et leurs vieilles griffes racornies, le tout en critchant et me haletant dessus comme des phoques, mais notre droug au cristal, lui, était au premier rang et me flanquait toltchocke après toltchocke. Et moi je n'osais rien faire, pas la moindre petite vesche, Ô mes frères, vu que mieux valait être frappé comme ça que d'avoir envie de vomir et de sentir l'horrible douleur, sauf que naturellement le fait qu'il y avait de la violence en cours me faisait bien sentir que la nausée coulait un œil dans le coin, pour relucher si elle devait se pointer pour de bon et y aller pleins tubes.

Et puis un veck préposé s'est amené, plutôt jeune, et il a critché :

— Qu'est-ce qui se passe ? Voulez-vous arrêter ça tout de suite. C'est une salle de lecture, ici.

Mais personne n'a fait attention. Alors le veck préposé a dit :

— Bien, je vais appeler la police.

Et moi qui aurais pensé que de toute ma jiznée jamais je ne ferais une chose pareille, j'ai critché :

— Oui oui oui, c'est ça, défendez-moi contre ces vieux fous.

N'empêche. J'ai remarqué que le veck préposé n'était pas trop pressé de se mouiller dans la dratse ni de me tirer des griffes furieuses de cette bande de viokchos dingues ; il s'est contenté d'ouster vers son genre bureau ou autre, où il y avait le téléphone. Faut dire que maintenant la bande des vieux commençait à s'essouffler et je sentais bien que je les aurais tous renversés d'une simple pichenette, mais je me suis seulement laissé cramponner, tout ce qu'il y a de patient, par leurs viokchos roukes, les glazes clos, me bornant à encaisser leurs pauvres toltchockes sur le litso et aussi à sloucher les vieilles golosses haletantes et blanches qui critchaient :

— P'tit salaud, jeune assassin, voyou, truand, tuez-le.

Puis j'ai reçu raide sur le nez une toltchocke qui m'a fait si mal que je me suis dit merde de merde à la fin, et j'ai ouvert grand les glazes et me suis mis à me débattre pour me dégager, ce qui n'a pas été difficile, frères, et j'ai foncé en critchant jusqu'à l'espèce de hall d'entrée de la salle de lecture. Sauf que la bande de viokchos vengeurs me cavalait derrière, râpant de la gorge genre râle d'agonisant, et toutes griffes dehors pour les planter bestialement dans Votre Ami et Humble Narrateur. Et puis on m'a croché aux pattes et je suis tombé par terre et on a commencé à me shooter dedans et ensuite j'ai slouché des golosses de jeunes vecks critchant :

— C'est bon, c'est bon, ça suffit.

Et j'ai su que c'était la police.

3.

J'étais genre vaporeux, Ô mes frères, et incapable de relucher très clair, mais j'étais sûr d'avoir déjà rencontré ces milichiens dans un autre messtot. Celui qui me cramponnait en faisant « Là là là », juste dans l'entrée de la Biblio Publique, celui-là je ne le connaissais pas du tout, mais il avait l'air genre très jeune pour un rosse. Les deux autres, eux, avaient des dos que j'étais certain d'avoir reluchés quelque part. Ils tapaient dans le tas des viokchos vieux vecks avec une de ces ardeurs et une de ces joies bolchoïes, faisant siffler à tout va leur malenky fouet en critchant :

— Voilà pour vos gueules, bande de sales gamins. Ça vous apprendra à vous bagarrer et à troubler l'Ordre de l'État, tas de malfaisants et de traîtres.

Et ils ont ramené au fouet dans la salle de lecture tous ces viokchos vindicatifs sub-claquants qui soufflaient et catarrhaient à tout va, puis ils se sont retournés pour me relucher en se bidonskant encore du plaisir qu'ils venaient de se payer. Le plus âgé des deux a dit :

— Tiens tiens tiens tiens tiens tiens tiens. Mais c'est ce petit Alex. Bout de temps qu'on t'a pas reluché, droug. Comment va ?

J'étais genre tout paumé, vu que l'uniforme et le chlem, ou casque, rendaient difficile de relucher qui c'était, même si le litso et la golosse m'étaient tout ce qu'il y a de familier. Puis j'ai regardé l'autre, et rien qu'à voir son litso fendu de rigolade bézoumnie, il n'y avait pas d'erreur possible. Alors, perdant une pédale puis deux, j'ai regardé encore celui qui avait tiens-tiens-tiens-tienné. Pas d'erreur c'était bien ce vieux gros lard de Gars Willie, mon vieil ennemi. Et l'autre, bien sûr, c'était Momo, jadis mon droug et aussi l'ennemi de ce gros bouc puant de Willie, et maintenant milichien, avec l'uniforme, le chlem et le fouet du Maintien de l'Ordre. J'ai dit :

— Oh non.

— Tu parles d'une surprise, hein ?

Et ce vieux Momo y est allé de son esclaffe des familles que je me rappelais tzarrible : « Heuh heuh heuh. »

— C'est pas possible, j'ai dit. C'est pas vrai. C'est pas croyable.

— Ça saute aux vieux glazes, s'est fendu le Gars Willie. Rien dans les mains, rien dans les proches, pas de mystère, droug. Ce qu'on appelle un boulot pour deux gars en âge de boulonner. Flic.

— Vous êtes trop jeunes, j'ai dit. Beaucoup trop jeunes. On ne prend pas des maltchicks de votre âge pour en faire des rosses.

— On a fini d'être jeunes, a répliqué ce vieux milichien de Momo.

Je n'en revenais pas, frères, je vous jure.

— C'est ça qu'on était autrefois, mon jeune droug, a dit Momo. T'as toujours été le plus jeune de tous, voilà ce que t'étais. Aussi simple que ça.

— Je peux pas arriver à y croire, j'ai dit.

Là-dessus le Gars Willie, Willie le rosse, que je n'en revenais toujours pas, a dit à l'autre jeune milichien qui me tenait genre agrafé et que je ne connaissais pas :

— Je crois que ça serait bien et même mieux, Rex, si on y allait d'un petit coup de ce bon expéditif des familles. On change pas les gamins, y sont ce qu'y sont depuis toujours. Tel que tu le vois, celui-ci vient encore de se payer un de ses vieux tours de manège – qu'on sait de quoi on parle, tandis que toi, bien sûr, tu peux pas te rappeler. Il a agressé des vieilles gens sans défense, qui étaient dans leur droit en rendant les coups. Seulement nous, on a notre mot à dire au nom de l'État.

— Qu'est-ce que c'est que cette histoire ? j'ai dit, n'en pouvant guère croire mes oukos. C'est eux qui m'ont cherché, frères. Vous ne pouvez pas être de leur bord, ce n'est pas possible. T'as pas le droit, Momo. C'est un veck qu'on a totonné ensemble autrefois, dans le bon vieux temps ; il voulait se payer un malenky bout de vengeance après tout ce temps.

— Tout ce temps, tu parles, a dit Momo. Je m'en souviens pas tellement tzarrible, de ce temps-là. Et m'appelle plus Momo, tant qu'à faire. Appelle-moi sergent.

— On s'en souvient suffisamment de ce temps, n'empêche, a dit le Gars Willie.

Il n'arrêtait pas de hocher la tête. Il était moins gros-lard qu'autrefois. Il a repris :

— Les vilains petits maltchicks qui demandent qu'à jouer du britva coupe-chou, ça doit se garder à l'ombre.

Et ils m'ont alpagué raide ferme et plus ou moins encadré pour me sortir de la Biblio. Il y avait une de leurs voitures patrouilleuses qui attendait dehors, et ce veck qu'ils appelaient Rex servait de chauffeur. Ils m'ont plus ou moins toltchocké pour me faire monter à l'arrière, sans que je puisse m'empêcher de penser que tout ça ressemblait à une blague et que Momo, du moins, allait ôter le chlem de dessus son gulliver et y aller d'un de ses vieux hâh hâh hâh. Mais non. J'ai dit, m'efforçant de dominer le strack en dedans de moi :

— Et ce vieux Pierrot ? Qu'est-ce qu'il est devenu, ce vieux Pierrot ? C'est triste ce qui est arrivé à Jo, j'ai dit. J'ai slouché les détails.

— Pierrot, ah oui, Pierrot, a dit Momo. Le nom me rappelle vaguement quelque chose.

Je pouvais relucher que nous sortions de la ville. J'ai dit :

— Où est-ce qu'on est censé aller comme ça ?

Le Gars Willie s'est retourné sur le siège avant pour dire :

— Fait encore jour. On va se payer un petit tour à la campagne, c'est tout striptisé par l'hiver, mais c'est solitaire et salement beau. Ça serait pas correct, pas toujours du moins, si les lioudis dans la rue pouvaient trop relucher nos châtiments expéditifs. Y a pas qu'un moyen de nettoyer la ville.

Et il s'est tourné de nouveau vers l'avant.

— Écoutez, j'ai dit. Je n'y pige absolument que dalle. Le passé est mort et bien mort. On m'a puni pour ce que j'avais fait dans le passé. On m'a guéri.

— On nous a lu ça, a dit Momo. Le Grand Chef nous a lu tout ça. Il a dit que c'était une très bonne façon.

— Il vous l'a lu ? j'ai dit, un malenky peu mauvais. Parce que t'es encore trop momo pour lire tout seul, Ô frère ?

— Ah non, a dit Momo, tout ce qu'il y a de genre gentil et attristé. Faut pas parler comme ça. Non, plus parler comme ça, droug.

Et il m'a balancé une bolchoïe toltchocke raide sur le kliouv, si bien que le krovvi pifeux rouge rouge s'est mis à dégouli dégouli dégouliner.

— La confiance a jamais régné, j'ai dit, très amer, en essuyant le krovvi du revers de la rouke. J'ai toujours été soli solo.

— Ça suffit, a dit le Gars Willie.

On roulait maintenant en pleine campagne, avec partout des arbres nus et des drôles de petits bruits genre gazouillis venant des lointains, et encore plus loin un genre machine agricole qui faisait un choum vrombissant. Pas un lioudi en vue, pas même une bête. Rien que les quatre qu'on était.

— Sors de là, Alex, a dit Momo. Juste le temps d'un malenky bout d'expéditif, tite tête.

Tout le temps que ça a duré, leur veck chauffeur n'a pas bougé de derrière le volant de la bagnole, il est resté à fumer une cancerette et à lire un malenky bout de livre. Il avait allumé à l'intérieur de la bagnole pour y relucher clair. Mais il n'a pas fait attention à ce que le Gars Willie et Momo faisaient à Votre Humble Narrateur. Je n'entrerai pas dans le détail de ce qu'ils ont fait, sauf que ça a donné plein de genre respirations fortes et coups sourds sur ce genre fond de machine agricole qui ronflait et de gazi gazouillis dans les branches nues, ou nagoïes. On reluchait tout juste un peu d'haleine fumeuse dans la lumière à l'intérieur de la bagnole, pendant que leur chauffeur tournait très tranquillement ses pages. Et ils n'ont pas arrêté de se raccourcir les bras sur moi, Ô mes frères. Puis le Gars Willie ou Momo, je ne saurais dire lequel, a govorité :

— Ça devrait suffire, droug, je dirais, pas toi ?

Là-dessus ils m'ont flanqué chacun une toltchocke en travers du litso et j'ai basculé et je suis resté raide étalé dans l'herbe. Il faisait froid mais je ne le sentais pas. Ensuite ils se sont épousseté les roukes et ils ont remis leur chlem et leur tunique qu'ils avaient ôtés, puis ils sont remontés en bagnole.

— J'espère bien te relucher encore un de ces jours, Alex, a dit le Gars Willie.

Momo, lui, s'est contenté d'une de ses vieilles esclaffes à la clown. Le chauffeur a terminé la page qu'il lisait et il a rangé son livre, puis démarré la bagnole, et ils ont filé vers la ville, pendant que mon ex-droug et mon ex-ennemi agitaient la main pour me saluer. Mais je n'ai pas bougé, lessivé et rincé que j'étais.

Au bout d'un moment, ça s'est mis à faire salement mal, et puis la pluie a commencé à tomber, glaciaire. Pas la queue d'un lioudi en vue, ni de lumière de maisons. Où aller, moi qui n'avais plus de foyer et pas beaucoup de tilt dans les carmanes ? J'ai pleuré bou hou hou sur mon sort. Puis je me suis relevé et mis en marche.

4.

Un foyer un refuge, c'était ça que je voulais et j'y suis tombé, sur MON REFUGE, frères. J'ai marché dans le noir, mais pas dans la direction de la ville – dans celle d'où venait le choum de ce truc genre machine agricole. Ça m'a mené à une espèce de village que j'avais le sentiment d'avoir déjà reluché, mais peut-être parce que tous les villages se ressemblent, surtout dans le noir. Il y avait des maisons et aussi un genre messtot bistrot, et tout au bout du village un malenky pavillon tout soli solo, dont je pouvais relucher le nom qui brillait sur la grille. MON REFUGE, ça disait. J'étais trempé et dégoulinant de partout de pluie glacée, si bien que mes platrusques n'étaient plus du tout super plus énième mode mais vraiment minables et genre pathétiques, et ma luxuriante splendeur n'était plus qu'un gouspin de gâchis mouillé et emmêlé qui me pendait tout autour du gulliver, et j'étais sûr d'avoir le litso tout plein de coupures et de bleus, et deux ou trois de mes zoubies avaient comme qui dirait du jeu quand je les palpais de la langue, ou yachzick. Et j'avais mal par tout le corps et très soif, si bien que je n'arrêtais pas d'ouvrir la rote à la pluie froide, et j'avais l'estomac qui grognait grrrrrr tout le temps vu que je n'avais pas eu de pischa depuis le matin, et même alors il n'y en avait pas eu gras, Ô mes frères.

MON REFUGE, ça disait donc, et avec un peu de chance il y aurait là un veck secourable. J'ai ouvert la grille et comme qui dirait patiné dans l'allée, vu que la pluie tournait genre verglas, et puis j'ai frappé à la porte, doux et pathétique. Comme il ne venait pas de veck j'ai cogné un malenky peu plus longtemps et plus fort, et alors j'ai entendu un choum de nogas qui approchaient. Puis la porte s'est ouverte et une golosse d'homme a dit :

— Oui, qu'est-ce que c'est ?

— Oh, j'ai dit, s'il vous plaît, au secours. J'ai été battu par la police et laissé à crever sur la route. Oh, oh, s'il vous plaît, donnez-moi un verre de quelque chose et une place au coin du feu, je vous en prie, monsieur.

Alors la porte s'est ouverte toute grande et j'ai reluché un genre chaude lumière avec un feu qui crépitait crac pffft dans la pièce.

— Entrez, a dit le veck, qui que vous soyez. Dieu vous vienne en aide, pauvre victime. Entrez et voyons un peu l'allure que vous avez.

Alors je suis entré comme qui dirait en titubant, et ce n'est pas que je jouais la comédie, frères, je me sentais vraiment lessivé et terminé. Ce veck charitable m'a passé les roukeurs autour des épaules et m'a attiré dans la pièce où était le feu, et bien sûr tout de suite j'ai su où j'étais et pourquoi MON REFUGE sur la grille m'avait paru si familier. J'ai regardé le veck et lui aussi m'a regardé avec une espèce de bonté, et maintenant je me souvenais très bien de lui. Lui ne pouvait sûrement pas se souvenir de moi, vu qu'aux beaux jours de notre insouciance, moi et mes soi-disant drougs, on faisait toute notre bolchoïe dratse, tout notre totonnage et toute notre craste avec des masquards qui étaient des déguisements vraiment tzarribles. C'était un veck plutôt plutôt court de taille, d'âge mûr, dans les trente quarante cinquante ans, et avec des otchquises.

— Asseyez-vous au coin du feu, a-t-il dit. Je vais vous apporter du whisky et de l'eau chaude. Mon Dieu mon Dieu mon Dieu, c'est vraiment vrai qu'on vous a battu.

Et il a eu un regard attendri pour mon gulliver et mon litso.

— C'est la police, j'ai dit. Leur abominable saleté de police.

— Une victime de plus, a-t-il dit genre soupir. Oui, vous êtes victime de nos temps modernes. Je vais vous chercher ce whisky, et ensuite il faudra que je nettoie un peu ces plaies.

Et il a disparu. J'ai jeté un regard sur la malenky pièce confortable. À part deux ou trois sièges il n'y avait que des livres ou presque, maintenant, et on reluchait, d'une façon, qu'aucune femme ne vivait là. Sur la table il y avait une machine à écrire et un tas de papiers éparpillés, et je me suis souvenu que ce veck était un veck écrivain. *L'Orange mécanique*, c'était ça le truc, l'autre fois. Marrant de penser que ça m'était resté dans l'esprit. Mais il ne fallait pas que je vende la mèche, vu que j'avais besoin d'aide et de bonté pour le moment. C'était cette bande d'affreux bratchnis grassous, dans leur affreux messtot blanc, là-bas, qui m'avaient fait ce coup ; ils m'avaient forcé à avoir besoin d'aide et de bonté à présent, forcé à avoir envie d'être bon et secourable moi aussi, si on était preneur.

— Voilà voilà, a dit le veck qui revenait.

Il m'a tendu ce plein verre brûlant et stimulant à drinker, et ça m'a fait du bien, et après il a nettoyé les coupures de mon litso. Puis il a dit :

— Vous allez prendre un bon bain bien chaud, je vais vous le faire couler, et ensuite vous pourrez me raconter toute votre histoire en mangeant quelque chose de bon et de chaud, je vous préparerai ça pendant que vous serez dans le bain.

Ô mes frères, j'aurais pleuré de tant de bonté, et je crois qu'il a dû relucher les vieilles larmes des familles dans mes glazes, car il a dit :

— Là là là.

Et il m'a tapoté la pletcho. Toujours est-il que je suis monté prendre son bain bien chaud, et il m'a apporté un pyjama et une robe de chambre pour que je les mette (il les avait fait chauffer devant le feu) et une paire de touflasques très usées. Et du coup, frères, j'avais beau avoir mal et être plein de douleurs tout partout, j'ai senti que je ne tarderais pas à me sentir beaucoup mieux. J'ai itté en bas et reluché qu'il avait mis la table dans la cuisine avec des couteaux et des fourchettes et une belle grosse miche de kleb, et aussi une bouteille de SAUCE PRIMA, et presque tout de suite il m'a servi une chouette platée d'œufs sur le plat et de lomticks de jambon et de saucisses pétant de graisse, avec de grandes tasses bolchoïes de tché laiteux brûlant et très sucré. C'était chouette d'être assis là au chaud, à manger, et je me suis aperçu que j'avais très faim, si bien qu'après la platée de trucs frits je n'ai pas pu m'empêcher de manger lomtick après lomtick de kleb beurré tartiné de confiture de fraise, dont il y avait plein un grand pot bolchoï.

— Ça va beaucoup mieux, j'ai dit. Comment pourrai-je jamais vous rendre ça ?

— Je crois savoir qui vous êtes, a-t-il dit. Si vous êtes qui je pense, alors mon ami vous avez frappé à la bonne porte. Est-ce que ce n'est pas votre photo qu'il y avait dans les journaux ce matin ? Serait-ce vous la victime de cette horrible méthode nouvelle ? Si oui, c'est la Providence qui vous envoie. Torturé en prison, puis jeté dehors pour être torturé par la police. Je vous plains de tout cœur, pauvre pauvre enfant.

J'avais beau avoir la rote grande ouverte pour répondre à ses questions, impossible de placer un slovo, frères. Il a repris :

— Vous n'êtes pas la première créature en détresse qui frappe à cette porte. La police adore entraîner ses victimes aux abords de ce village. Mais il est providentiel que vous, qui êtes encore une autre sorte de victime, soyez venu ici. Auriez-vous entendu parler de moi, par hasard ?

Fallait y aller très prudemment, frères. J'ai donc dit :

— J'ai entendu parler de *L'Orange mécanique*. Je ne l'ai pas lu, mais je connais.

— Ah, a-t-il dit et son litso s'est éclairé comme un soleil dans sa gloire matinale. Mais parlez-moi de vous.

— Y a pas grand-chose à dire, m'sieu, j'ai répondu tout ce qu'il y a d'humble. C'était jamais qu'une mauvaise farce idiote de gosses, mes soi-disant copains qui m'ont poussé ou plutôt forcé à faire un casse dans la maison d'une vieille ptitsa – je veux dire d'une vieille dame. On ne voulait vraiment rien faire de mal. Malheureusement la dame s'est fait péter son pauvre vieux cœur en voulant me flanquer dehors, alors que j'étais tout ce qu'il y a de prêt à m'en aller tout seul, et après elle en est morte. On m'a accusé d'être la cause de sa mort. Alors ça fait qu'on m'a mis en prison, m'sieu.

— Oui oui oui, continuez.

— Ensuite le Ministre de l'Inférieur ou de l'Intérieur m'a choisi pour qu'on essaie sur moi leur vesche de Ludovico.

— Parlez-moi de ça, a-t-il dit en se penchant en avant tout ce qu'il y a d'avide, les coudes de son pull-over pleins de confiture de fraise de l'assiette que j'avais poussée sur le côté.

Je lui ai donc tout raconté. Tout le paquet, mes frères. Il était impatient de tout savoir, les glazes genre brillants et les goubeuses ouvertes, pendant que la graisse gelait de plus en plus dur dur dur sur l'assiette. Quand j'ai eu fini il s'est levé de table en hochant sans arrêt la tête et en faisant hum hum hum, tout en ramassant les assiettes et autres vesches sur la table et les posant sur l'évier pour les laver. J'ai dit :

— Laissez, je vais faire ça, m'sieu, ça sera un plaisir.

— Reposez-vous, reposez-vous, mon pauvre garçon, a-t-il dit en ouvrant le robinet si bien que ça a fait une grosse giclouille de vapeur. Bien sûr, vous avez fait le mal, mais le châtiment était démesuré. On vous a changé et vous n'êtes plus un être humain. Vous avez perdu la faculté de choisir. Vous êtes condamné à des actes admissibles aux yeux de la société, changé en petite machine uniquement capable de faire le Bien. Ah, je vois clair dans tout cela – eux et leur fameuse histoire de conditionnements marginaux. La musique et l'acte sexuel, la littérature et l'art, tout cela doit être devenu pour vous source, non de plaisir, mais de souffrance.

— C'est très vrai, m'sieu, j'ai dit tout en fumant une des cancerettes à bout de liège de cette bonne âme.

— Ils en font toujours trop, a-t-il dit en essuyant une assiette d'une main genre distraite. L'intention profonde, voilà le vrai péché. Quiconque est incapable de choisir cesse d'être un homme.

— C'est ce que disait le charlot, m'sieu, j'ai dit. Le chapelain de la prison, je veux dire.

— Vraiment vraiment ? Évidemment cela va de soi. Il aurait eu du mal à dire le contraire, non ? en tant que chrétien. Bon, eh bien alors, a-t-il dit tout en continuant à frotter l'assiette qu'il essuyait depuis dix minutes, nous inviterons quelques personnes à venir vous voir demain. Je crois que vous pouvez servir, mon pauvre garçon. Je crois que vous pouvez aider à chasser ce gouvernement despotique que nous avons. Changer un bon jeune homme en petit morceau de mécanique ce n'est pas un exploit dont un gouvernement, quel qu'il soit, ait de quoi se glorifier, sauf s'il met sa gloire dans la répression.

Il essuyait toujours la même assiette. J'ai dit :

— M'sieu, c'est la même assiette que vous essuyez depuis le début, mais je suis d'accord avec vous, m'sieu, y a pas de quoi se glorifier. Il a l'air bien vantard, ce Gouvernement.

— Oh, a-t-il dit comme reluchant l'assiette pour la première fois, puis la posant. Je ne suis pas encore très fait, a-t-il dit, aux travaux domestiques. Autrefois c'était ma femme qui s'occupait de tout, pour me permettre d'écrire.

— Votre femme, j'ai dit, m'sieu ? Elle est partie, elle vous a quitté ?

— Oui, a-t-il dit, golosse genre dure et amère. Elle est morte, voyez-vous. Elle a été brutalement violée et frappée. Ce fut un coup très cruel. Ici, dans cette maison (ses roukes tremblaient sur le torchon à vaisselle) dans la pièce à côté, là. Vous n'imaginez pas la volonté qu'il m'a fallu pour persister à vivre ici, mais son plus cher désir eût certainement été que je reste là où le parfum de son souvenir continue à flotter. Oui oui oui, la pauvre petite fille.

Je reluchais tout très clair, mes frères, tout ce qui s'était passé cette lointaine notché, et reluchant le boulot que j'avais fait j'ai commencé à sentir l'envie de vomir et la douleur s'est mise à me lancer le gulliver. Le veck l'a reluché, vu que mon litso comme qui dirait se faisait l'effet d'être très pâle, tout vidé de krovvi rouge rouge, et qu'il pouvait relucher ça.

— Allez vous coucher à présent, a-t-il dit gentiment. J'ai préparé la chambre d'ami. Pauvre pauvre garçon, ça a dû être affreux pour vous. Victime de nos temps modernes, voilà ce que vous êtes, tout comme elle avant vous. Pauvre pauvre pauvre petite fille.

5.

Je me suis payé une vraie nuit de sommeil tzarrible, frères, sans rêver du tout, et la matinée était très claire et genre givrée, et il y avait le vonn genre très agréable d'un petit déjeuner en train de frire en bas. Il m'a fallu un peu de temps pour me rappeler où j'étais, comme toujours, mais ça m'est vite revenu et alors je me suis senti genre tout réchauffé et protégé. Mais, comme j'étais là au lit, à attendre qu'on m'appelle pour le petit déjeuner, l'idée m'est venue qu'il fallait absolument que je connaisse le nom de ce bon veck protecteur et genre maternel. J'ai donc ripatonné sur mes nogas nagoïs en cherchant *L'Orange mécanique* qui devait forcément avoir son imya dessus, vu que c'était lui l'auteur. Ma chambre était vide à part le lit, une chaise et la lumière, donc j'ai itté jusqu'à la pièce voisine qui était la chambre de ce veck, et là j'ai reluché sa femme sur le mur, en photo agrandie gros plan bolchoï, ce qui a fait que je me suis senti un malenky peu malade au souvenir. Mais il y avait aussi là deux ou trois étagères de livres, et sur une, comme de juste, un exemplaire de *L'Orange mécanique* avec au dos, comme qui dirait sur la colonne vertébrale, l'imya de l'auteur : F Alexander. Bon sang de Gogre, j'ai pensé, encore un Alex. Puis j'ai feuilleté le bouquin, debout là dans le pyjama du veck et les nogas nus mais sans avoir froid le malenky moins du monde, vu que la villa était chauffée partout. Cela dit, pas moyen de relucher de quoi parlait le livre. Apparemment c'était écrit dans un style genre tout ce qu'il y a de bézoumni, plein de « Ah » et de « Oh » et autre gouspin, mais ce qui semblait en ressortir c'était que de nos jours on changeait tous les lioudis en machines alors qu'en réalité tous – vous et moi et lui et mes charrières à baiser – on ressemblait plutôt à des produits naturels genre fruits. F Alexander avait l'air de penser que, tous, on pousse, comme qui dirait, sur ce qu'il appelait l'arbre du monde, dans le verger du monde genre planté par Gogre ou Dieu, et si on se trouve là c'est que Gogre ou Dieu a besoin de nous pour étancher son amour assoiffé ou autre gouspin. Je n'aimais pas du tout le choum de ça, Ô mes frères, et je me suis demandé jusqu'à quel point exactement ce F Alexander n'était pas bézoumni, réduit peut-être à ça par le fait que sa femme avait lâché la rampe. Mais juste à ce moment-là il m'a appelé d'en-bas, golosse pleine de joie et d'amour et de tout le gouspin, ce qui fait que Votre Humble Narrateur est descendu.

— Vous avez dormi longtemps, a-t-il dit pêchant à la louche des œufs à la coque et retirant de dessus le gril des grillettes toutes noircies. Il va être dix heures. Voilà des heures que je suis debout et au travail.

— Vous écrivez un autre livre, m'sieu ? j'ai demandé.

— Non non, pas pour le moment, a-t-il dit.

Et on s'est assis, tout gentils et drouguis, pour y aller du vieux crac crac craque-moi c't œuf des familles et crock crock croquemeule-moi ce bout de charbon de pain, avec le tché laiteux au garde-à-vous dans de bolchoïes grandes tasses à petit déjeuner.

— Non, a-t-il continué, j'ai téléphoné à diverses personnes.

— Je croyais que vous n'aviez pas le téléphone, j'ai dit en enfournant une cuillerée d'œuf sans prêter attention à mes paroles.

— Pourquoi ? a-t-il lancé, très réveillé genre bête qui fait zoum, sa cuiller à œuf dans la rouke. Qu'est-ce qui vous donne à croire que je n'aurais pas le téléphone ?

— Rien, j'ai dit. Rien, rien.

Et je me suis demandé, frères, où commençaient et finissaient mes souvenirs du début de cette notché lointaine – moi venant cogner à la porte avec ma petite histoire des familles et demandant à téléphoner au docteur, et elle répondant qu'ils n'avaient pas le téléphone. Il m'a jeté un smott tout ce qu'il y a de perçant, mais tout de suite il est redevenu genre gai et gentil et s'est repris à piocher dans son vieux neunœuf avec sa cuiller. Tout en mastiquant il a dit :

— Oui, j'ai téléphoné à diverses personnes que votre cas intéressera sûrement. Vous pouvez être une arme très puissante, voyez-vous, pour aider à s'assurer que ce Gouvernement funeste et malfaisant ne revienne pas aux prochaines élections. Ce dont se vante surtout le Gouvernement, voyez-vous, c'est de la façon dont il a traité le problème de la criminalité ces derniers mois.

Il m'a jeté un autre regard perçant par-dessus son œuf qui fumait, et je me suis demandé une fois de plus s'il reluchait le genre de rôle que j'avais joué jusqu'ici dans sa jiznée. Mais il a repris :

— Recruter dans la police des jeunes brutes dévoyées. Prôner des méthodes de conditionnement propres à abrutir les gens et à saper la volonté.

Tout plein de grands slovos, frères, et avec une lueur genre dingue, ou bézoumnie, dans les glazes.

— Tout cela on l'a déjà vu ailleurs, a-t-il dit. C'est le doigt dans l'engrenage. Avant même de savoir où nous en sommes nous serons pris dans l'appareil du totalitarisme au grand complet.

Aïe aïe aïe, j'ai pensé en gobelotant mon œuf et croquemeulant ma grillette. J'ai dit :

— En quoi est-ce que suis concerné moi, m'sieu ?

— Vous ? a-t-il dit, toujours avec son regard bézoumni. Vous êtes le vivant témoignage de leurs objectifs diaboliques. Il faut absolument que le peuple, l'homme de la rue, sache et voie.

Il s'est levé de son petit déjeuner et s'est mis à marcher de long en large dans la cuisine, de l'évier au garde-manger, en disant, très gromky :

— Croyez-vous que ces gens aimeraient voir leurs fils ressembler un jour à la pauvre victime que vous êtes ? À ce train vous verrez que le Gouvernement décidera désormais ce qui est ou non un délit et ôtera toute vie, tout cran, toute volonté à quiconque trouvera bon de lui déplaire.

Il s'est calmé un peu, mais sans revenir à son œuf.

— Ce matin pendant que vous dormiez j'ai écrit un article, a-t-il dit. Il sortira d'ici un jour ou deux, accompagné de votre malheureuse photo. Vous le signerez, pauvre enfant, comme le récit complet de ce qu'on vous a fait.

J'ai dit :

— Et ça vous rapportera quoi, m'sieu ? À part, je veux dire, le joli lollypop que vous recevrez pour l'article, comme vous appelez ça ? Je veux dire, qu'est-ce que vous avez à vous exciter tellement fort contre ce Gouvernement, si c'est pas trop osé de vous poser la question ?

Il a empoigné le bord de la table et il a dit, en grinçant de ses zoubies, qui étaient tout ce qu'il y a de gouspineuses et toutes tachées de fumée de cancerette :

— Il faut qu'il y ait des hommes pour se battre. Il existe de grandes traditions de liberté qu'on doit défendre. Je n'ai rien d'un esprit partisan. Je m'emploie à supprimer l'infamie partout où elle éclate. Les partis, et peu importe leur nom, n'ont pas de sens. Seule, la tradition de liberté a un sens. L'homme de la rue laissera faire, oh oui. Il vendra sa liberté contre une vie plus tranquille. C'est pourquoi il a besoin d'être aiguillonné, *aiguillonné.*

Et là-dessus, frères, il a saisi une fourchette et l'a plantée deux ou trois radzes dans le mur, si bien qu'elle s'est toute tordue. Puis il l'a jetée par terre. Très gentiment il a dit :

— Mangez, pauvre enfant, pauvre victime du monde moderne (et je reluchais tout ce qu'il y a de clair qu'il était en route pour perdre le gulliver) mangez, mangez. Mangez aussi mon œuf.

Mais j'ai dit :

— Et moi, qu'est-ce que ça me rapportera ? Est-ce que ça me guérira d'être comme je suis ? Est-ce que comme avant je redeviendrai capable de sloucher la vieille Symphonie avec Chœurs des familles sans que ça me lève le cœur ? Est-ce que je pourrai mener une jiznée genre normale comme avant ? Qu'est-ce qui m'arrive dans tout ça, m'sieu ?

Il m'a regardé, frères, comme s'il n'y avait pas encore réfléchi, pour l'importance que ça avait, de toute façon, comparé à la Liberté et à tout le gouspin, et il m'a lancé un regard surpris à cause de ce que j'avais dit, qu'on aurait cru que c'était de l'égoïsme de ma part de vouloir quelque chose pour moi. Puis il a dit :

— Oh, encore une fois vous êtes un vivant témoignage, mon pauvre garçon. Finissez bien tout votre petit déjeuner, ensuite vous viendrez voir ce que j'ai écrit, car ça doit paraître dans le *Clairon Hebdomadaire* sous votre nom, infortunée victime que vous êtes.

Pour tout dire, frères, ce qu'il avait écrit c'était une espèce de morceau très long et très larmoyant, et en le lisant je me suis senti tout triste pour le pauvre maltchick qui govoritait de ses souffrances et racontait comment le Gouvernement lui avait sapé la volonté et comme quoi il appartenait à tous les lioudis de ne pas permettre à un Gouvernement aussi pourri et mauvais d'être réélu ; et puis naturellement je me suis rendu compte que le pauvre maltchick martyr n'était autre que V H N.

— Excellent, j'ai dit. Vraiment tzarrible. Ô combien remarquablement écrit, m'sieu.

Là-dessus il m'a jeté un regard genre perçant et il a dit :

— Quoi ?

À croire qu'il ne m'avait encore jamais slouché.

— Oh ça, j'ai dit, c'est ce qu'on appelle entre nous parler nadsat. Tous les moins de vingt ans parlent comme ça, m'sieu.

Sur quoi il a itté à la cuisine pour laver la vaisselle et je suis resté tout seul dans mes platrusques de nuit et mes touflasques d'emprunt, à attendre qu'on me fasse ce qu'on devait me faire, vu que je n'avais pas de projets personnels, Ô mes frères.

Pendant que le grand F Alexander était à la cuisine, il y eu un dringalidring à la porte. Il s'est amené en s'essuyant les roukes et il a critché :

— Ah, ça doit être nos gens. J'y vais.

Il y est donc allé et il leur a ouvert, avec le résultat que ça a donné dans l'entrée tout un aria de blablahaha et de bonjours et quel sale temps et comment va, puis ils ont itté dans la pièce où il y avait le feu et le livre et l'article sur tout ce que j'avais souffert, et ils m'ont reluché en faisant Aaaaah. Il y avait trois lioudis dont F Alex m'a dit les imyas. Z Dolin, une espèce de veck qui avait le sifflet on ne peut plus encrassé de fumée et qui toussait rahum rahum rahum, un clope de cancerette dans la rote, en répandant la cendre sur toutes ses platrusques puis en se brossant de la rouke genre pas patient du tout. À part ça c'était un malenky veck rondouillard, gras, avec des grosses otchiquises à grosse monture. Ensuite, Machin Chose Rubinstein, un tchelloveck très grand et très poli, vraie golosse de gentlemen, très viokcho et la barbe genre tachée de jaune d'œuf. Et pour finir, D B da Silva, genre zoum dans ses mouvements, avec un fort vonn de parfum. Ils m'ont tous regardé raide tzarrible, l'air comme qui disait ravi du spectacle. Z Dolin a dit :

— Parfait, parfait, non ? Quel instrument superbe il y a en puissance dans ce garçon. L'idéal serait, bien sûr, qu'il ait de préférence l'air encore plus malade et plus zombie. On ne fait jamais assez pour la bonne cause. Je suis sûr que nous trouverons quelque chose.

Zombie, je n'aimais pas beaucoup ce slovo genre mords-moi le nœud, frères, et j'ai donc dit :

— Qu'est-ce qui se passe, brattis ? Que donc avez-vous en tête pour votre petit droug ?

Là-dessus, F Alexander a réagi aussi sec, disant :

— Curieux, curieux, cette façon de parler réveille en moi quelque chose. Nous avons déjà été en rapport, je le jurerais.

Et il s'est mis à ruminer, le front genre plissé. Fallait vraiment que je fasse gaffe, Ô mes frères.

D B da Silva a dit :

— Meetings publics essentiellement. Vos exhibitions dans les meetings publics seront d'une aide formidable. Le tout, naturellement, couplé avec la presse. Comment on ruine une vie, c'est ça l'angle. Il faut enflammer tous les cœurs.

Il montrait ses trente-deux zoubies, très blanches comparées à son litso couleur foncée, vu qu'il avait un malenky peu l'air métèque. J'ai dit :

— Personne ne veut me dire ce que tout ça me rapportera. Torturé en prison, jeté à la porte de ma maison par mes propres parents et leur saleté de pensionnaire tyrannique, battu par des vieux et quasi tué par les milichiens – qu'est-ce que je deviens dans tout ça ?

Le Rubinstein a enchaîné :

— Vous verrez, mon garçon, le Parti ne sera pas ingrat. Oh mais non. À la fin, il y aura pour vous une petite surprise extrêmement acceptable. Attendez seulement, vous verrez.

— Moi je ne réclame qu'une seule vesche, j'ai critché. C'est que je redevienne normal et costaud comme dans le bon viokcho temps, et que je puisse me payer un malenky bout de marrade avec de *vrais* drougs, pas de ceux qui se contentent du nom et qui ressemblent vraiment plus à des traîtres. Vous pouvez y faire quelque chose, vous ? Où il est le veck capable de me faire redevenir comme j'étais ? C'est ça que je veux, ça que je voudrais savoir.

Rahum rahum rahum a toussé le Z Dolin, et il a dit :

— Martyr de la bonne cause, celle de la Liberté. Vous avez un rôle à jouer, surtout ne l'oubliez pas. Entre-temps nous prendrons soin de vous.

Et il s'est mis à me caresser la rouke gauche comme si j'avais été une espèce d'idiot, le tout la pipe fendue genre bézoumni. J'ai critché :

— Arrêtez de me traiter comme si j'étais une chose genre qu'il faut que ça serve à ci ou ça. Je ne suis pas un idiot qu'on peut manipuler, tas de stupides et de bratchnis. Les prestoupnicks ordinaires sont des cons, ça oui, mais moi je ne suis ni ordinaire ni momo. Vous slouchez ?

— Momo, a dit F Alexander, genre rêveur. Momo. Cela me dit quelque chose. Momo.

— De quoi ? j'ai dit. Qu'est-ce que Momo a à voir là-dedans ? Qu'est-ce que vous en savez, vous, de Momo ?

Et puis j'ai dit :

— Oh, Gogre de Gogre.

Je n'aimais pas la façon dont les glazes de F Alexander genre brillaient. Je me suis pointé vers la porte, dans l'idée de monter chercher mes platrusques et puis d'itter dehors.

— Pour un peu je croirais, a dit F Alexander avec ses zoubies sales qui se pointaient et ses glazes fous. Mais non, ce genre de chose est impossible. Car, bon Dieu si c'était lui, je le mettrais en pièces, je le pulvériserais, bon Dieu, oui oui, je le jure.

— Là, a dit D B da Silva en lui tapotant la poitrine comme quand on veut calmer un chien-chien. Tout ça c'est du passé. Ce n'étaient pas du tout les mêmes gens. Notre devoir est d'aider cette pauvre victime. Voilà ce que nous avons à faire pour l'heure, en nous souvenant de l'avenir et de notre juste cause.

— Le temps de monter prendre mes platrusques, j'ai critché en bas de l'escalier, mes habits je veux dire, et après je m'en itterai soli solo. Merci beaucoup pour tout, je veux dire, mais j'ai ma jiznée privée et je veux la vivre.

Vu que, frères, je voulais filer de là vraiment zoum. Mais Z Dolin a dit :

— Ah non. On vous tient, mon ami, et on vous garde. Vous allez venir avec nous. Tout ira très bien, vous verrez.

Et il s'est approché comme pour me saisir encore la rouke. Du coup, frères, je me suis dit : Ça va chauffer ; mais rien que d'y penser j'ai eu comme qui dirait envie de tourner de l'œil et de vomir, et je me suis contenté de rester piqué là. Et puis j'ai vu ce regard genre fou dans les glazes de F Alexander et j'ai dit :

— À vos ordres. Vous me tenez dans vos roukes. Mais alors allons-y et qu'on en finisse, frères.

Vu que je n'avais qu'une idée maintenant, et c'était de filer de ce messtot qui s'appelait MON REFUGE. Je commençais à ne pas aimer ce genre lueur dans les glazes de F Alexander, et pas qu'un malenky peu.

— Bon, a dit le Rubinstein. Allez vous habiller et en route.

— Momo momo momo, répétait sans arrêt F Alexander genre mec qui marmonne tout seul. C'était quoi ou qui, Momo ?

J'ai itté à l'étage vraiment zoum et en deux secondes pile ou presque j'étais fringué. Puis je me suis retrouvé dehors avec les trois autres et on est montés en bagnole, Rubinstein d'un côté de moi et Z Dolin toussant rahum rahum rahum de l'autre, avec D B da Silva au volant. On est entrés en ville et on a roulé jusqu'à un HLM pas vraiment tellement loin de ce qui avait été autrefois mon HLM ou mon foyer à moi.

— Allons-y, mon garçon, descendez, a dit Z Dolin en toussant, si bien que le mégot de cancerette dans sa rote est devenu raide rouge comme un feu de forge. C'est là que vous allez vous installer.

On a donc itté à l'intérieur et il y avait sur le mur de l'entrée encore une de ces vesches représentant la Dignité du Travail. On a pris l'ascenseur, frères, et puis on est entrés dans un appartement pareil à tous ceux des HLM de la ville. Très très malenky, avec deux chambres à coucher et un living-bouffe-boulot-room dont la table était toute couverte de bouquins, de papiers, d'encre, de bouteilles et tout le gouspin.

— C'est votre nouveau foyer, a dit D B da Silva. Installez-vous, mon garçon. La nourriture est dans le garde-manger. Les pyjamas sont dans un tiroir. Repos, repos, esprit perturbé.

— De quoi ? j'ai dit, ne pommant pas tout à fait.

— Bon, a dit Rubinstein de sa viockcho golosse. Maintenant on vous laisse. Le travail avant tout. On se reverra plus tard. Occupez-vous du mieux que vous pouvez.

— Ah, une dernière chose, a toussé rahum rahum rahum Z Dolin. Vous avez vu ce qui est remonté à la mémoire de notre ami F Alexander. Est-ce que, par hasard, c'était – ? Enfin bref, auriez-vous – ? Je crois que vous savez très bien ce dont je parle. Cela restera entre nous.

— J'ai payé, j'ai dit. Gogre sait que j'ai payé pour ce que j'avais fait. J'ai payé non seulement comme qui dirait pour moi-même, mais pour ces bratchnis qui se disaient mes drougs.

Je me sentais tout violent, ce qui a fait qu'ensuite je me suis senti un peu malade.

— Faut que je m'étende un peu, j'ai dit. J'ai passé par des moments affreux, affreux.

— C'est un fait, a dit D B da Silva en montrant toutes ses trente-deux zoubies. Faites donc.

Ils sont donc partis, frères. Ils ont itté à leur bisness qui avait à voir avec la politique et tout le gouspin, à ce que je croyais comprendre, et moi me voilà sur le lit, soli solo et avec plein de grand grand calme partout. Je suis resté étendu là tout bêtement ayant envoyé promener mes sabogs de mes nogas et défait ma cravate, genre tout paumé et ne sachant quel genre de jiznée j'allais mener à présent. Et toutes sortes de trucs genre images me passaient sans arrêt par le gulliver, de tous les tchellovecks que j'avais connus à l'école et à la Prita, et de toutes les vesches qui m'étaient arrivées, et de la façon dont il n'y avait pas un veck à qui se fier, dans tout ce monde bolchoï. Et là-dessus, j'ai plus ou moins piqué une pioncette.

À mon réveil j'ai entendu de la musique slouchante qui venait du mur, raide gromky, et c'était ça qui m'avait tiré de mon genre bout de sommeil. C'était une symphonie que je connaissais vraiment tzarrible, mais je ne l'avais pas slouchée depuis bien des années, nommément la Symphonie Numéro Trois de ce veck danois, Otto Skadelig, un morceau très gromky et violent, surtout dans le premier mouvement qui était ce que ça jouait pour l'heure. J'ai slouché deux ou trois secondes, comme qui dirait intéressé et rempli de joie, mais presque aussitôt ça m'a repris, un commencement de douleur et de nausée, et je me suis mis à gémir jusqu'au fond des kishkas. Et moi qui avais tant adoré la musique, voilà que je me traînais maintenant à bas du lit en faisant oh oh oh pour moi tout seul, et puis j'ai cogné au mur bang bang en critchant :

— Arrêtez, arrêtez ça, coupez !

Mais ça a continué, et même plus fort on aurait dit. Alors j'ai cogné à défoncer le mur, jusqu'à avoir les poings pleins rouges rouges de krovvi et de peau arrachée, et ça tout en critchant et critchant ; mais la musique ne s'est pas arrêtée. Alors je me suis dit qu'il fallait absolument que je lui échappe, et du coup je suis sorti en titubant de la malenky chambre et j'ai itté zoum jusqu'à la porte d'entrée de l'appartement, mais on l'avait bouclée du dehors, impossible de sortir. Et tout ce temps-là la musique devenait de plus en plus gromky, qu'on aurait dit une torture faite exprès, Ô mes frères. Alors je me suis fourré les deux petits doigts raide profond dans les oukos, mais les trombones et les timbales continuaient à m'éclater par en dedans encore trop gromky. Alors j'ai critché de nouveau qu'on arrête, et bang bang bang j'ai recogné au mur d'arrache-poing, mais sans que ça fasse la plus petite malenky différence.

— Ooh, qu'est-ce que je vais faire ? j'ai beuheuheuhé tout seul. Oh, Gogre qui êtes aux Cieux, aidez-moi.

J'errais plus ou moins dans l'appartement, tout douloureux et malade, essayant de me rendre sourd à cette musique et poussant des gémissements qui me sortaient comme du fond des tripes ; et puis, sur le dessus de la pile de livres et de papiers et de tout le gouspin qu'il y avait sur la table du living-room, j'ai reluché ce que je devais faire et que j'avais eu envie de faire jusqu'au moment où la bande des vieux vecks de la Biblio Publique et ensuite Momo et le Gars Willie déguisés en rosses m'en avaient empêché, autrement dit me foutre en l'air, lâcher la rampe, décarrer pour toujours de ce monde méchant et cruel. Ce que j'ai reluché c'était le slovo MORT sur la couverture d'un truc genre brochure, où ça disait MORT AU GOUVERNEMENT mais n'importe. Et comme un fait exprès du Destin, sur un autre truc genre aussi petite brochure avec une fenêtre ouverte dans la couverture, il y avait écrit : « *Ouvrez votre fenêtre à l'air pur, aux idées neuves, à un nouveau mode de vie.* » Alors j'ai su que c'était genre façon de me dire d'en finir une bonne fois pour toutes en sautant dehors. Ça ferait mal un instant peut-être, mais après, à tout jamais amen, ça serait le grand sommeil. À travers le mur la musique dégorgeait toujours des cataractes de cuivres et de tambours et de violons, que ça montait montait toujours plus haut vers le plafond. La fenêtre de la chambre où j'avais dormi était ouverte. J'ai itté jusque-là et j'ai reluché que ça faisait un bon à-pic jusqu'aux autos et aux bus et aux tchellovecks qui marchaient là en bas. J'ai critché au monde :

— Adieu, adieu, et que Gogre vous pardonne d'avoir ruiné une vie !

Puis j'ai grimpé sur le rebord, avec la musique qui tonitruait à ma gauche, et j'ai fermé les glazes et senti le vent froid sur mon litso, et j'ai sauté.

6.

J'ai sauté, Ô mes frères, et je suis tombé raide dur sur le trottoir, mais je n'ai pas lâché la rampe, oh non. Si je l'avais lâchée je ne serais pas ici à écrire ce qu'écris-je. Apparemment le saut n'était pas d'assez haut pour tuer. Mais je m'étais démoli le dos, les poignets et les nogas, et j'ai senti une douleur vraiment bolchoïe avant de tourner de l'œil, frères, avec les litsos raide étonnés et surpris des tchellovecks dans la rue penchés au-dessus de moi, les glazes en soucoupe. Et juste avant de tomber dans les pommes j'ai reluché très net qu'il n'y avait pas un seul tchelloveck qui était pour moi dans tout cet horrible monde, et que la musique à travers le mur avait été genre entièrement goupillée par ceux qui étaient censés être plus ou moins mes nouveaux drougs et que tout ça n'était que le genre de vesche dont ils avaient besoin pour leur saleté de politique égoïste et vantarde. Le tout dans l'espace d'un millionième de million de fragment de minouta, avant que je laisse choir le monde et le ciel et les litsos des tchellovecks baba au-dessus.

L'endroit où j'étais, quand je suis revenu à la jiznée après un long trou noir de ce qui aurait pu être un million d'années, c'était un hôpital, avec du blanc partout et ce vonn spécial aux hôpitaux, tout ce qu'il y a de genre aigre et vous la faisant à l'hygiène. Ces vesches antiseptiques qu'on trouve dans les hôpitaux devraient avoir un vonn tzarrible, genre oignon frit ou fleurs. J'ai mis du temps à revenir et à savoir qui j'étais et j'étais tout empaqueté de blanc et incapable de rien sentir dans le plott, ni douleur ni sensation ni aucune vesche du tout. Tout autour du gulliver j'avais un bandage et j'avais aussi des bouts de trucs genre collés sur le litso, et les roukeurs complètement pris dans les bandelettes avec des genres bouts de bois comme qui dirait fixés à mes doigts, genre comme on met aux fleurs pour les faire pousser droit, et mes pauvres nogas des familles étaient tout tuteurés aussi, et partout c'était plein de bandages et de cages en fil de fer, et d'une bouteille la tête en bas il y avait du krovvi rouge rouge qui me gouttait dans le roukeur droit pas loin de la pletcho. Mais je ne sentais rien, Ô mes frères. Il y avait une infirmière assise à côté de mon lit, à lire un livre imprimé tout ce qu'il y a de flou, et on pouvait relucher que ça racontait une histoire, vu le tas de tirets et de guillemets, et elle respirait genre très fort heu, heu, heu, penchée dessus ; ça devait donc être une histoire où on parlait du vieux dedans-dehors dedans-dehors des familles. C'était une dévotchka vraiment tzarrible, cette infirmière, avec une rote très rouge et des genres longs cils lui cachant les glazes, et sous son uniforme genre très amidonné on pouvait relucher qu'elle avait des groudnés raide tzarribles. Alors je lui ai dit :

— Qu'est-ce qui me vaut, Ô petite sœur ? Venez donc faire un joli petit bout d'horizontale avec votre malenky droug sur ce lit.

Mais les slovos ne sont pas sortis tzarrible du tout, vu que c'était comme si ma rote avait été toute pétrifiée, et en tâtant de la yachzick je pouvais sentir que plusieurs de mes zoubies étaient de sortie. Mais l'infirmière a comme qui dirait sauté et droppé son livre par terre, et elle a dit :

— Ah, vous avez repris connaissance.

Vous parlez de mots – plein la rote pour une malenky ptitsa comme elle, et j'ai voulu le lui dire, mais les slovos sont seulement sortis genre eur eur eur. Elle a itté dehors et m'a laissé tout soli solo, et cette fois j'ai pu relucher que j'étais dans une malenky chambre pour moi tout seul, pas dans une de ces longues salles communes où on m'avait mis jadis quand je n'étais qu'un tout petit maltchick, pleine de viokchos vecks toussant et crevant partout, histoire de vous donner envie de vous remettre complètement en forme et d'aplomb. C'était un genre diphtérie que j'avais eue à l'époque, Ô mes frères.

Cela dit, c'était à croire que je ne pouvais pas m'y cramponner trop longtemps, à ma connaissance, vu que j'ai comme qui dirait repiqué à la pioncette presque tout de suite, très zoum, mais au bout d'une minouta ou deux j'aurais juré que la ptitsa infirmière était déjà revenue en ramenant avec elle des tchellovecks en blouse blanche, et qu'ils étaient tous à me relucher en faisant des tas de hum hum hum à Votre Humble Narrateur. Et avec eux j'aurais juré aussi qu'il y avait ce vieux charlot de la Prita, govoritant :

— Oh mon fils, mon fils, tout en me soufflant au nez un genre vonn de whisky tout ce qu'il y a de vieux relent des familles et puis disant encore : Mais pour rien au monde je ne serais resté, oh non. En aucun cas je n'aurais pu souscrire à ce que ces bratchnis s'apprêtent à faire à d'autres pauvres prestoupnicks. Alors je suis parti, et à présent je prêche des sermons sur ce sujet, mon petit, mon cher fils en Jésus-Christ.

Plus tard je me suis encore réveillé, et devinez qui j'ai reluché autour du lit sinon les trois vecks de l'appartement de qui j'avais sauté, nommément D B da Silva, Machin Chose Rubinstein et Z Dolin.

— Mon ami, disait l'un de ces vecks (mais pas moyen tzarrible de relucher ou de sloucher lequel). Mon ami, disait cette golosse, le peuple brûle d'indignation. Vous avez anéanti les chances de réélection de cette affreuse bande de vantards et de traîtres. Ils partiront et ce sera pour toujours et à jamais. Vous avez bien servi la Liberté.

J'ai essayé de dire : « Si j'étais mort, ça aurait encore mieux valu pour vous, espèces de bratchnis de politiciens, pas vrai ? faux drougs et traîtres que vous êtes ? » Mais tout ce qui est sorti c'était eur eur eur. Puis l'un des trois vecks a fait comme s'il me tendait un tas de bouts de trucs découpés dans des gazettas, et j'ai juste pu relucher une horrible photo de moi tout krovvignolant sur une civière qu'on emportait, et j'ai plus ou moins cru me souvenir d'une sorte de pétarade de lumières, que ça devait être les vecks photographes. D'un coin de glaze j'ai pu lire des sortes de gros titres qui tremblaient plus ou moins dans la rouke du tchelloveck, genre UN JEUNE GARÇON VICTIME DE LA RÉFORME CRIMINELLE et UN GOUVERNEMENT D'ASSASSINS, et il y avait aussi un genre photo d'un veck avec un air familier et au-dessus ça disait À LA PORTE DEHORS OUT OUT, et ça devait être leur Ministre de l'Inférieur ou de l'Intérieur. Là-dessus la ptitsa infirmière a dit :

— Il ne faut pas l'exciter de la sorte. Il faut lui éviter toute émotion. Et maintenant, à la porte s'il vous plaît, dehors out out.

J'ai voulu dire moi aussi : « Dehors out out out. » Mais une fois de plus ça a donné eur eur eur. N'importe, les trois vecks politichiens sont partis. Et moi, aussi je suis reparti, mais juste de l'autre côté, où le grand noir était tout éclairé comme qui dirait par de drôles de rêves dont j'ignorais si c'étaient réellement des rêves ou pas, Ô mes frères. Comme par exemple cette idée que j'aie eue que tout mon plott, ou corps, se genre vidait comme qui dirait d'eau sale et puis se remplissait jusqu'au goulot d'eau propre. Sans compter qu'il y avait des rêves vraiment ravissants et tzarribles où j'étais dans la bagnole d'un veck inconnu que j'avais crastée, et je roulais tout partout à travers le monde, soli solo, à renverser des lioudis et à les entendre critcher qu'ils allaient crever, et ça sans que j'aie de douleur ni la nausée. Et il y avait aussi des rêves où je faisais le vieux dedans-dehors des familles avec des dévotchkas, comme qui dirait les basculant de force par terre et fallait qu'elles y passent, et tout le monde autour qui battait des roukes et criait bravo genre bézoumni. Et après ça je me suis de nouveau réveillé et c'étaient mes pé et ème venus relucher leur fils malade, ma ème bouhou-houant raide tzarrible. Je pouvais déjà govoriter beaucoup mieux et j'ai pu dire :

— Ça alors alors alors alors, qu'est-ce qui me vaut ? Qu'est-ce qui vous fait penser que vous êtes comme qui dirait les bienvenus ?

Mon papapa a dit, l'air genre honteux :

— T'étais dans les journaux, fils. Et ça disait qu'on t'avait fait beaucoup de mal. Ça racontait comment le Gouvernement t'avait poussé à vouloir te dessouder. Et c'était aussi notre faute, fils, d'une façon. T'es chez toi à la maison, vu que tout est dit et tout compte fait, fils.

Et ma môman continuait à y aller bou hou, hou, affreuse à voir que ça faisait mal aux charrières. J'ai donc dit :

— Et comment vâââ votre nouveau fils Jojo ? Bien et pétant de santé et de prospérité, je gage et prie.

Ma môman a dit :

— Oh Alex Alex. Houuuuhouuuuhou.

Mon papapa a dit :

— Manque de pot, fils, il a eu de petits ennuis avec la police et les rosses l'ont embarqué.

— Vraiment ? j'ai dit. Vraiment ? Lui, un si bon tchelloveck et tout. Y a de quoi rester sans voix, je vous jure.

— Y faisait rien que de s'occuper de ses oignons, a dit mon pé. Et la police lui a dit de circuler. Il attendait au coin d'une rue, fils, c'est tout, il attendait de voir la fille qu'il avait rancardée. Et on lui a dit de circuler et il a répondu qu'il avait des droits comme tout le monde, et là-dessus on lui est plus ou moins tombé dessus en le cognant de partout que c'est une cruauté.

— Affreux, j'ai dit. Réellement affreux. Et où est-il à présent, le pauvre garçon ?

— Hououououou, a bouhouhoué ma môman. Parti, houhouhou, pauvre de moi.

— Oui, a dit p'pa. Il est retourné dans sa ville natale pour se remettre. On a été forcé de donner son boulot ici à quelqu'un d'autre.

— Alors, comme ça, j'ai dit, maintenant vous accepteriez que j'emménage de nouveau et que les choses soient comme autrefois ?

— Oui fils, a dit mon papapa. S'il te plaît, fils.

— Je vais y réfléchir, j'ai dit. Je vais y penser vraiment profond.

— Bou hou hou, faisait ma môman.

— Ah, la ferme, j'ai dit, sinon moi je vais t'en donner une vraie, de bonne raison de bramer et de critcher. Je vais te défoncer les dents, je te jure.

Et, Ô mes frères, d'avoir dit ça a fait que je me suis senti un malenky peu mieux, comme si du krovvi rouge rouge tout frais s'était mis à me courir par tout le plott. Et ça pour le coup c'était quelque chose à quoi il fallait réfléchir. À croire que pour aller mieux il avait fallu que j'empire.

— C'est pas une façon de parler à ta mère, fils, a dit mon papapa. Après tout c'est elle qui t'a mis au monde.

— Oui, j'ai dit. Parles-en de ton monde, y a pas plus grassou et vonneux.

J'ai fermé les glazes très serré, genre comme si j'avais mal, et j'ai dit :

— Allez-vous-en, maintenant. Je réfléchirai si je reviens ou pas. Mais il faudra que les choses soient tout à fait différentes.

— Oui, fils, a dit mon pé. Tout ce que tu voudras.

— À vous de décider qui sera le patron, j'ai dit.

— Bou hou hou, continuait à faire ma môman.

— Très bien, fils, a dit mon papapa. Ça sera comme tu voudras. L'important c'est que tu te rétablisses.

Après leur départ je me suis allongé et j'ai réfléchi un peu à diverses vesches, comme qui dirait genre toutes sortes d'images me traversant le gulliver, et quand la ptitsa infirmière est revenue et a plus ou moins remis de l'ordre dans les draps sur le lit je lui ai dit :

— Ça fait combien de temps que je suis ici ?

— Environ une semaine, a-t-elle répondu.

— Et qu'est-ce qu'on m'a fait ?

— Mon Dieu, a-t-elle dit, vous étiez en miettes et meurtri de partout, vous aviez subi une grave commotion et perdu beaucoup de sang. Il a bien fallu remettre tout ça d'aplomb, non ?

— Mais, j'ai dit, personne m'a tripoté le gulliver ? Je veux dire on s'est pas amusé à faire joujou avec comme qui dirait le dedans de mon cerveau ?

— Quoi qu'on ait fait, a-t-elle dit, cela ne peut être que pour le mieux.

Mais deux jours plus tard deux vecks genre docteurs se sont amenés, plutôt jeunes tous les deux et avec cette espèce de sourire très sladky. Ils avaient à la main comme un livre d'images. L'un d'eux a dit :

— Nous aimerions que vous jetiez un coup d'œil là-dessus et que vous nous disiez ce que vous en pensez. D'accord ?

— Qu'est-ce qui me vaut, Ô mes petits drougs ? j'ai dit. Quelle idée bézoumnie votre esprit caresse-t-il encore ?

Ils se sont bidonskés tous les deux genre gênés en entendant ça, puis ils se sont assis chacun sur un bord du lit et ils ont ouvert le livre. Sur la première page, il y avait comme une photo d'un nid d'oiseau plein d'œufs.

— Alors ? a dit un de ces vecks docteurs.

— C'est un nid d'oiseau, j'ai dit, plein comme qui dirait d'œufs. Très très mignon.

— Et qu'est-ce que vous aimeriez en faire ? a dit l'autre.

— Oh, j'ai dit, l'écrabouiller. Empoigner le toutime et genre le balancer contre un mur ou une falaise ou autre, et puis regarder ça gicler vraiment tzarrible.

— Parfait, parfait, ont-ils dit tous les deux.

Là-dessus ils ont tourné la page. On aurait dit une photo d'un de ces grands oiseaux bolchoïs qu'on appelle paons, la queue toute en éventail et de toutes les couleurs, genre très ramenard.

— Et ça ? a dit un des vecks.

— J'aimerais, j'ai dit, lui arracher toutes les plumes de la queue et le sloucher critcher comme un cochon qu'on égorge. Vu qu'il est tellement genre ramenard.

— Parfait, ont-ils dit tous les deux, parfait parfait parfait.

Et ils ont continué à tourner les pages. Il y avait des genres photos de dévotchkas vraiment tzarribles, et j'ai dit que j'aimerais leur filer un coup de vieux dedans-dehors des familles, plus des tas d'ultra-violents. Et aussi des genres photos d'un tchelloveck à qui on shootait raide dans le litso avec du krovvi rouge rouge partout, et j'ai dit que j'aurais bien aimé être de la partie. Et puis une photo du vieux droug du charlot de la prison, tout nagoï et traînant sa croix jusqu'en haut d'une colline, et j'ai dit que ça m'aurait bien plu de tenir le vieux marteau des familles et les clous. Parfait parfait parfait. J'ai dit :

— Ça veut dire quoi, tout ça ?

— Hypnopédie profonde.

Ou un autre mot comme ça.

— Vous m'avez l'air guéri, a repris le veck.

— Guéri ? j'ai dit. Ficelé à ce lit comme je suis, vous appelez ça guéri, vous ? Vous charriez dans les charrières, c'est moi qui vous le dis.

— Un peu de patience, a dit l'autre. Ce ne sera plus long.

J'ai donc pris patience, Ô mes frères, et je me suis senti de mieux en mieux, à croquemeuler comme ça des neuneufs et des lomticks de pain grillé et à drinker de bolchoïes grandes bolées de tché laiteux. Et puis un jour ils ont dit que j'allais recevoir une visite très très très spéciale.

— Qui ça ? j'ai demandé pendant qu'on redressait le lit et qu'on me peignait ma luxuriante splendeur, vu qu'on avait retiré les bandages de mon gulliver et que mes cheveux repoussaient.

— Vous verrez bien vous verrez bien, ont-ils dit.

Et pour ce qui est de relucher, j'ai reluché.

À deux heures trente de l'après-midi il y avait plein de photographes partout, sans compter les vecks des gazettas, avec des blocs-notes et des crayons et tout le gouspin. Et, mes frères, pour un peu ils auraient sonné de la trompette, raide bolchoï, en l'honneur de ce grossium important qui venait relucher Votre Humble Narrateur. Toujours est-il qu'il est entré, et naturellement, je vous donne en mille qui c'était sinon leur Ministre de l'Intérieur ou de l'Inférieur, sapé super plus énième mode et avec ce genre golosse très de la haute hoa hoa hoa. Les caméras ont fait flash flash clic quand il m'a tendu sa rouke à serrer. J'ai dit :

— Tiens tiens tiens tiens tiens. Qu'est-ce qui me vaut, vieux droug ?

Personne n'a eu l'air de pommer tout à fait, mais quelqu'un a dit, golosse genre sévère :

— Soyez plus respecteux, mon garçon, quand vous vous adressez au Ministre.

— Et mes yarbilles, j'ai dit, genre montrant les dents comme un chien-chien. Gogre vous fasse les yarblokoss bolchoïes et comac, à toi et aux tiens.

— Laissez laissez, a dit très zoum l'Intérieur Inférieur. Il me parle en ami, n'est-ce pas, fils ?

— Je suis ami avec tout le monde, j'ai dit. Sauf avec mes ennemis.

— Et qui sont vos ennemis ? a dit le Ministre, tandis que tous les vecks des gazettas gratte gratte grattouillaient à tout va. Dites-le-nous, mon garçon.

— Tous ceux qui me font du tort, j'ai dit, sont mes ennemis.

— Bon, eh bien, a dit le Mini de l'Int Inf en s'asseyant à côté de mon lit, le Gouvernement dont je suis membre et moi-même, nous tenons à ce que vous nous considériez comme des amis. Oui, des amis. Nous vous avons remis sur pied, n'est-il pas vrai ? Vous recevez les meilleurs soins. Nous ne vous avons jamais voulu de mal, à la différence de certains qui vous en ont fait et vous en font encore. Et vous savez très bien, je crois, de qui je parle. Si si si, a-t-il dit. Il y a certains individus qui ont voulu se servir de vous, oui, se servir de vous à des fins politiques. Ils auraient jubilé, oui, jubilé, si vous étiez mort, car ils pensaient pouvoir en rejeter la responsabilité sur le Gouvernement. Je suis convaincu que vous savez parfaitement qui sont ces hommes. Il en est un du nom de F Alexander, auteur d'écrits subversifs, et qui était assoiffé de votre sang, a poursuivi le Mini de l'Intinf. Il avait une envie folle de vous planter un couteau dans le dos. Mais vous êtes à l'abri de cet individu, désormais. Nous l'avons écarté.

— C'était comme qui dirait censément un genre droug, j'ai dit. Une mère pour moi, c'est ça qu'il était.

— Il a découvert que vous lui aviez fait du mal. Du moins, a dit très très zoum le Mini, en était-il persuadé. Il s'était mis en tête que vous étiez responsable de la mort de quelqu'un qui lui était proche et cher.

— Vous voulez dire, j'ai demandé, qu'on le lui a dit ?

— Il s'était mis cela dans l'idée, a dit le Mini. Cet homme était un danger. Nous l'avons écarté, dans l'intérêt de sa propre sécurité. Et aussi, a-t-il ajouté, de la vôtre.

— Ça c'est gentil, j'ai dit. Très gentil de votre part.

— Quand vous sortirez d'ici, a dit le Mini, vous n'aurez pas à vous faire de souci. Nous veillerons à tout. Bonne situation, bon salaire. Du moment que vous nous aidez.

— Parce que j'aide ? j'ai dit.

— On aide toujours ses amis, n'est-ce pas ?

Et puis il m'a pris la rouke et une espèce de veck a critché :

— Souriez !

Et j'ai souri comme un bézoumni, sans réfléchir, et alors flash flash clac flash clic on a pris des portraits de moi et du Mini de l'Intinf faisant drougui-drougui.

— Vous êtes un brave garçon, a dit ce grand tchelloveck. Oui, un brave, brave garçon. Et maintenant, ouvrez les yeux, cadeau.

Ce qu'on a amené alors, frères, c'était une grosse boîte luisante, et j'ai reluché très clair qu'elle sorte de vesche c'était. Une stéréo. On l'a posée à côté du lit et ouverte, et un veck a branché le conducteur sur la prise murale.

— Bon, alors ça sera quoi ? a demandé un autre veck avec des otchquises sur le nez et qui tenait dans ses roukeurs de ravissantes pochettes glacées pleines de musique. Mozart ? Beethoven ? Schoenberg ? Carl Orff ?

— La Neuvième, j'ai dit. Cette splendeur de Neuvième.

Et la Neuvième ce fut, Ô mes frères. Tout le monde a commencé à dégager pépère tranquille tandis que moi je restais étendu là, les glazes clos, à sloucher la ravissante musique. Le Mini a encore dit en me tapotant la pletcho :

— Vous êtes un brave garçon.

Puis il a itté dehors, et il ne restait plus qu'un seul veck qui a dit :

— Signez ici, s'il vous plaît.

J'ai ouvert les glazes pour signer, sans savoir quoi, mais Ô mes frères, je m'en foutais. Puis on m'a laissé seul avec la splendide Neuvième de Ludwig van.

Ah, pour une splendeur c'était une vraie splendité, miamiamiamiamiam. Et quand c'est arrivé au Scherzo je me suis reluché aussi net cavalant et cavalant sur des nogas genre tout ce qu'il y a de léger et de mystérieux, et en même temps je taille tailladais à grands coups de mon britva coupe-chou dans tout le litso du monde, qui critchait. Et il y avait encore à venir le mouvement lent et le ravissant dernier mouvement avec les voix qui chantent. Pour ce qui est d'être guéri, je l'étais.

7.

— Bon, alors ça sera quoi, hein ?

Il y avait moi, Votre Humble Narrateur, et mes trois drougs, autrement dit Léo, Rick et Olé, qu'on appelait comme ça à cause de son bolchoï de gros cou et de sa gromky golosse qui faisait penser à un bolchoï mastard de taureau beuglant aouuuuuuuuuuh. On était assis au Korova Milkbar à se creuser le rassoudok pour savoir ce qu'on ferait de la soirée, – une putain de soirée d'hiver, branque, noire et glaciale, mais sans eau. Tout autour de nous il y avait des tchellovecks complètement défoncés au lait gonflé à la vélocette, au synthémesc ou au methcath et autres vesches qui vous font planer loin, loin des méchancetés de ce monde réel, jusqu'au pays où on peut relucher Gogre et Tous Ses Anges et Ses Saints dans son sabog gauche, le morg plein à péter de lumière. Ce qu'on drinkait, c'était le bon vieux moloko des familles aux couteaux, comme on appelait ça, façon de s'affûter et de se mettre en forme pour une partie salingue de vingt contre un ; mais j'ai déjà raconté comment c'était.

On était sapés à la super plus énième mode, c'est-à-dire, à l'époque, pantalon très large et blouson genre cuir noir et luisant par-dessus la chemise à col ouvert avec une manière de foulard fourré dedans. C'était aussi le temps où la super plus énième mode était de se passer le bon vieux britva sur le gulliver, pour que tout le dôme soit comme qui dirait chauve, avec des cheveux seulement sur les côtés. Cela dit, on avait toujours les nogas dans les mêmes trucs : des vraies grosses bottes bolchoï tzarribles pour shooter dans les litsos.

— Bon, alors, ça sera quoi, hein ?

C'était moi le plus vieux des quatre, on pouvait dire, et tous ils me regardaient comme leur chef, mais j'avais parfois comme l'idée que Olé s'était mis dans le gulliver qu'il aimerait bien prendre la relève, et ça à cause de son côté balèse et de sa gromky golosse qui lui sortait comme un mugissement quand il était sur le sentier de la guerre. Mais toutes les idées venaient de Votre Très Humble, Ô mes frères, et aussi il y avait cette vesche que j'avais été célèbre en mon temps, avec ma photo et des articles et autres coups dans les gazettas. En plus, j'avais de loin le meilleur boulot de nous quatre, vu que j'étais aux Archives Nationales du Gramodisc, branche musique, ce qui faisait que j'avais les carmanes vraiment pleines tzarrible de joli lollypop à chaque fin de semaine et que je me mettais de côté un tas de super disques gratis pour mon malenky petit moi tout seul.

Ce soir-là, au Korova, il y avait pas mal de vecks, des ptitsas et des dévotchkas avec des maltchicks, se bidonskant et drinkant à tout va. Et à travers tous leurs govoritts et les bafouillis des plouks, genre : « Ouémec, supersassbalance et j'en ai le valdin qui durcit et les schmoulettes qui bleuissent » et autres gouspins, on pouvait sloucher un disque pop sur la stéréo – Ned Atchimota qui chantait « Au jour, oui, d'aujouird'hui, oui ». Au comptoir, il y avait trois dévotchkas sapées aussi à la super plus énième mode, c'est-à-dire les cheveux longs pas peignés et teints blanc et les faux groudnés pointant d'un mètre ou plus au-dessus de la jupe courte très très collante avec tout plein de blanc mousseux par en-dessous. Olé n'arrêtait pas de dire : « Ouais, y'a de quoi se placer, les mecs, on tiendrait à trois. Vu que le pote Len il est pas intéressé, y a qu'à le laisser tout seul avec son Dieu. » Tant qu'à la fin Len répondit : « T'as fini de me casser les yarbilles, dis ? Et le bon esprit d'autrefois, tous pour un et un pour tous, qu'est-ce que t'en fais, mec ? » Enfin bref, quoi, soudain je me suis senti très, très fatigué et en même temps plein d'énergie qui me fourmillait, et j'ai dit :

— Allez, dehors, out, out, out !

— Où ça ? Rick a demandé, avec sa litso de grenouille.

— Oh, juste histoire de relucher ce qui se passe dans le vaste monde extérieur, j'ai répondu.

Mais je ne sais pourquoi, mes frères, j'avais un sentiment d'ennui tzarrible et de désespoir aussi un peu, que ça me prenait même souvent ces temps-ci. Ce qui fait que je me suis tourné vers le tchelloveck le plus près de moi sur la grande banquette en peluche qui courait tout autour du messto – il yarbillait tout ce qu'il savait, le veck, vu qu'il était sous l'empire – et je l'ai pogné zoum pour de vrai, ack ack ack dans le bide. Mais incapable il était de rien sentir, mes frères, et il se contenta de gargouiller des choses comme : « Par la vertu de l'art, où n'en quel pays sont en queue de pie les poppicorns du pop ? » Alors on a mis les bouts dans la grande notché d'hiver.

Nous avons pris le boulevard Marghanita. Il n'y avait pas de milichiens en patrouille sur le parcours, ce qui fait que quand nous avons rencontré un veck viokcho qui venait de koupter une gazetta à un kiosque, j'ai dit à Olé : « D'accord, petit vieux, libre à toi si tel est ton bon plaisir. » De plus en plus ces temps-ci je me contentais de donner les ordres et de prendre du recul pour relucher l'exécution. Olé rentra donc dans le veck crack boum hue, et les deux autres lui firent un crochepatte et le tapèrent à coups de pied, en se bidonskant quand il a été par terre ; et puis ils l'ont laissé se traîner jusque chez lui, et on l'entendait se geindre des choses à lui-même. Olé dit :

— Qu'est-ce que tu penserais d'un gentil verre de quéque vesche de glusp pour chasser le froid, Ô Alex ?

Car nous n'étions plus trop loin du Duc de New York. Les deux autres firent oui oui du gulliver, mais tous les trois me regardaient pour relucher si c'était bien d'accord. Je fis oui de la tête, et tous on a itté. Dans l'arrière-salle il y avait les mêmes viokchas ptitsas (ou girondes, ou babouchkas) dont j'ai parlé au début de ce livre, et elles y sont allées de leur litanie : « Bonsoir les petits gars, Dieu vous bénisse, les fils, y a pas meilleurs que vous, c'est sûr. » Elles espéraient que nous allions dire : « Bon, alors ça sera quoi, les ménesses ? » Olé a agité la collocolle et un garçon est arrivé en s'essuyant les roukes à son tablier grassou.

— Tilt sur table, les drougs, dit Olé en sortant son tas de picaille trébuchante et crissante. Quatre écossais pour nous et pareil au même pour les vieilles babouchkas, d'acc ?

Sur quoi j'ai dit :

— Non mais sans blague, elles n'ont qu'à se les payer avec leur tiltot.

Je ne sais pourquoi, ces derniers temps je devenais genre mesquin. Il me prenait dans le gulliver comme qui dirait des envies de me garder mon joli lollypop pour moi tout seul, et de me le planquer plus ou moins – allez comprendre ! Olé dit :

— Qu'est-ce qui t'arrive, Ô mon bratti ? Qu'est-ce qui lui arrive, à notre Alex ?

— Ah, du diable, j'ai dit. Je ne sais pas, moi. Est-ce que je sais ? Ce qu'il y a, c'est que je n'aime pas tellement claquer mon joli lollypop si durement gagné, voilà tout.

— Gagné ? dit Rick. Gagné ? Où tu as pris qu'il a besoin d'être gagné, comme si tu le savais pas, vieux droug ? Piqué, je dirais, juste piqué, ouais.

Et il se bidonska vraiment gromky, au point que je pouvais relucher une ou deux de ses zoubies, qui n'étaient pas si tzarribles.

— Ah, j'ai fait, faut que je médite un peu.

Mais à la vue des babouchkas qui tiraient tellement la langue dans l'espoir d'un peu d'alc gratuit, j'ai plus ou moins haussé les pletchos et sorti aussi mon tilt de la carmane de mon pantalon, pièces et billets tout mélangés, pour le flanquer, que je te tinte-crisse, sur la table.

— Des écossais pour tout le monde, alors ? a dit le garçon.

Mais pour je ne sais quelle raison, j'ai répondu :

— Non, mec, pour moi ce sera une petite bière, vu ?

Len dit :

— Ça, j'aime pas des masses.

Et le voilà qui se met à me coller sa rouke sur le gulliver, en faisant comme si j'avais la fièvre. Je lui ai montré les dents à la chien-chien pour qu'il arrête ça zoum.

— D'accord, d'accord, droug, il a dit. Comme tu veux tu choises.

Là-dessus j'ai vu Olé qui se rinçait l'otchi, la rote grande ouverte, en tenant un truc sorti de ma carmane avec le joli lollypop que j'avais mis sur la table. Il disait :

— Eh ben eh ben eh ben. Qui qui s'en serait douté ?

— Donne-moi ça, j'ai grondé mauvais en lui arrachant zoum le truc.

J'étais en peine d'expliquer comment ça se trouvait là, mes frères ; c'était une photographie que j'avais découpée aux ciseaux dans une vieille gazetta et qui représentait un petit enfant. Un bébé, oui, l'air de gazouiller a-re a-re avec tout plein de genre moloko lui dégoulinant de la rote, et qui regardait au ciel, la mine à se bidonsker de tout le monde ; il était complètement nagoï et il avait la chair comme toute en plis, vu qu'il était bien grassouillet.

Bon, alors il y a eu un brin de ha ha ha et de bagarre pour me reprendre ce bout de papier, ce qui a fait que j'ai dû montrer encore les dents et attraper la photo, puis la déchirer en tout petits morceaux et la laisser tomber comme neige par terre. Ensuite le whisky arriva et les viokchas babouchkas dirent : « À votre bonne santé, les petits, Dieu vous bénisse, les gars, y a pas meilleurs que vous, c'est sûr » et tout le gouspin. Et une d'entre elles, qui n'était que plis et rides et qui n'avait plus de zoubies dans sa vieille rote ratatinée, a dit :

— Faut pas déchirer tes sous, fils. Si t'en as pas besoin, donne-les à ceux qu'en manquent.

C'était très hardi et même fort de café de sa part. Mais Rick a dit :

— De l'argent ce n'était point, Ô babouchka. C'était la photo d'un mignon bébé tout petitounichet.

— Ça commence à faire un peu beaucoup, faut dire, j'ai dit. C'est vous les bébés. Toujours à vous moquer et à ricanocher, et juste capables de vous bidonsker et de flanquer aux gens des bolchoï toltchoques comme des lâches, quand ils ne peuvent pas les rendre.

Olé a dit :

— Écoute, mec, nous autres on a toujours pensé que t'étais le roi et le professeur. Faut croire que t'es pas bien, voilà tout, vieux droug.

Je reluchai le verre de bière baveux sur la table devant moi et me sentis tout vomiteux en-dedans. Et puis j'ai fait « Aaaaah ! » et j'ai vidé tout ce gouspin vonneux et mousseux par terre. Une des viokchas ptitsas a dit :

— Qui ne gaspille pas ne manque pas.

— Écoutez, les drougs, j'ai dit. Écoutez bien. Ce soir, je ne sais pas pourquoi, mais je ne suis pas d'humeur. J'ignore comment ni pourquoi, toujours est-il que c'est un fait. Vous trois, allez de votre côté pour cette nuit, et laissez-moi en dehors du coup. Demain on se retrouvera même endroit même heure, et j'espère que je me sentirai comme qui dirait beaucoup mieux.

— Oh, fit Olé, tu m'en vois désolé.

Mais on pouvait relucher un genre lueur dans ses glazes, vu que ce serait lui qui prendrait la relève pour la notché. Ah, le pouvoir, le pouvoir – à croire que c'est l'ambition de tous. Il a continué :

— On peut remettre ça à demain. Ce qu'en tête on avait. Autrement dit le craste de la boutique de la rue Gagarine. Y a des trucs branques tzarrible à rafler là-dedans, les drougs.

— Non, j'ai dit. Tu ne retardes rien du tout. Simplement tu fais le coup dans genre ton style. Moi, j'irai de mon côté.

Et je me levai de mon siège.

— Et où tu ittes, alors ? demanda Rick.

— Cela je n'en ai point idée, j'ai dit. J'ai juste envie d'être plus ou moins tout seul et de faire le point.

On voyait bien que les vieilles babouchkas étaient tout intriguées de me voir partir comme ça, genre très morose au lieu du maltchickiwick gai et bidonskeur qu'on voudra bien se rappeler. Mais j'ai dit : « Ah, et puis au diable, au diable », et j'ai mis les bouts soli solo.

Dans la rue il faisait noir, avec un vent qui se levait tranchant comme un nodz, et il y avait très très peu de lioudis dehors. Rien que des voitures de la police pleines de rosses brutaux qui patrouillaient ; et de temps en temps à un coin de rue, on reluchait une paire de très jeunes milichiens battant la semelle pour se défendre du froid mordant et lâchant de la vapeur dans l'air hivernal, Ô mes frères. En vérité, j'imagine qu'une bonne part du craste et des ultra-violents d'autrefois agonisait et se mourait maintenant, à cause de la brutalité des rosses envers ceux qu'ils attrapaient, même si cela tournait de plus en plus à la bagarre entre méchants nadsats et rosses, à qui faisait plus zoum du nodz et du britva ou de la matraque quand ce n'était pas du feu. Seulement, moi, ce qui m'arrivait ces temps-ci, c'était que tout ça ne m'intéressait comme qui dirait plus guère. À croire que je m'étais genre ramolli en-dedans sans que je puisse pommer pourquoi. Ce que je voulais pour l'heure, je l'ignorais. Même la musique que j'aimais tant sloucher dans ma malanky piaule était plutôt de celle qui m'aurait fait bidonsker autrefois, mes frères. Je slouchais de plus en plus des petits airs minouches, genre romantiques, des *Lieder* comme on dit, juste une golosse et un piano, très calmos et nostalgicos, différents de l'époque où c'était tout orchestres bolchoïs et moi allongé sur le lit au milieu des violons, des trombonnes et des timbales. Il se passait quelque chose à l'intérieur de moi, et je me demandais si ce n'était pas un genre maladie ou ce qu'on m'avait manipulé l'autre fois, qui me tourneboulait le mozg et risquait de me rendre bézoumni pour de bon.

Bref, réfléchissant à cela, le gulliver baissé genre pensif et les roukes dans les carmanes du pantalon, j'ai parcouru la ville, mes frères, tant qu'à la fin je me suis senti très fatigué, avec aussi un grand besoin d'une bolchoï bonne chascha de tché au lait. À force de rêver à ce tché, il m'est venu soudain comme une image de moi assis près d'un bolchoï grand feu, dans un fauteuil, à drinker ce truc chaud, et le plus drôle et le tout à fait étrange était que j'avais l'air d'être devenu un très viokcho tchelloveck, dans les soixante-dix ans ou quelque, vu que je pouvais relucher ma propre voloss, laquelle était toute grise, avec, en plus, des favoris également tout gris. Bref, je me reluchais en vieux assis au coin du feu. Et puis l'espèce d'image s'est évanouie. Mais c'était vraiment comme qui dirait bizarre.

J'ai fini par arriver à un de ces messtots thé et café, mes frères, et à travers la longue vitre, j'ai reluché que c'était plein de lioudis pas gais du tout, genre ordinaires, avec la sorte de litso tout résigné et vide qu'on voyait bien qu'ils étaient incapables de faire du mal à personne. Ils étaient tous assis là à govoriter genre calme et à drinker leur gentil tché ou café pas méchant. J'ai itté à l'intérieur et marché droit jusqu'au comptoir pour m'acheter un bon tché chaud avec plein de moloko, puis de là jusqu'à une table où je me suis assis pour drinker. Il y avait déjà une espèce de jeune couple à cette table, qui consommait en fumant des cancerettes à filtres et en govoritant et se bidonskant très doucement ; mais d'abord je ne fis pas attention et me contentai de drinker en rêvassant plus ou moins et me demandant ce qui était comme qui dirait en train de changer en moi et ce qui allait m'arriver. Puis j'ai reluché que la dévotchka qui était avec le tchelloveck était vraiment tzarrible, pas genre qu'on aimerait mettre à l'horizontale pour se la coulisser une deux une deux, mais genre plott et litso tzarribles, avec la rote tout sourire, le voloss super blond et tout le gouspin à l'avenant. Là-dessus, le veck qui était avec elle et qui avait un chapeau sur le gulliver, avec le litso plus ou moins détourné de moi, pivota à demi sur la banquette pour relucher la bolchoï grosse pendule murale du messtot. Du coup, j'ai reluché qui c'était et il en a fait autant pour moi. C'était Pierrot, un de mes trois drougs du temps où on était Jo, Momo, lui et moi tous les quatre. Oui, c'était Pierrot, l'air genre très vieilli, bien qu'il ne dût pas avoir plus de dix-neuf ans et quelques. Et il avait un brin de moustache et un costume de ville comme tout le monde, sans compter le chapeau. J'ai dit :

— Tiens, tiens, tiens, comment va, vieux droug ? Ça fait une paye qu'on s'est pas reluchés.

— Mais c'est le petit Alex, pas vrai ! il a dit.

— Soi-même, j'ai dit. Ça fait un sacrément long bout de temps depuis cette belle époque morte et enterrée. Et le pauvre Jo, à ce qu'on m'a dit, qui est sous terre maintenant, et ce vieux Momo qui a tourné à la brute de milichien, et toi qui es là et moi de même. À part ça, quoi de neuf, vieux droug ?

— Il parle bizarrement, non ? dit la dévotchka avec un petit rire genre gloussement.

— C'est, lui expliqua Pierrot, un vieil ami. Il s'appelle Alex. Tu permets, poursuivit-il à mon intention, que je te présente ma femme ?

J'en ai ouvert la rote grande comme ça.

— Ta femme ? j'ai hoqueté. Ta femme épouse ? Ah non, c'est pas possible. Tu n'es point en âge de te marier, vieux droug. Imposs imposs.

Mais la dévotchka, qui était donc comme qui dirait la femme de Pierrot (imposs imposs), glousssa de nouveau et lui dit :

— Toi aussi, tu parlais comme ça dans le temps ?

— Tout de même, me dit Pierrot avec une espèce de sourire, sans lui répondre. Ça me fait presque vingt ans. Ça suffit pour que je me passe la corde au cou, non ? Il y a déjà deux mois de ça. Tu étais très jeune et très avancé pour ton âge, toi, tu te souviens ?

— Eh bien ! j'ai dit, encore sous le coup. Des nues je tombe, vieux droug. Pierrot marié. Eh bien, eh bien.

— On a un petit appartement, dit Pierrot. Je travaille aux Assurances maritimes d'État et je ne gagne pas gros, mais ça ira mieux, j'en suis sûr. Et quand à Georgina…

— Répète un peu ce nom, veux-tu ? j'ai dit, la rote toujours ouverte que c'en était bézoumni.

La femme de Pierrot (la femme, mes frères) s'est remise à rire plus ou moins.

— *Georgina*, a répété Pierrot. Georgina travaille aussi. Elle tape à la machine, tu sais. On se débrouille, on se débrouille.

Impossible, mes frères, de le quitter des glazes, je vous jure. Il était comme qui dirait adulte, maintenant, avec une golosse de vieux et tout.

— Faudra, reprit-il, que tu viennes nous voir un de ces jours. T'as toujours l'air, ajouta-t-il, très jeune, malgré toutes les histoires terribles par lesquelles t'es passé. Tu l'croirais pas, mais on a tout lu, je te jure. C'est égal, pas d'erreur, t'es resté vraiment très jeune.

— J'ai dix-huit ans, j'ai dit. Juste passés.

— Dix-huit ans, hé ? a dit Pierrot. Si vieux que ça. Eh bien, eh bien, eh bien. Bon, faut qu'on y aille.

Et il lança à son espèce de Georgina un regard genre amoureux en lui prenant la rouke et la pressant entre les siennes. Et elle lui fit de ces mires, Ô mes frères !

— Oui, reprit Pierrot en se retournant vers moi, on va à une petite fête chez Greg.

— Greg ? j'ai dit.

— Oh, naturellement, a dit Pierrot, tu peux pas connaître, bien sûr. Il est venu après toi. Tu étais plus là quand il a fait son apparition. Il donne des petites fêtes, tu sais. Genre verre de vin et scrabble, surtout. Mais très chouettes, très agréables, tu sais. Rien de méchant, si tu vois ce que je veux dire.

— Oui, j'ai dit. Rien de méchant. Oui, oui, je reluche ça vraiment tzarrible. Et la dévotchka, cette Georgina a recommencé à glousser de mes slovos. Puis ils ont itté tous les deux pour leur scrabble vonneux chez ce Greg, qui qu'il fût. Je suis demeuré soli solo avec mon tché au lait presque froid maintenant, à réfléchir et me poser comme qui dirait des questions.

C'était peut-être cela, je me disais. Oui, peut-être que je devenais trop vieux pour la sorte de jiznée que je menais, mes frères. J'avais dix-huit ans à présent, juste passés. Et dix-huit ans, ce n'est plus la jeunesse. À cet âge-là, ce vieux Wolfgang Amadeus avait composé des concertos, des symphonies, des opéras, des oratorios et tout le gouspin – non, pas gouspin mais toute une céleste musique. Et il y avait aussi le vieux Félix M avec son ouverture pour le *Songe d'une nuit d'été.* Sans compter les autres. Y compris ce poète genre français mis en musique par le vieux Benjie Britt, et qui avait écrit toute sa meilleure poésie avant l'âge de quinze ans, Ô mes frères. Arthur, de son petit nom. Donc, dix-huit ans, c'était pas si jeune que ça. Cela dit, qu'allais-je faire ?

En marchant dans cette saloperie de nuit noire et froide d'hiver, après avoir itté de ce messtot tché et café, j'ai continué à avoir des espèces de visions, un peu genre bandes dessinées de gazetta. Je reluchais Votre Humble Narrateur Alex rentrer chez lui de son travail pour trouver une bonne assiettée de dîner chaud. Et il y avait cette espèce de ptitsa, tout accueillante et tendre genre amoureuse et aimante. Mais je n'arrivais pas à la relucher tellement tzarrible, mes frères, non, pas moyen de distinguer ni de deviner qui ça pouvait bien être. Tout de même, l'idée m'est venue soudain, très fort, que, si je passais dans la chambre à côté de celle où flambait le grand feu et où mon dîner chaud attendait sur la table, j'y trouverais ce que je désirais tout au fond de moi. Et du coup, tout se tenait : la photo découpée dans la gazetta et ma rencontre avec ce vieux Pierrot devenu ce qu'il était. Car dans cette autre pièce, et dans un berceau, il y avait, qui gazouillait gou gou gou, mon fils. Parfaitement, mes frères, mon fils. Et voilà que je sentais dans mon plott comme un bolchoï grand vide et que je restais genre occis tzarrible devant moi-même et ce qui m'arrivait. Sauf que je comprenais, Ô mes frères : j'étais en train de devenir genre adulte.

Ouais ouais ouais, c'était cela. Faut que jeunesse se passe, hé oui. Sauf qu'être jeune, ça revient à être plus ou moins comme qui dirait un animal. Enfin, non, ce serait plutôt moins un animal qu'un de ces malenkys jouets qu'on reluche à l'étal des camelots, qu'on dirait des petits tchellovecks en fer-blanc, avec un ressort à l'intérieur et, à l'extérieur une clé pour le remonter et on y va grr grr grr et voilà que le truc se met à itter tout seul, l'air de marcher ou pas loin. Ô mes frères. Seulement itte tout droit devant en butant bang bang dans les choses sans pouvoir s'empêcher de faire ce qu'il fait. Oui, être jeune, c'est ressembler à une de ces malenkys mécaniques.

Mon fils, mon fils. Quand je l'aurais, mon fils, je me disais, je lui expliquerais tout cela, à l'âge qu'il serait assez viokcho pour comprendre plus ou moins. En même temps je savais bien qu'il ne comprendrait pas ou qu'il refuserait de rien comprendre et referait toutes les vesches que j'avais faites, peut-être même jusqu'à tuer une pauvre viokcha forella au milieu de ses kots et koshkas miaulants, et que je ne pourrais pas vraiment l'en empêcher. Pas plus qu'il ne serait capable d'en empêcher son propre fils, mes frères. Et tout continuerait à itter comme ça jusqu'à la fin du monde, à la façon d'une roue qui tourne et tourne sans fin, ou comme qui dirait si un tchelloveck bolchoï géant, genre le vieux Gogre Soi-même ou plus ou moins (grâce soit rendue au Korova Milkbar) s'amusait à faire totonner jusqu'à plus soif une orange vonneuse et grassouse dans ses énormes roukes.

Mais avant tout, mes frères, la vesche la plus importante était de trouver une dévotchka ou une autre pour être la mère de ce fils. J'allais m'y mettre dès le lendemain matin, ne cessais-je de me répéter. Ça c'était quelque chose genre tout nouveau à quoi s'attaquer. Quelque chose à quoi il fallait que je m'attelle : comme qui dirait la page qu'on tourne et un nouveau chapitre qui commence.

Bon, alors pour moi ce sera ça, mes frères, au point où j'en suis, c'est-à-dire plus ou moins au bout de ce récit. Vous aurez suivi partout votre petit droug Alex, vous aurez partagé ses souffrances et reluché en chemin quelques bratchnis parmi les plus grassous que le vieux Gogre ait jamais fabriqués, le tout aux frais de votre bon vieux droug Alex. Et tout ça en résumé parce que j'étais jeune. Mais maintenant que je termine cette histoire, mes frères, je ne le suis plus du tout du tout, même, oh non. Alex est en train de virer comme qui dirait sa cuti adulte, oh oui.

Seulement, là où je vais itter dorénavant, Ô mes frères, ça sera tout soli solo, vous ne pourrez pas me suivre. Demain sera genre tout plein de fleurs et de parfums, avec notre toupie vonneuse de terre et les étoiles et la vieille Luna là-haut, pendant que votre vieux droug Alex soli solo sera genre en quête plus ou moins d'une moitié. Et autre gouspin. Terrible, ce monde. Vonneux et grassou à souhait, Ô mes frères. Sur ce, votre petit droug vous salue bien. Et pour chacun de tous ceux qui sont dans cette histoire, un gros choum pétouilleux des lèvres frouppp frouppp. Et libre à eux de m'embrasser les charrières. Mais vous, Ô mes frères, souvenez-vous de temps en temps du petit Alex qui était vôtre. Amen. Et tout le gouspin.

Glossaire

Babouchka	vieille femme.
Banda	bande de jeunes.
Bézoumni	fou.
Bidonske	rigolade, marrade (V : se bidonsker).
Bitva	bagarre.
Bolchoï	énorme, grand, gros.
Bolnoï	malade, nauséeux.
Bratchni	fumier, salopard, vache.
Bratti	frère (pote).
Britva	rasoir.
Brossater	jeter.
Brouko	ventre.
Bugatti	riche.
Cancerette	cigarette.
Cantora	bureau.
Carmane	poche.
Charlot	chapelain, aumônier.
Charrière	fesse.

Chascha	tasse.
Chasso	gardien de prison, maton (faire le chasso : faire le guet).
Chlem	casque.
Choum	bruit.
Cloper	marcher, se diriger.
Collocolle	cloche, sonnette.
Conficonfiotte	confiture.
Corner	appeler.
Craste	vol accompagné de violence (V : craster).
Critche	cri (V : critcher).
Dedans-dehors	copulation.
Dévotchka	jeune fille.
Discotic	boutique de disques.
Dobby	bon.
Domie	maison.
Dorogoï	cher, précieux.
Dratse, dratsarre	bagarre (V : dratser).
Drinker	boire.
Droug	ami (Adj : drougui).
Dvié	deux.
Eberloqué	ébouriffé, très fatigué.
Encoche	hanche.

Escoliose	école.
Exqui cucuses usées	excuses.
Forella	truite.
Fouraille	comme un four.
Garfouiller	bafouiller.
Glaze	œil.
Glazard	regard.
Glazebille	globe de l'œil.
Gloupp, gloupide	idiot, stupide.
Gniouker	flairer.
Golosse	voix.
Gorlot	gosier, goulot.
Goubeuse	lèvre.
Goulatier	marcher, s'avancer.
Gouspin	merde (Adj : gouspineux).
Govoritt	parole, discours (V : govoriter).
Grassou	sale, crado.
Gromky	fort.
Groundné	sein.
Groupa	bande de jeunes.
Gueuluche	tabac.
Guiliguilivice	méchante chatouille.
Gulliver	crâne, gueule.

Igra	jeu.
Imya	nom.
Intéressovater	intéresser.
Itter	aller.
Jiznée	vie, existence.
Kishkas	tripes.
Kleb	pain.
Kloutche	clé.
Knopka	bouton.
Kopater	piger.
Koshka	chat.
Kot	matou.
Koupter	acheter.
Krovvi	sang.
Lapa	patte.
Lioudis	gens.
Litso	visage.
Lollypop	argent.
Lomtick	morceau.

Lovretter	arnaquer.
Luxuriante splendeur	chevelure.
Magaze	magazine, illustré.
Malenky	petit, peu.
Malinfrat	voyou.
Maltchick	jeune gars.
Malchickicaïd	jeune dur.
Maslo	beurre.
Masquard	masque.
Merdzkoï	merdeux.
Messel	idée.
Messtot	endroit.
Methcath	drogue.
Milichien	flic.
Miton	matou.
Molodoï	jeune.
Moloko	lait.
Mordnaz	nez.
Moriturusse.	mort et bien mort.
Moudj	mari, jules.
Mouizka	argent.
Mozg	cerveau, esprit.
Nachinater	commencer.
Nadmini	arrogant.

Nadsat	moins de vingt ans, teen-ager.
Nagoï	nu.
Nidzni	sous-vêtement féminin, slip.
Nodz	couteau.
Noga	M : pied – F : jambe.
Notché	nuit.
Odine	un.
Okno	fenêtre.
Otchquises	lunettes.
Oubivater	tuer.
Oudzassny	formidable.
Oudzy	chaîne.
Ouko	oreille.
Oum	cerveau, cervelle.
Ouster	sortir, s'en aller.
Ozoucher	essuyer.
Pianitza	ivre.
Pischa	nourriture.
Platcher	pleurer.
Platrusques	vêtements.
Plenni	prisonnier.
Plesk	éclaboussement, plof.

Pletcho	épaule.
Plott	corps.
Podoucka	polochon, oreiller.
Pol	polard, sexe.
Polezny	utile.
Pommer	comprendre.
Popov	idiot, clownesque.
Potronminet	matou.
Pouglé	effrayé.
Poushka	revolver.
Prestoupnick	criminel.
Privoditer	mener quelque part, emmener.
Protège-glaze	paupière.
Ptitsa	fille.

Rabiter	travailler (Subst : rabitt).
Radostie	joie.
Radze	fois.
Raskass	histoire, récit.
Rassoudok	crâne, esprit.
Razedraze	bouleversé, furieux.
Razrézer	déchirer.
Relucher	regarder, voir.
Rosse	M : flic – F : police.
Rote	bouche.

Rouke	main.
Roukeur	bras.
Sabog	soulier.
Sammybéa	B A, bonne action.
Schlaga	trique.
Scotina	vache.
Shaïka	gang.
Shest	barrière.
Shiya	cou.
Shlapa	chapeau.
Skaziter	dire.
Skvater	empoigner.
Sladky	doux, sucré.
Slouchater	arriver, se passer.
Sloucher	écouter.
Slovo	mot, parole.
Smott	regard. (V : smotter)
Snity	rêve.
Sobirater	ramasser.
Sophistoque	sophistiquée.
Soumka	sac.
Soviet	conseil.
Spatchka	sommeil, pioncette.
Spater	dormir.
Spoutnik	boisson forte.

Strack	horreur, horrible.
Swouisher	siffler dans l'air, faire siffler.
Synthémesc	drogue.

Tché	thé.
Tchelloveck	type.
Tchina	femme.
Tchister	laver.
Tchoudessny	merveilleux.
Tictocard	cœur.
Tiffure	coiffure.
Tilt	argent.
Toltchocke	gifle, coup (V : toltchocker).
Totonner	faire joujou avec (Subst : totonnage).
Touflasque	pantoufle.
Trié	trois.
Tzarrible	terrible.
Tzvouk	son, bruit.

Variter	mijoter.
Veck	mec.
Vélocette	drogue.
Vesche	chose.
Viokcho, viokcha	vieux, vieille.
Voloss	cheveux, poil.

Vonn	odeur (mauvaise, de préférence) [Adj : vonneux, vonnant].
Vreder, ou : faire vred	faire du tort, du mal.

Yachzick	langue.
Yahma	trou.
Yahoudi	juif.
Yarbilles, yarblokoss	testicules.
Yékater	rouler en voiture.

Zaznouter	dormir.
Zhina	épouse.
Zoubie	dent.
Zoum	vite.
Zvonock	sonnette à cordon.

Marmelade mécanique

Par Anthony Burgess

Précédé de fac-similés du tapuscrit original

Title page

See attached for layout.

A CLOCKWORK ORANGE

Anthony Burgess

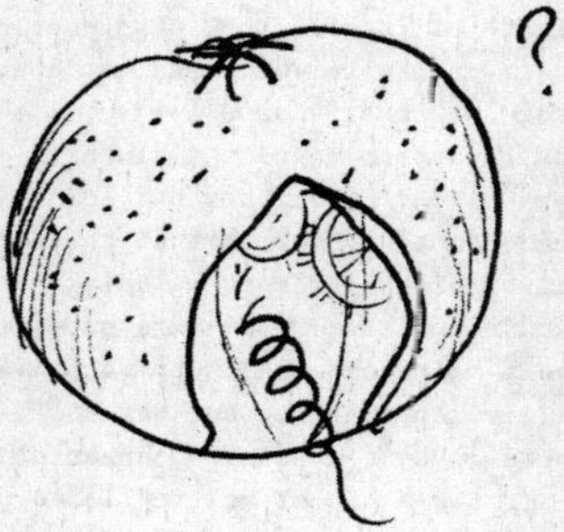

HEINEMANN

LONDON MELBOURNE TORONTO

old Dim had a very hound-and-horny one of a clown's litso (face, that is), Dim not ever having much of an idea of things and being, beyond all shadow of a doubting thomas, the dimmest of we four. Then we wore waisty jackets without lapels but with these very big built-up shoulders ("pletchoes" we called them) which were a kind of a mockery of having real shoulders like that. Then, my brothers, we had these off-white cravats which looked like whipped-up kartoffel or spud with a sort of a design made on it with a fork. We wore our hair not too long and we had flip horrorshow boots for kicking.

"What's it going to be then, eh?"

There were three devotchkas sitting at the counter all together, but there were four of us malchicks and it was usually like one for all and all for one. These sharps were dressed in the heighth of fashion too, with purple and green and orange wigs on their gullivers, each one not costing less than three or four weeks of those sharps' wages, I should reckon, and make-up to match (rainbows round the glazzies, that is, and the rot painted very wide). Then they had long black very straight dresses, and on the groody part of them they had little badges of like silver with different malchicks' names on them - Joe and Mike and suchlike. ~~These were supposed to be the names of the different malchicks they'd spatted with before they were fourteen.~~ They kept looking our way and I nearly felt like saying the three of us (out of the corner of my rot, that is) should go off for a bit of pol and leave poor old Dim behind, because it would be just a matter of koopeeting Dim a demi-litre of white but this time with a dollop of synthemesc in it, but that wouldn't really have been playing like the game. Dim was very very ugly and like his name, but he was a horrorshow filthy fighter and very handy with the boot.

"What's it going to be then, eh?"

The chelloveck sitting next to me, there being this long big plushy seat that ran round three walls, was well away with his glazzies glazed and sort of burbling slovos like "Aristotle wishy washy works outing cyclamen get forficulate smartish".

God bless you, boys," drinking.

Not that it mattered much, really. About half an hour went by before there was any sign of life among the millicents, and then it was only two very young rozzes that came in, very pink under their big copper's shlemmies. One said:

"You lot know anything about the happenings at Slouse's shop this night?"

"Us?" I said, innocent. "Why, what happened?"

"Stealing and roughing. Two hospitalisations. Where've you lot been this evening?"

"I don't go for that nasty tone," I said. "I don't care much for these nasty insinuations. A very suspicious nature all this betokeneth, my little brothers."

"They've been in here all night, lads," the old sharps started to creech out. "God bless them, there's no better lot of boys living for kindness and generosity. Been here all the time they have. Not seen them move we haven't."

"We're only asking," said the other young millicent. "We've got our job to do like anyone else." But they gave us the nasty warning look before they went out. As they were going out we handed them a bit of lip-music: brrrrzzzzrrrr. But, myself, I couldn't help a bit of disappointment at things as they were those days. Nothing to fight against really. Everything as easy as kiss-my-sharries. Still, the night was still very young.

you want? Get out at once before I throw you out." So poor old Dim, masked like Peebee Shelley, had a good loud smeck at that, roaring like some animal.

"It's a book," I said. "It's a book what you are writing." I made the old goloss very coarse. "I have always had the strongest admiration for them as can write books." Then I looked at its top sheet, and there was the name - A CLOCKWORK ORANGE - and I said, "That's a fair gloopy title. Who ever heard of a clockwork orange?" Then I read a malenky bit out loud in a sort of very high type preaching goloss: " - The attempt to impose upon man, a creature of growth and capable of sweetness, to ooze juicily at the last round the bearded lips of God, to attempt to impose, I say, laws and conditions appropriate to a mechanical creation, against this I raise my swordpen - " Dim made the old lip-music at that and I had to smeck myself. Then I started to tear up the sheets and scatter the bits over the floor, and this writer moodge went sort of bezoomny and made for me with his zoobies clenched and showing yellow and his nails ready for me like claws. So that was old Dim's cue and he went grinning and going er er and a a a for this veck's dithering rot, crack crack, first left fistie then right, so that our dear old droog the red - red vino on tap and the same in all places, like it's put out by the same big firm - started to pour and spot the nice clean carpet and the bits of his book that I was still ripping away at, razrez razrez. All this time this devotchka, his loving and faithful wife, just stood like froze by the fireplace, and then she started letting out little malenky creeches, like in time to the like music of old Dim's fisty work. Then Georgie and Pete came in from the kitchen, both munching away, though with their maskies on, you could do that with them on and no trouble, Georgie with like a cold leg of something in one rooker and half a loaf of kleb with a big dollop of maslo on it in the other, and Pete with a bottle of beer frothing its gulliver off and a horrorshow rookerful of like plum cake. They went haw haw haw, viddying old Dim dancing round and fisting the writer veck so

one of these stinking millicents at the back with me. The fat-necked not-driver said:

"Everybody knows little Alex and his droogs. Quite a famous young boy our Alex has become."

"It's those others,"I creeched. "Gerogie and Dim and Pete. No droogs of mine, the bastards."

"Well," said the fat-neck, "you've got the evening in front of you to tell the whole story of the daring exploits of those young gentlemen and how they led poor little innocent alex astray." Then there was the shoom of another like police siren passing this auto but going the other way.

"Is that for those bastards?" I said. "Are they being picked up by you bastards?"

"That," said fat-neck, "is an ambulance. Doubtless for your old lady victim, you ghastly wretched scoundrel."

"It was all their fault," I creeched, blinking my smarting glazzies. "The bastards will be peeting away in the Duke of New York. Pick them up, blast you, you vonny sods." And then there was more smecking and another malenky tolchock, O my brothers, on my poor smarting rot. And then we arrived at the stinking rozz-shop and they helped me get out of the auto with kicks and pulls and they tolchocked me up the steps and I knew I was going to get nothing like fair play from these stinky grahzny bratchnies, Bog blast them.

54a

desks, and at the like chief desk the top millicent was sitting, looking very serious and fixing a like very cold glazzy on my sleepy litso. I said:

"Well well well. What makes, bratty? What gives, this fine bright middle of the nochy?" He said:

"I'll give you just ten seconds to wipe that stupid grin off of your face. Then I want you to listen."

"Well, what?" I said, smecking. "Are you not satisfied with beating me near to death and having me spat upon and making me confess to crimes for hours on end and then shoving me among bezoomnies and vonny perverts in that grahzny cell? Have you
23 some new torture for me, you bratchny?"

"It'll be your own torture," he said, serious. "I hope to God it'll torture you to madness."

And then, before he told me, I knew what it was. The old ptitsa who had all the kots and koshkas had passed on to a better world in one of the city hospitals. I'd cracked her a bit too hard, like. Well, well, that was everything. I thought of all those kots and koshkas mewing for moloko and getting none, not any more from their starry forella of a mistress. That was everything. I'd done the lot, now. And me still only fifteen.

Marmelade mécanique

J'ai vu l'*Orange mécanique* de Stanley Kubrick à New York, en me battant pour entrer dans la salle comme les autres. Jouer des coudes en valait la peine, il me semble : c'est une œuvre typiquement kubrickienne, d'une technique magistrale, pleine de sens et de poésie, stimulante pour l'esprit. J'ai pu considérer le film comme une réinvention radicale de mon roman, non comme une simple adaptation au grand écran, et ceci, le fait qu'il ne soit pas déplacé de parler de « l'*Orange mécanique* de Stanley Kubrick », est le plus grand hommage que je puisse adresser à la maestria du cinéaste. Il n'en demeure pas moins que cette création cinématographique était issue d'un livre, et qu'en conséquence je me suis fatalement retrouvé impliqué dans une partie de la controverse qui en est venue à entourer le film. En termes philosophiques, voire théologiques, l'*Orange* de Kubrick est certainement un fruit de mon arbre.

J'ai écrit *L'Orange mécanique* en 1961, c'est-à-dire en des temps fort lointains, et j'éprouve maintenant quelque difficulté à me remettre dans la peau de cet écrivain disparu qui, poussé par la nécessité de gagner sa vie, avait pondu pas moins de cinq romans en l'espace de quatorze mois. Le titre lui-même est ce qu'il y a de moins difficile à expliquer. En 1945, récemment démobilisé, j'avais entendu dans un pub londonien un octogénaire cockney dire de quelqu'un qu'il était « aussi fofolle qu'une orange mécanique ». Le terme de « fofolle » n'impliquait pas de tendances homosexuelles, dans sa bouche, mais indiquait simplement que le type en question était cinglé. L'expression m'avait aussitôt intrigué avec sa surprenante combinaison de gouaille populaire et de surréalisme, et au cours des vingt années suivantes j'ai gardé en tête l'idée de m'en servir un jour comme d'un titre. Au cours de ces deux décennies, je l'ai à nouveau entendue en différentes occasions – dans d'autres pubs, dans le métro, dans des feuilletons télévisés –, et à chaque fois elle était prononcée par des faubouriens âgés, jamais par de jeunes personnes : c'était une forme figurative traditionnelle, donc, et qui demandait à intituler un texte dans lequel la recherche de la tradition rencontrerait une technique de narration plutôt bizarre. L'occasion de m'en servir s'est présentée à moi lorsque j'ai conçu l'idée d'un roman autour du lavage de cerveau. Dans *Ulysse,* le Stephen Dedalus de Joyce dit du monde qu'il est une « orange oblongue ». L'homme est un microcosme, un mini-univers qui se développe aussi organiquement qu'un fruit, qui peut en avoir la couleur, le parfum, la douceur ; mais essayez d'intervenir sur cet organisme, de le conditionner, et vous le transformerez en une invention mécanique.

À l'époque, la presse britannique s'était mise à parler de montée de la criminalité. La jeunesse de la fin des années 1950 était bagarreuse et dissipée, déçue par les réalités de l'après-guerre, violente et nihiliste. Parce que ces jeunes se montraient beaucoup moins discrets que les bandits de la vieille école, c'est à eux que pensaient la majorité des gens quand ils évoquaient une criminalité galopante. Alors que nous avons aujourd'hui atteint un nouveau pic de violence, on peut dire que les Teddy boys, mods et rockers de cette période n'étaient que de puérils amateurs en matière de comportements antisociaux, mais ils constituaient une sorte de présage et le citoyen lambda était en droit de les considérer avec crainte. La question s'est imposée : comment traiter ce phénomène ? La prison ou les réformes scolaires ne faisant qu'exacerber leur agressivité, pourquoi ne pas économiser l'argent des contribuables en disciplinant les asociaux par une sorte de conditionnement psychologique expérimental, le développement de réflexes pavloviens qui les pousseraient à associer la pulsion de violence à un état inconfortable, nauséeux, ou même à un rappel dissuasif de leur condition de mortels ? Cette proposition a été accueillie par maints hochements de tête, d'autant plus approbateurs qu'elle ne venait pas des autorités mais de théoriciens hors institutions, quoique très écoutés. Et l'engouement pour ces thèses n'a pas disparu : encore récemment, pendant le *Frost Show*[1], il m'a été suggéré que les choses auraient peut-être mieux tourné pour tout le monde si Adolf Hitler avait été contraint de suivre en son temps une « thérapie par aversion » de ce genre, afin que la seule idée d'un nouveau coup d'État ou d'un nouveau programme l'amène à vomir ses gâteaux viennois.

Le problème, c'est que Hitler était un être humain, malheureusement, et qu'accepter ce type de manipulation psychologique pour un seul d'entre nous obligerait à juger un tel traitement tolérable pour n'importe qui. Or, si Adolf Hitler a été particulièrement pénible, l'Histoire a compté d'autres figures suffisamment dérangeantes pour s'attirer les foudres étatiques : Jésus, Luther, Giordano Bruno et même D.H. Lawrence… Quelles que soient les souffrances endurées, on doit rester authentiquement philosophe devant une telle réalité. Bien que je sois incapable de préciser la quantité de libre arbitre dont l'être humain dispose – « *Wir sind*

1. Débat télévisé animé par le célèbre journaliste anglais (également très actif aux États-Unis) Sir David Paradine Frost (1939-2013). Sa série d'interviews-confessions avec l'ancien président américain Richard Nixon en 1977 a inspiré une pièce de théâtre, Frost/Nixon, de Peter Morgan, qui fut adaptée au cinéma en 2008 par Ron Howard (NdT).

ein ewig frei », fait dire Wagner au poète Hans Sachs[1], « Nous sommes un petit peu libres » –, je sais qu'il tient trop au peu qu'il a pour tolérer que l'on empiète dessus, aussi bonnes les raisons de cet empiètement puissent-elles être.

L'Orange mécanique a été conçue comme une manière de pamphlet, ou même de sermon, sur l'importance du libre choix. Mon héros (ou anti-héros), Alex, est terriblement cruel, peut-être à un point impossible, mais sa cruauté n'est pas le résultat d'un conditionnement génétique ou social : c'est sa propre création, qu'il poursuit en toute conscience. Alex est mauvais, délibérément, sans chercher à le déguiser, et toute société correctement organisée chercherait à contrôler et à punir pareille méchanceté. Pourtant, celle-ci est avant tout humaine, c'est-à-dire que nous reconnaissons dans ces actes de brutalité un potentiel qui existe en chacun de nous, que le citoyen non délinquant investira dans la guerre, l'injustice clanique, la violence domestique ou les rêvasseries d'après-midi. Alex est un archétype d'humanité par trois aspects : il est agressif, il adule la beauté et il a recours au langage. Paradoxalement, alors que son nom pourrait signifier « privé de mots », il a développé un vocabulaire bien à lui, un dialecte spécifiquement inventé. Mais il n'a littéralement pas

1. Dans *Les Maîtres chanteurs de Nuremberg* : « *Nur mit der Melodei seid ihr ein wenig frei* » (NdT).

son mot à dire dans les affaires de sa communauté ou dans la gestion de son pays : pour l'État, il n'est qu'un objet, quelque chose qui existe « là-bas », comme la lune – quoiqu'il ne soit pas aussi passif qu'elle.

Dans la pensée théologique, le mal n'est pas quantifiable. Cependant, je soutiens qu'un acte de malveillance peut être pire qu'un autre, et que le pire de tous est peut-être la déshumanisation, le meurtre de l'âme, soit la destruction de la capacité à choisir entre faire le bien et faire le mal. Imposez à un individu la seule possibilité d'être bon et vous tuerez son âme, et ce au nom de la stabilité sociale. Ce que ma parabole – et celle de Kubrick – tente de démontrer, c'est qu'il est préférable d'avoir un monde de violence consciemment assumée, de violence comme acte de volonté, plutôt qu'un monde conditionné, formaté aux principes du bien ou du bénin.

Je reconnais volontiers que cette leçon est déjà quelque peu vieux jeu : B.F. Skinner[1], avec sa détermination à déceler quelque chose « au-delà » de la liberté et de la dignité, y a vu la mort de l'individu autonome. Il peut avoir raison, ou non, mais à l'aune de l'éthique judéo-chrétienne que *L'Orange mécanique* essaie d'exprimer, il commet là une hérésie patente. En accord avec la tradition, que l'homme occidental

1. B.F. Skinner (1904-1990), psychologue américain, a développé les présupposés du behaviorisme en produisant le concept de « conditionnement opérant » (NdT).

ne semble pas encore prêt à jeter par-dessus bord, il me semble que l'aire des choix ouverts à l'humanité devrait être encore étendue, même si cela doit nous conduire à devoir faire face à des anges d'un type nouveau, brandissant des glaives et des banderoles marquées d'un NON énergique. La tentation de restreindre le libre arbitre est, à mon sens, le grand péché commis contre le Saint-Esprit.

Dans le film comme dans le livre, le mal perpétré par l'État, s'agissant du conditionnement psychologique d'Alex, est spectaculairement représenté par le fait qu'il est infligé en toute inconscience. Raffolant de Beethoven, Alex a choisi la *Neuvième symphonie* comme stimulant de ses fantasmes de violence. C'est son choix, certes, mais rien ne l'empêcherait de rechercher dans cette musique une source de réconfort ou l'image d'une harmonie divine. Qu'il n'ait pas encore fait le meilleur choix quand commence la manipulation de ses pensées ne signifie pas qu'il ne le fera jamais, mais dès lors que la thérapie par aversion associe Beethoven à la violence, c'est une option dont il est privé pour toujours. C'est un châtiment arbitraire qui revient à priver un individu – fortuitement, stupidement – de son droit à accéder à une vision métaphysique. Parce que, au-delà du bien éthiquement codifié, il en est un autre, d'ordre existentiel, le bien « essentiel », cet aspect de Dieu auquel nous pouvons accéder plus aisément au travers du goût d'une pomme ou de la musique qu'au travers d'un comportement moralement acceptable ou même d'un acte de charité.

Ce qui m'a blessé – et Kubrick aussi –, c'est que certains spectateurs ou lecteurs d'*Orange mécanique* aient vu le film ou le roman comme un déploiement de violence gratuite, comme un déballage de type pornographique au lieu de l'homélie que ce travail voulait être. Il n'y avait assurément aucun plaisir à écrire les scènes de brutalité du roman : j'ai eu recours à l'excès, à la caricature, et même à un dialecte de mon invention afin de rendre la violence plus symbolique que réaliste, et Kubrick a trouvé à ces procédés littéraires des équivalents cinématographiques remarquables. La tâche aurait été plus agréable – et plus appréciée – s'il n'y avait pas eu de violence du tout, mais l'histoire de la réhabilitation d'Alex aurait perdu beaucoup de sa force si nous n'avions pas eu la possibilité de savoir d'où il revenait. En ce qui me concerne, décrire la violence a été une tâche à la fois cathartique et charitable, puisque ma femme a été elle-même victime d'une brutale agression dans le Londres du black-out, en 1942, lorsqu'elle a été dépouillée et battue par trois déserteurs de l'armée américaine. Les lecteurs de mon roman pourront se rappeler que l'écrivain dont l'épouse est violée est l'auteur d'un roman intitulé *L'Orange mécanique*.

Ceux qui ont vu le film ont été troublés par le fait qu'Alex, en dépit de sa cruauté, est quelqu'un de plutôt sympathique. Certains se sont délibérément soumis à une autothérapie par aversion pour en arriver à le détester, laissant ainsi l'indignation bien-pensante l'emporter sur la charité, mais le fait est que si nous devons aimer l'humanité, nous devons aussi aimer Alex en tant que spécimen finalement assez représentatif de cette dernière. Le lieu où Alex et son image inversée, F. Alexander, se rendent particulièrement coupables de haine et de violence est appelé HOME, la maison, là où, nous a-t-on appris, la charité doit commencer. Mais nous n'avons aucun devoir – et certainement pas celui de charité – envers le mécanisme lui-même, envers l'État qui, premièrement, ne s'intéresse qu'à sa propre perpétuation et, deuxièmement, n'est jamais aussi content que quand les êtres humains sont prévisibles et contrôlables.

J'ai une dernière remarque à faire ici, qui n'intéressera pas ceux qui préfèrent s'attacher à l'*Orange* de Kubrick plutôt qu'à celle de Burgess. Le jargon utilisé dans le livre et dans le film, le *nadsat* (d'après le suffixe russe indiquant la dizaine, comme dans *pyatnadsat*, « quinze »), n'est ni un effet décoratif ni un sinistre rappel du pouvoir subliminal que l'État communiste exercerait déjà sur les jeunes esprits. Il avait pour but de faire de *L'Orange mécanique* une sorte d'initiation au conditionnement psychologique, entre autres objectifs. Vous lisez le livre ou vous regardez le film et à la fin, sans vous en rendre compte, vous vous retrouvez en possession d'un vocabulaire russe minimal. C'est exactement ainsi que le lavage de cerveau fonctionne. J'ai choisi des mots russes parce qu'ils se fondaient mieux à l'anglais que des termes tirés du français ou de l'allemand (qui est lui-même une sorte d'anglais, insuffisamment exotique). Pourtant, le message de *L'Orange mécanique* n'a rien à voir avec l'idéologie ou les méthodes répressives de la Russie soviétique. Son propos porte entièrement sur ce qui pourrait arriver à n'importe qui d'entre nous ici, à l'Ouest, si nous ne restons pas sur nos gardes. Si cette *Orange*, à l'instar de *1984*, trouve sa place parmi les salutaires mises en garde littéraires (ou cinématographiques) contre la complaisance intellectuelle, le conformisme et la confiance excessive en l'État, son rôle aura été appréciable. Pour ma part, je n'aime pas autant ce livre que d'autres que j'ai écrits. Jusqu'à récemment, je l'avais gardé dans un bocal fermé : de la marmelade, de la conserve sur une étagère plutôt qu'une orange posée sur une assiette. Ce que j'aimerais vraiment voir, c'est un film tiré de l'un de mes autres romans – qui tous sont singulièrement dépourvus d'agressivité –, mais je crains que ce ne soit un espoir irréalisable. Il me semble que je vais devoir continuer à vivre comme la source et l'origine d'une grande œuvre cinématographique, et comme un homme contraint de proclamer, en dépit de toutes les affirmations contraires, qu'il est la créature la moins violente que cette Terre ait portée. Tout comme Stanley Kubrick.

A. B.

The Listener, 17 février 1972

Note du traducteur : *Selon Andreu Biswell, président de l'Anthony Burgess Foundation, en décembre 1971, soit deux mois environ avant la publication de « Marmelade mécanique », l'écrivain avait vu une fois de plus le film de Kubrick lors d'une projection privée organisée pour lui par le cinéaste à Londres. Auparavant, Burgess avait été en contact épistolaire avec Kubrick par l'intermédiaire de l'agent de ce dernier. À la faveur de cette première rencontre directe, Burgess et Kubrick avaient évoqué l'ambitieux projet auquel le réalisateur pensait alors, une monumentale* Vie de Napoléon *pour le cinéma, et Burgess allait même travailler sur plusieurs projets de scénario jusqu'à ce que Kubrick mette fin unilatéralement à ce projet en 1974.*

The Listener *était un magazine culturel et littéraire britannique publié sous l'égide de la BBC de 1929 à 1991. Burgess en a été un contributeur régulier, suivant les pas d'auteurs prestigieux tels que T.S. Eliot, George Orwell, Virginia Woolf, W.H. Auden, Christopher Isherwood ou Sylvia Plath.*

Pavillons Poche

Titres parus

Peter Ackroyd
Un puritain au paradis

Woody Allen
Destins tordus

Niccolò Ammaniti
Et je t'emmène

Sherwood Anderson
Le Triomphe de l'œuf

Margaret Atwood
Faire surface
La Femme comestible
Mort en lisière
Œil de chat
La Servante écarlate
La Vie avant l'homme

Dorothy Baker
Cassandra au mariage

Nicholson Baker
À servir chambré
La Mezzanine

Ulrich Becher
La Chasse à la marmotte

Saul Bellow
La Bellarosa connection
Le Cœur à bout de souffle
Un larcin

Robert Benchley
Le Supplice des week-ends

Adolfo Bioy Casares
Journal de la guerre au cochon
Le Héros des femmes
Un champion fragile
Nouvelles fantastiques

William Peter Blatty
L'Exorciste

Jorge Luis Borges, Adolfo Bioy Casares
Chroniques de Bustos Domecq
Nouveaux Contes de Bustos Domecq
Six problèmes pour Don Isidro Parodi

Mikhaïl Boulgakov
Le Maître et Marguerite
Le Roman théâtral
La Garde blanche

Vitaliano Brancati
Le Bel Antonio

Anthony Burgess
L'Orange mécanique
Le Testament de l'orange
Les Puissances des ténèbres

Dino Buzzati
Bestiaire magique
Le régiment part à l'aube
Nous sommes au regret de…
Un amour
En ce moment précis
Bàrnabo des montagnes
Panique à la Scala
Chroniques terrestres

Lewis Carroll
Les Aventures d'Alice sous terre

Michael Chabon
Les Mystères de Pittsburgh
Les Loups-garous dans leur jeunesse
La Solution finale

Upamanyu Chatterjee
Les Après-midi d'un fonctionnaire très déjanté

John Collier
Le Mari de la guenon

Sir Arthur Conan Doyle
Sherlock Holmes : son dernier coup d'archet

William Corlett
Deux garçons bien sous tous rapports

Avery Corman
Kramer contre Kramer

Helen DeWitt
Le Dernier Samouraï

Joan Didion
Maria avec et sans rien
Un livre de raison
Démocratie

E. L. Doctorow
Ragtime

Roddy Doyle
La Femme qui se cognait dans les portes
The Commitments
The Snapper
The Van

Andre Dubus III
La Maison des sables et des brumes

Lawrence Durrell
Affaires urgentes

F. Scott Fitzgerald
Un diamant gros comme le Ritz

Zelda Fitzgerald
Accordez-moi cette valse

E. M. Forster
Avec vue sur l'Arno
Arctic summer

Carlo Fruttero
Des femmes bien informées

Carlo Fruttero et Franco Lucentini
L'Amant sans domicile fixe

Graham Greene
Les Comédiens
La Saison des pluies
Le Capitaine et l'Ennemi
Rocher de Brighton
Dr Fischer de Genève
Tueur à gages
Monsignor Quichotte
Mr Lever court sa chance, nouvelles complètes 1
L'Homme qui vola la tour Eiffel, nouvelles complètes 2
Un Américain bien tranquille
La fin d'une liaison

Kent Haruf
Colorado Blues
Le Chant des plaines
Les Gens de Holt County

Jerry Hopkins et Daniel Sugerman
Personne ne sortira d'ici vivant

Bohumil Hrabal
Une trop bruyante solitude
Moi qui ai servi le roi d'Angleterre
Rencontres et visites

Henry James
Voyage en France
La Coupe d'or

Thomas Keneally
La Liste de Schindler

Janusz Korczak
Journal du ghetto

Jaan Kross
Le Fou du Tzar

D. H. Lawrence
Le Serpent à plumes

John Lennon
En flagrant délire

Siegfried Lenz
La Leçon d'allemand

Le Dernier Bateau
Une minute de silence

Ira Levin
Le Fils de Rosemary
Rosemary's Baby

Norman Mailer
Le Chant du bourreau
Bivouac sur la Lune
Les vrais durs ne dansent pas
Mémoires imaginaires de Marilyn
Morceaux de bravoure
Prisonnier du sexe

Dacia Maraini
La Vie silencieuse de Marianna Ucrìa

Guillermo Martínez
Mathématique du crime
La Mort lente de Luciana B
La Vérité sur Gustavo Roderer

Tomás Eloy Martínez
Santa Evita
Le Roman de Péron

Richard Mason
17 Kingsley Gardens

Somerset Maugham
Les Trois Grosses Dames d'Antibes
Madame la Colonelle
Mr Ashenden, agent secret
Les Quatre Hollandais

James A. Michener
La Source

Arthur Miller
Ils étaient tous mes fils
Les Sorcières de Salem
Mort d'un commis voyageur
Les Misfits
Focus

Enchanté de vous connaître
Une fille quelconque
Vu du pont *suivi de* Je me souviens de deux lundis

Pamela Moore
Chocolates for breakfast

Daniel Moyano
Le Livre des navires et bourrasques

Vítězslav Nezval
Valérie ou la Semaine des merveilles

Geoff Nicholson
Comment j'ai raté mes vacances

Joseph O'Connor
À l'irlandaise

Pa Kin
Le Jardin du repos

Katherine Anne Porter
L'Arbre de Judée

Mario Puzo
Le Parrain
La Famille Corleone (avec Ed Falco)

Mario Rigoni Stern
Les Saisons de Giacomo

Saki
Le Cheval impossible
L'Insupportable Bassington

J. D. Salinger
Dressez haut la poutre maîtresse, charpentiers,
suivi de Seymour, une introduction
Franny et Zooey
L'Attrape-cœur

Roberto Saviano
Le Contraire de la mort (bilingue)

Sam Shepard
Balades au paradis
À mi-chemin

Robert Silverberg
Les Monades urbaines

Johannes Mario Simmel
On n'a pas toujours du caviar

Alexandre Soljenitsyne
Le Premier Cercle
Zacharie l'Escarcelle
La Maison de Matriona
Une journée d'Ivan Denissovitch
Le Pavillon des cancéreux

Robert Louis Stevenson
L'Étrange cas du Dr Jekyll et de Mr Hyde

Quentin Tarantino
Inglourious Basterds

Edith Templeton
Gordon

James Thurber
La Vie secrète de Walter Mitty

John Kennedy Toole
La Bible de néon

John Updike
Jour de fête à l'hospice

Alice Walker
La Couleur pourpre

Evelyn Waugh
Retour à Brideshead
Grandeur et décadence
Le Cher Disparu
Scoop
Une poignée de cendres
Ces corps vils
Hommes en armes
Officiers et gentlemen
La Capitulation

Tennessee Williams
Le Boxeur manchot
Sucre d'orge
Le Poulet tueur et la folle honteuse

Tom Wolfe
Embuscade à Fort Bragg

Virginia Woolf
Lectures intimes

Richard Yates
La Fenêtre panoramique
Onze histoires de solitude
Easter Parade
Un été à Cold Spring
Menteurs amoureux
Un dernier moment de folie

Stefan Zweig
Lettre d'une inconnue *suivi de* Trois nouvelles de jeunesse

Titres à paraître

Erica Jong
Le Complexe d'Icare

Composition et mise en pages
Nord Compo à Villeneuve-d'Ascq

Imprimé en Espagne par
Liberdúplex
à Sant Llorenç d'Hortons (Barcelone)
en janvier 2017

Dépot légal : février 2016
N° d'édition : 55738/01. – N° d'impression : 56675